杨舍镇志

LOCAL RECORDS OF YANGSHE

江苏省张家港市杨舍镇志编纂委员会　编

图书在版编目（CIP）数据

杨舍镇志 / 江苏省张家港市杨舍镇志编纂委员会编
.-- 北京：方志出版社，2018.11
（中国名镇志丛书）
ISBN 978-7-5144-3368-5

Ⅰ. ①杨… Ⅱ. ①江… Ⅲ. ①乡镇—地方志—张家港
Ⅳ. ① K295.35

中国版本图书馆 CIP 数据核字（2018）第 237901 号

·中国名镇志丛书·

杨舍镇志

编　　者：江苏省张家港市杨舍镇志编纂委员会
责任编辑：罗　滔

出 版 人：冀祥德
出 版 者：方志出版社
地址　北京市朝阳区潘家园东里 9 号（国家方志馆 4 层）
邮编　100021
网址　http://www.fzph.org
发　　行：方志出版社图书经销中心
电话　（010）67110500
经　　销：各地新华书店
排　　版：北京纺印图文设计制作有限公司
印　　刷：北京中科印刷有限公司

开　　本：787 × 1092　　1/16
印　　张：18.25
字　　数：344 千字
版　　次：2018 年 11 月第 1 版　　2018 年 11 月第 1 次印刷

ISBN 978-7-5144-3368-5　　定价：145.00 元

·版权所有　翻印必究·

序一

习近平总书记指出:“不忘历史才能开辟未来，善于继承才能善于创新……只有坚持从历史走向未来，从延续民族文化血脉中开拓前进，我们才能做好今天的事业。”中国优秀传统文化是在漫长的历史长河中历经无数次涤荡和沉淀而形成的思想精髓，蕴藏着无穷的宝藏和无尽的力量。发掘和继承优秀传统文化，是延续中华文明“根”与“魂”的必由之路。与时俱进，推动传统文化不断开拓创新，是中华文明常葆勃勃生机的重要保证。

“国有史，邑有志。”编修地方志是中国特有的文化现象，是中华民族的优秀文化传统。数千年来，连绵不断的志书编修为保护中华民族根脉，传承中华文明发挥了不可替代的作用。中国现存古志有8000余种，占现存古籍的十分之一。中华人民共和国成立以来，编修完成数万种省、市、县三级综合性行政区域志、部门志、行业志、专志等，编纂数万种地方综合年鉴、行业年鉴和专门年鉴等，整理出版数千种历代方志及相关研究成果，发表相当数量的方志理论与年鉴理论研究成果。这既是对我国国情、地情持续开展的大规模普遍调查，也是对各地自然与社会发展状况进行的综合研究，其成果构成了一座丰富的文化资源宝藏，为各级领导科学决策提供了重要参考，为推动经济社会发展和文化建设发挥了重要作用。

当前，中国特色社会主义进入新时代，全国地方志事业也进入新时代。如今的地方志事业围绕党和国家利益、经济社会发展，以人民为中心开拓创新，志、鉴、馆、史“四驾马车”并驾齐驱，志、鉴、馆、网、库、用、会、刊、研、史“十业并举”，加快实现在全国范围内全面推进地方志从一项工作向一项事业转型升级。在党中央、国务院的亲切关怀和各级地方志工作者的共同努力下，一批紧密结合社会发展需求、具有独特创造性的工作逐步开展，涵盖中国名镇志、中国名村志、中国名山志、中国名水志、中国名街志等“名志”系列文化工程是其中代表。作为首个“名志”系列文化工程的中国名镇志文化工程，启动于2015年，至今已是第三个年头。中国名镇志丛书在记述主体上，选择中国历史文化名镇、经济强镇、特色镇等在全国具有影响力和代表性的乡镇，旨在全面展示中国名镇的文化精髓；在内容题材选择上，重在突出不同名镇的“名”和“特”，力求集中体现不同名镇最精彩的部分，增强可读性；在志书编纂程序设置方面，志书申报、篇目设计、专家审读、专家组验收等流程环环相扣，紧密结合，力争把每一部志书都打造成精品佳志。

习近平总书记指出：“历史和现实都表明，一个抛弃了或者背叛了自己历史文化的民族，不仅不可能发展起来，而且很可能上演一场历史悲剧。”2018 年是改革开放 40 周年，40 年来中华大地发生了翻天覆地的变化，乡镇发生了极为深刻的改变，从粗茶淡饭到有机食品，从粗布衣裙到精美时装，从土屋平房到高楼大厦，人民生活水平大大提高，城乡差距不断缩小。然而，在感受辉煌成就的同时，我们也应该看到，许多精巧的古建、精湛的工艺、亲切的乡音、独特的乡俗也在快节奏的发展中与我们渐行渐远，曾经的家乡正逐渐变为记忆中的故园。

党的十九大报告提出乡村振兴战略，此后党中央、国务院又推出一系列重大举措。实施乡村振兴战略，必须全面加强乡村文化建设，培养乡村文化自信，培植文化之“根”，铸牢文化之“魂”。没有乡村文化的高度自信，没有乡村文化的繁荣发展，就难以实现乡村振兴的伟大使命。振兴乡村文化，既要塑形，更要铸魂，必须遵循乡村发展的客观规律，在发展中把文化的精髓保留下来，把乡土味道、乡村风貌的“魂”传承下去。在保留优秀乡村文化内核的基础上，用现代表现方式，把反映时代精神、先进理念的内容通过群众喜闻乐见的文化产品表达出来，才能够让乡土文化具有更强大的生命力。用创新性的模式书写乡镇志，传承和抢救乡土历史文化，激发爱国爱乡情怀，为探索中国特色新型城镇化发展经验、发展模式、发展道路提供历史智慧和现实借鉴，正是实施中国名镇志文化工程的目的和意义所在。

“月是故乡明”。中国人素有“家国情怀”，家乡的山水是最为美丽的，家乡的风俗是充满温暖的，一声亲切的乡音，一口熟悉的家乡菜，都能拨动游子的心弦，让其魂牵梦萦。中国名镇志丛书是一套全面梳理中国名镇历史人文，挖掘文化特色，突出“名”和“特”的镇志。它能让人民群众深刻感受到本土本乡自然的优美、历史的醇厚、人物的杰出、艺文的风雅等，有助于培养人民群众对家乡文化的自信，激发起人民群众浓烈的爱乡爱国情怀，助力国家新型城镇化建设和乡村振兴战略的实施。

是为序。

中国社会科学院院长　　谢伏瞻
中国地方志指导小组组长

序二

连绵不断地编修地方志是我国特有的文化传统，为传承中华文明作出了巨大的贡献。在党中央、国务院的高度重视和支持下，这一古老的文化传统焕发勃勃生机，展现新的活力，成为保存、继承、发扬光大中华优秀传统文化的重要依托，培育和践行社会主义核心价值观的重要媒介，社会主义先进文化建设的重要组成部分，发展中国特色社会主义，增强道路自信、制度自信、理论自信的重要载体，在实现“两个一百年”奋斗目标和中华民族伟大复兴中国梦进程中具有不可替代的地位和作用。

事物总是在不断发展中前进。经过改革开放以来30余年的发展，中国特色地方志事业与传统的编修地方志已不可同日而语，形成了志（志书）、鉴（年鉴）、库（地情数据库）、馆（方志馆）、网（地情网站）、刊（期刊）、会（学会）、研（理论研究）、用（开发利用）等多业并举的新格局。截至2015年10月底，全国编纂完成首轮、二轮省、市、县志书8000多种，编修部门志、行业志、专业志、乡镇村志27000多种，编纂地方综合年鉴2300多种，累计整理旧志2500多种，还编纂出版了大量的地情书，字数以百亿计，形成以反映国情、地情为主要内容，全面系统、持续不断、卷帙浩繁的社会科学成果群。另外，还开通了27个省级网站、230个市级网站、816个县级网站；建成国家方志馆1个、省级方志馆16个、市级方志馆86个、县级方志馆近300个。这些成果，成为国家极为重要的文化资源，是国家文化软实力和公共文化服务体系的重要组成部分。

最近几年，地方志工作的触角在不断延伸，部门志、行业志、专业志、特色志、乡镇村志编纂方兴未艾，成为当前地方志事业发展新的增长点和亮点。特别是乡镇志，兴起了编纂热潮，从自发的民间行为逐渐过渡为政府组织的文化行为，有的省份以政府令形式将其纳入地方志编修范畴，像河南省还以省政府办公厅名义要求全省普修乡镇志。乡镇志并不是一个新生事物，据现有资料可考，宋代常棠所撰《澉水志》是现存最早的一部乡镇志。与省、市、县三级志书相比，乡镇志虽属小志，但意义却不小，特别是在当前国家全力推进新型城镇化建设的背景下，乡镇志的作用更显重要。

启动中国名镇志文化工程，是适应当前新型城镇化建设形势发展需要、地方志事业发展形势需要的重要举措，也是充分发挥地方志存史、资政、育人功能的重要手段。作为最基层行政组织的志书，镇志是最接近中国社会发展变迁的国情、地情记录文本，具有重要的历史文献价值。而作为充分反映本区域自然、政治、经济、文化和社会的历史与现状的资料性文献，镇志又能全面展示发展脉络，摸索发展经验，为探索中国乡镇未来发展方向提供借鉴和参考。当然，对于祖祖辈辈生于斯长于斯的中国人来说，故乡就是一个魂牵梦萦的地方，故乡的情怀终生难忘。留得住乡愁，记得住乡思，充分展示名镇文化魅力，激发爱乡、爱国情怀，正是中国名镇志文化工程题中应有之义。

是为序。

中国社会科学院原院长
中国地方志指导小组原组长　王伟光

序三

“国有史，邑有志”，中国自古就有注重编史修志的传统。按照我国目前地方志行政法规，国家各级地方志机构的法定职责是编纂省、市、县三级志书，并不包括县以下的乡镇志和村志。这种规定，一方面可能因为全国有数百万自然村落和数万乡镇，全部实行官修很难实现；另一方面可能因为我国历史上就有“皇权止于县”的说法，县以下的民间社会历来是一个以自治为主的领域。然而，改革开放几十年来，我国社会正在发生巨变，这种巨变在基层社会的乡镇、村落、家庭领域更为深刻。作为“乡之首，城之尾”的镇，逐渐被日益崛起的大都市淹没了光彩，村落在快速的城镇化过程中每天都在大量消失，农村家庭的小型化、空巢化趋势非常突出。在这种情况下，我一直在思考，如何留得住历史文化记忆和乡愁，如何把修志的工作向基层社会延伸?

中国人的“家国情怀”，是从“诚意、正心、修身”开始，到实现“齐家、治国、平天下”。所以从国家一统志，省、市、县三级志，到乡镇志、村志、家谱，也是一个完整的系统。

正是在这种背景下，我们决定启动中国名镇志文化工程。乡镇是无数中国人生命的底色和成长的摇篮。如何在城镇化进程中，留得住乡愁，记得住乡音，忘不了乡思，事关城镇化进程的人文关怀和文化保护，事关文化血脉的传承。同时，科学记录城镇化进程，反映城镇化成就，也为今后探索城镇化发展规律、积累经验提供了基本素材。作为全面系统记述一定行政区域的自然、政治、经济、文化和社会的资料性文献，志书是以上功能最好的载体。

我国目前有 4 万多个乡镇，全部修乡镇志还不具备条件。中国名镇志丛书选择的是传统文化名镇、历史军事重镇、革命历史名镇、民族特色名镇、特色经济名镇、旅游景观名镇等类型的乡镇，应该是最具代表性的，在中国乡镇文化传承和社会发展中具有标杆意义。

编纂中国名镇志丛书是对乡土历史文化的保护。随着城镇化进程加快，有不少乡镇被撤并，有些还是在历史上有重要意义的历史文化名镇、特色镇等。如不及时对其历史进行整理、记录，这些重要的历史资料将散佚殆尽。因此，中国名镇志丛书的编纂是对宝贵历史资料的抢救。

编纂中国名镇志丛书是对乡土意识的传承。什么东西有魅力？故乡的山水，乡音乡情的记忆，乡土的气息和家乡菜的味道，不管走到哪里，总是触动心弦。中国名镇志丛书记录的是家乡的山山水水，家乡的历史文化，家乡的风土人情，留住的是乡愁。这些最能激发远方游子和本地民众的爱乡情怀、爱国情怀。

编纂中国名镇志丛书是一种学术探索。镇志的编纂，实质也是一次深入的社会调查研究。“麻雀虽小五脏俱全”，相比省、市、县，乡镇第一手资料的获得需要付出更大的努力。我们也希望在志书编纂上有所创新，使中国名镇志丛书成为一套图文并茂、雅俗共赏的新型志书。

中国社会科学院副院长
中国地方志指导小组常务副组长

中国名镇志文化工程专家委员会

名誉主任 徐匡迪

主　　任 谢伏瞻

常务副主任 李培林

委　　员（按姓氏笔画排序）

毛其智　叶裕民　李　铁　李善同

杨保军　柳　拯　倪鹏飞　魏后凯

中国名镇志文化工程学术委员会

主　　任 李培林

常务副主任 冀祥德

副 主 任 邱新立

委　　员（按姓氏笔画排序）

于伟平　王　晖　王铁鹏　巴兆祥

田　嘉　苏炎灶　李　江　李孝聪

张大伟　张英聘　陈泽泓　陈　强

黄晓勇

中国名镇志丛书编纂委员会

主　　任　李培林

常务副主任　冀祥德

副 主 任　邱新立

委　　员（按姓氏笔画排序）

毛志华　田　洪　刘文海　刘爱军　关树锋

贠有强　李云鹤　杨建林　杨洪进　吴凤端

何文俊　何伟志　汪德军　张军利　张志仁

陈华康　陈建春　陈　玲　陈秋平　易介南

洪民荣　高　煜　郭德成　梅　宏　梁金荣

鄢钢城　雷　湛　管仁富　廖运建　漆冠山

潘捷军

中国名镇志丛书编纂委员会办公室

主　任　冀祥德

副主任　邱新立

成　员　于伟平　杨海峰　陈　旭　李　江　王丹林

安　山　张　鹏　刘思鸣　陈　菁　刘　珊

江苏省张家港市杨舍镇志编纂委员会

名誉主任　卢懂平

主　　任　陈建新

副 主 任　詹亚军　张莉莎

委　　员　石建军　张海军　张　浩　杨浩东　庞建东
吴建江　吴香芸　戴玉兴

学术指导　陈兴南　陈　华　陈其弟　丁　瑾　傅　强

特约审稿　陈飞健　汪丽菁　陆正芳　朱永平

江苏省张家港市杨舍镇志编纂人员

主　编　王兴亮

编　辑　戴玉兴　吴香芸　陈晓丹

编　务　肖　湘　余　阳　伍兴良

摄　影　照片除署名外，均由经开区（杨舍镇）宣传文明科提供

暨阳湖的晨曦（2015 年）　　朱德明　摄

中国名镇志丛书凡例

一、以马克思列宁主义、毛泽东思想、邓小平理论、“三个代表”重要思想、科学发展观、习近平新时代中国特色社会主义思想为指导，坚持辩证唯物主义和历史唯物主义的立场、观点和方法，存真求实，全面、客观、系统记述中国名镇城镇化进程和改革开放成果，传承和抢救乡土历史文化，激发爱国爱乡情怀，留住乡愁，为探索中国特色新型城镇化建设、服务乡村振兴战略提供历史智慧和现实借鉴。

二、为全面反映入志事物发展脉络，各志上限追溯至事物发端，下限一般断至各镇志启动编修年份，个别重大事项可延至搁笔。详今明古，着重反映时代特色和地方特点，重点体现各镇的“名”与“特”。

三、记述地域范围以下限年份的行政辖区为主。为体现名镇在更大区域内的意义，可以从更开阔的区域视野记述与该镇相关的内容。

四、统一采用纲目体，设类目、分目、条目三个层次。横排门类，纵述史实，述而不论。

五、综合运用述、记、志、传、图、表、录等各种体裁，以志体为主。体裁运用适当创新，篇目设置不求面面俱到，一般意义上的乡镇级内容略去不载。

六、除引用文字和附录文献资料外，统一使用规范的现代语体文记述，行文力求朴实、严谨、简洁、流畅、优美，具有较强可读性。

七、人物部类遵循“生不立传”原则，人物传主按生年排序，只选录对本镇发展有重大影响的人物，不面面俱到。

八、各项数据一般采用国家统计部门数据。数据缺乏的，采用主管部门或主办单位正式提供的数据。

九、数字用法、标点符号、计量单位分别执行国家标准《出版物上数字用法》（GB/T 15835—2011）、《标点符号用法》（GB/T 15834—2011）、《国际单位制及其应用》（GB 3100—1993）和《有关量、单位、符号的一般原则》（GB 3101—1993）。历史上使用的计量单位，如斗、石、里、尺、磅、华氏度等，在引文时可照录。考虑到社会使用习惯，全书中亩不统一换算。

十、中华民国成立前的纪年，使用朝代年号纪年，括注公元年份；中华民国成立后的纪年，均使用公元纪年。志中所称“解放前（后）”，以该镇解放日为界；“新中国成立前（后）”，以中华人民共和国成立日 1949 年 10 月 1 日为界；“改革开放前（后）”，以 1978 年 12 月中共十一届三中全会召开为界。本志“××年代”，凡未加世纪者，均指 20 世纪。

十一、为节省篇幅，避免重复，本志采用条目互见法。参见条目的表示形式为：参见本志“××类目·××分目·××条目”。

十二、对旧志、古籍中的繁体字、冷僻字一般用简化字或通用字替换，易引起误解的则保留。

十三、记述各个历史时期的党派、机构、职务、地名等，均以当时的名称为准。对频繁使用的名称，首次用全称并括注简称，其后用简称。

十四、各镇志需要单独说明的事项，均在各自编纂始末中记述。

杨舍镇在中国的位置

审图号：GS（2018）5807 号

杨舍镇在江苏省的位置

图 例

南京 省级行政中心
苏州 地级市行政中心
溧阳 县级行政中心
省界
地级市界
名镇(乡)所在区域
名镇(乡)

1∶3 060 000

审图号：GS（2018）5807 号

杨舍镇地图

图 例

★	市政府驻地	— — ·	地级市界
◉	镇政府驻地	· · — —	镇 级 界
●	管委会驻地	S38	高速公路
◎	办事处驻地	G346	国 道
⊙	村委会驻地	S340	省 道
⊙	社区驻地		普通道路
○	自然村		互 通
	河 流		汽车站

图内界线不作划界依据，仅供参考

审图号：图苏E审（2018）013号
江苏图博地理信息科技有限公司
苏州图博地图应用开发中心 编绘
责任主编：王伟龙 电话：0512-57576767

杨舍城区全景

杨舍镇综合服务中心

严子洋　摄

张龙法　摄

谷渎港喷泉

张龙法　摄

智能电力研究院

严子洋　摄

万红社区

张龙法　摄

江苏新美星包装机械股份有限公司　　严子洋　摄

和谐的港城　　姜理新　摄

马家泾小公园　　　　张龙法　摄

七里庙小区　　　　严子洋　摄

清水湾小区　　王庭槐　摄

中国十佳最具投资竞争力园区——张家港经济技术开发区　　张龙法　摄

张家港经济技术开发区南区

张龙法　摄

活力杨舍　　　　张龙法　摄

杨舍镇第二十届全民运动会开幕式　　　　张龙法　摄

三新产业永能光伏　　　　许海斌　摄

目录

千年暨阳　魅力杨舍

这是一方历史悠久、文化璀璨的江南水乡。历史的时空承载过古暨阳城的秀美。西晋太康二年（281），中国的版图上诞生了一个县级行政区划——暨阳县，县署就设在今天的杨舍镇。明清以来，杨舍地处吴文化中心区，凭借江海交汇和古陆、新陆分界鲜明的独特地理环境，孕育了兼容并蓄、承前启后、多姿多彩的人文景观。

杨舍是江南文化的发源地之一。境内庆安村发现的古黄泗浦遗址被列入2009年度中国重要考古发现和2009年度江苏省第三次全国文物普查十大新发现；戴巷地区的宋代墓葬，出土了国家一级文物竹胎包银雕漆碗。杨舍是对外文化交流的前沿地。古黄泗浦、尊胜禅院遗址的发现，证明了唐代杨舍地区商贸的繁华，见证了鉴真大师第六次东渡的成功启航。杨舍是爱国思想的展示地。从南宋抗金名将韩世忠，到明嘉靖年间（1522—1566）抗倭名士许蓉及军民共建防御倭寇的杨舍堡城，无不是杨舍爱国人士辈出的绝妙明证。这里自古英才集聚，群星璀璨；无数仁人志士建功立业，留名青史。

穿越阳光和风雨，穿越纷飞的战火和盛世的繁华，古镇杨舍历经1700余载，沧海变桑田，积淀的是深厚的历史文化底蕴，崛起的是一座生机盎然的现代新城。从1962年成立沙洲县，到1986年撤县建市至今，杨舍一直是张家港市（沙洲县）政治、经济、文化和交通中心。杨舍人用自己的聪明才智和坚忍不拔的苦干精神，在全国创下了多个第一：全国第一所县办大学——沙洲职业工学院，全国第一家镇办五星级酒店——馨苑酒家，全国第一条镇级步行街——沙洲中路步行街……把这里建成长三角乃至全国的经济强镇、魅力名镇。杨舍人的“杨舍精神”，最终铸就闻名全国的“团结拼搏，负重奋进，自加压力，敢于争先”的“张家港精神”。

杨舍镇区位优势显著。她位于沿江、沿海最具活力的经济带核心区域，紧邻亿吨大港张家港港，沿江高速、锡通高速、疏港高速、204国道、338省道穿境而过。境域内高等级公路四通八达，建设中的沪通铁路、通苏嘉铁路、沿江城际铁路在此交会，与沪、宁、苏、锡、常、通等大中城市的同城效应正在显现。2008年，张家港经济开发区和杨舍镇实行“区镇合一”管理新体制。2011年，张家港经济开发区升格为国家级经济技术开发区，并定名为张家港经济技术开发区（以下简称经开区或区镇）。经开区（杨舍镇）是张家港市创建国家卫生城市、全国文明城市的主阵地和主窗口，与全国文明城市“五连冠”——张家港市主城区融为一体。中国十佳最具发展潜力园区前10强、中国十佳最具投资竞争力园区、中国十佳创新力开发区、中国十大魅力乡镇、全国社会主义新农村建设示范镇……一张张闪亮的名片，映射出区镇开拓奋进的坚实足迹。2016年，区镇区域面积153.09平方千米，总人口53万人。

杨舍是一片充满生机、富有活力的创业热土。智能制造和再制造产业在持续放大智能装备、成套装备、精密机械和汽车零部件等产业规模的基础上，加快工业机器人集成应用、高端数控机床及其关键零部件产业发展，经开区获批国家新型工业化（智能装备）产业示范基地，张家港机器人产业园列入工信部重点支持建设园区。再制造基地获批全国首批、华东首家国家再制造产业示范基地和国家循环化改造示范试点园区。绿色能源（LED）产业加快向光伏电站投资管理领域拓展，打造航母级龙头企业，经开区获批中国可再生能源学会光伏产业示范基地。半导体产业以国家“千人计划”人才与规模企业对接为突破口，积极推动半导体产业发展。与此同时，商贸物流、服务外包、软件动漫、总部经济等现代服务业繁荣发展，一个高技术性、高附加值、高带动力、低碳循环的现代产业体系，在经济全球化的浪潮中风生水起。

杨舍是一方人才荟萃、智力密集的创新之地。依托国家国际科技合作基地、海外人才中国创业示范基地、中国产学研合作创新示范基地，汇聚了百名国内外院士，国家“千人计划”、江苏省创新创业领军人才。沙洲湖科创园是高等院校和科研院所产业技术基地、企业研发总部基地、海内外高层次人才创新创业基地，成为创新转型的强大引擎。国家高新技术服务中心——张家港科技创业园，是电力电子、新一代信息技术、新型材料、智能装备、生物医药的科技孵化平台，已成功孕育200多家科技创新企业。国家影视网络动漫实验园——张家港软件（动漫）产业园，重点发展文化创意、软件研发、智慧能源、电子商务，着力打造为国家级服务外包示范基地和文化产业示范基地。

杨舍是一座绿色生态、美丽宜居的幸福之城。这里现代教育优质完备，医疗体系覆盖城乡，城市文明中西并蓄，社会风尚包容友善。杨舍大力推动工业建设向园区集中、农民居住向镇区集中、土地向规模经营集中，不断优化产业布局，有效提升资源利用效率，努力建设适宜人居创业的新城区，为生态文明建设提供强大的保障。全镇生活污水集中处理率100%，绿化覆盖率42%，建成全国首个清洁能源使用区，获批开展国家生态工业示范园区建设。“工作在现代化低碳园区、生活在花园式生态社区”，是杨舍人诗意的生活。

杨舍是一座崇德向善、文化绚丽的文明之城。巨幕影城、博物馆、图书馆、文化中心、各社区文体中心等伫立在全镇各个地段，坚守着这座城市的希望与梦想；“长江文化艺术节”汇集了长江流域地方文化精品，既是艺术盛宴，又是文化大餐；文化文明百村欢乐行“村村演”、千场电影进社区“月月映”、广场文艺“周周唱”等文化活动精彩纷呈；幸福网格乐翻天、文化志愿服务基层行、戏曲大舞台、“杨舍榜样”评比表彰等活动声势浩大；“10分钟群众文体圈”“15分钟社区卫生服务圈”……照亮了城乡文化的广阔视野，让百姓生活丰富而便捷。核心价值观主题公园、好人公园、“家文化”主题公园……漫步在杨舍，从繁华的城市街区到静谧的小巷深处，文明创建带来的变化，让人们对这座城市充满了信赖。区镇始终高举精神文明的旗帜，积极发挥主题教育的推动作用、先进典型的示范作用、优秀文化的滋养作用和志愿服务的凝聚作用，使社会主义核心价值观入耳入脑入心、扎根群众心灵，文明正成为杨舍人的一种生活方式。

厚积薄发，历久弥新。进入新时代，杨舍正以海纳百川的胸怀、敢于争先的精神，描绘着“现代产业集聚区、科技创新示范区、开发开放先导区、幸福宜居新城区”的宏伟蓝图。

夕阳下的沙洲湖　　王刚毅　摄

杨舍镇情

杨舍镇地处江苏省张家港市西南部，是市委、市政府所在地，全市政治、经济、文化和交通中心。地理坐标为北纬 31° 47′ 20″～31° 57′ 07″、东经 120° 27′ 40″～ 120° 38′ 16″，属北亚热带温湿气候，是典型的江南水乡环境，资源丰富，物产丰饶。

杨舍镇位于位于沿江、沿海最具活力的经济带核心区域，东临张家港市南丰镇、塘桥镇，东南与凤凰镇接壤，西与金港镇毗邻，南、北连锦丰镇和大新镇，西南与江阴市顾山、新桥、华士三镇交界。陆路交通四通八达，有沿江高速、锡通高速、疏港高速，204、346 国道，19、38、228、340、604 省道，苏虞张一级公路，构筑了和上海、南京、苏州、无锡、常州等周边大中城市的“1 小时交通圈”。水路有谷渎港、一干河等河纵贯南北，东横河、盐铁塘等河横亘东西，连通长江和京杭大运河，紧邻亿吨大港张家港港。形成了纵横交错的水路交通网。

杨舍镇是国家经济强镇，国家级经济技术开发区——张家港经济技术开发区位于镇内。2016 年，全镇实现地区生产总值 676.06 亿元、进出口总额 68.46 亿美元、全口径财政收入 103.54 亿元。先后荣获中国百强镇、江苏省文明乡镇、全国社会主义新农村建设示范镇、中国魅力乡镇等荣誉称号。

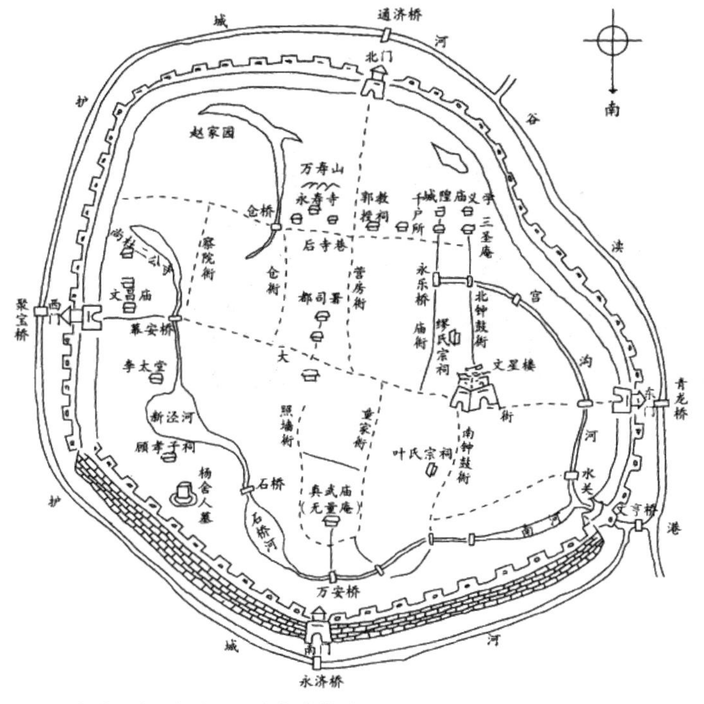

明嘉靖三十七年（1558）杨舍堡城图

行政区划

杨舍历史悠久。夏朝时，全国分九州，杨舍属扬州区域。西晋时属暨阳县，县治在杨舍。南北朝梁太平元年（556）属梁丰县。后几经分合，变化较大。唐代以后，以界泾河为界，河东、河西分属常熟、江阴两县。清康熙三年（1664）起，始有杨舍镇建制。1927 年，建杨舍区，下设保、甲。解放以后，废除保、甲，划为区、乡（镇）、行政村。1957 年撤区并乡。1958 年撤销乡、行政村建制，建立人民公社，实行政社合一，公社以下设大队、生产队。1983 年 5 月，政社分设，恢复乡（镇）制，下设行政村、村民小组。1986 年 9 月 16 日，国务院发文批准撤销沙洲县，设立张家港市（县级），以原沙洲县行政区域为张家港市行政区域，市人民政府驻杨舍镇。12 月，正式撤销沙洲县，

国家级张家港经济技术开发区揭牌仪式（2011 年） 严子洋 摄

建立张家港市，杨舍镇改属张家港市。是月，杨舍乡并入杨舍镇。2000 年 7 月，泗港、塘市、乘航三镇并入杨舍镇。2003 年 3 月和 8 月，东莱镇和晨阳镇的大部分地区先后并入杨舍镇。2011 年 9 月 25 日，经国务院办公厅批准，张家港经济开发区升级为国家级经济技术开发区，定名为张家港经济技术开发区（以下简称经开区）。

2016 年，杨舍镇面积 153.09 平方千米，其中城区面积 34 平方千米，耕地面积 3516 公顷。辖城郊 5 个办事处、城区 4 个街道办事处、29 个行政村、76 个社区和 1040 个村民小组。

城郊办事处

2016 年，杨舍镇下辖泗港、塘市、乘航、东莱、晨阳等 5 个办事处。办事处为镇政府派出机构，副镇级建制，设党工委（原设党总支，2010 年 12 月统一改设党工委）和行政两套班子。主要负责辖区范围内精神文明建设、卫生、民政、司法、信访、综合治理、计划生育、村镇建设、合作医疗、劳动社保、农副业生产、第三产业发展等，并兼党建、群团、工业经济等工作。

泗港办事处 位于杨舍镇域西部。辖区东与城区相连，南与城南社区、包基社区接壤，西南与江阴市华士镇交界，西、西北与金港镇后塍办事处相连，北临南横套、与晨阳办事处和福前村隔河相望，总面积 29.25 平方千米。办公地址位于泗杨路与国泰路交会处东北侧。2016 年，辖 6 个社区居委会、5 个行政村、196 个村民小组，户籍人口 9669 户、2.83 万人。

泗港办事处曾获“江苏省科普文明街道”等荣誉称号。

塘市办事处 位于杨舍镇域南部。辖区东以老二干河为界，与凤凰镇、杨舍镇乘航办事处为邻，南与江阴市顾山镇交界，西与江阴市新桥镇相连，北与城南社区、旺西村接壤，总面积 21.69 平方千米。办公地址位于塘市集镇镇中路。2016 年，辖 6 个社区居委会、6 个行政村、171 个村民小组，户籍人口 7084 户、2.38 万人。

乘航办事处 位于杨舍镇域东部。辖区东倚黄泗浦、与塘桥镇毗邻，南与凤凰镇、杨舍镇塘市办事处交界，西与城东街道前溪社区接壤，北临张杨公路，总面积 23.6 平方千米。办公地址位于乘航集镇西街。2016 年，辖 4 个社区居委会、6 个行政村、170 个村民小组，户籍人口 8694 户、2.6 万人。

东莱办事处 位于杨舍镇域东北部。辖区东与南丰镇、锦丰镇和塘桥镇鹿苑办事处交界，南沿盐铁塘和张杨公路，西依界泾河，与仓基社区、斜桥村东区、范庄社区隔河相望，西北与杨舍镇晨阳办事处接壤，北与锦丰镇为邻，总面积 29.18 平方千米。办公地址位于东莱集镇东莱中路。2016 年，辖 4 个社区居委会、6 个行政村、228 个村民小组，户籍人口 11410 户、3.17 万人。

东莱办事处曾获“苏州市人口和计划生育先进集体”等荣誉称号。

晨阳办事处 位于杨舍镇域西北部。辖区东与杨舍镇东莱办事处交界，南依南横套、与杨舍镇泗港办事处隔河相望，西与金港镇接壤，北与大新镇为邻，总面积 14.45 平方千米。办公地址位于晨南桥集镇人民路 25 号。2016 年，辖 1 个社区居委会、3 个行政村、97 个村民小组，户籍人口 5058 户、1.36 万人。

城区街道办事处

2016 年，杨舍镇下辖城东、城南、城西、城北 4 个城区街道办事处。街道办事处为镇政府的派出机构，副镇级建制，设党工委（曾先后设党支部、党总支，2005 年 1 月改设党工委）和行政两套班子，主要负责辖区范围内的精神文明建设、计划生育、卫生、民事调解、综合治理等工作。

城东街道办事处 位于杨舍城区东部。辖区东靠界泾河、南依南苑东路、西沿谷渎港、北临东横河，总面积 6.68 平方千米。办公地点位于新市河路 370 号。1985 年 7 月成立，设党支部和行政两套班子。1996 年 7 月成立党总支，同时被明确为副镇级单位。2005 年 1 月成立党工委。2016 年，辖城东、花园、新城、梁丰、东苑、向阳、园林、前溪、振丰、明珠、中昊、勤丰、帝景、范庄、君临新城等 15 个社区居委会，户籍人口 15205 户、4.25 万人。

城东街道办事处曾被评为江苏省文明单位标兵，多次获“江苏省文明单位”“苏州

城东文化新城夜景（2016 年） 王刚毅 摄

市文明单位”等荣誉称号。

城南街道办事处 位于杨舍城区南部。辖区东临谷渎港、新沙河，南至南二环路，西依国泰路，北靠镇南弄、小河坝路、沙洲西路，总面积 7 平方千米。办公地点位于河西南路 92 号。2016 年，辖旺西 1 个行政村，城南、沙工、聚龙、惠丰、东湖苑、西湖苑、南苑、绿洲、江联、馨港、小城市、包基、赵庄、清水湾、暨阳湖、新旺等 16 个社区居委会，户籍人口 16070 户、4.68 万人。

城南街道办事处曾获“江苏省科普文明街道”“苏州市创建无毒社区先进单位”等荣誉称号。

城西街道办事处 位于杨舍城区中西部。辖区东沿谷渎港，南至镇南弄、小河坝路、沙洲西路，西靠国泰路，北依东横河，总面积 6.3 平方千米。办公地点设在城区暨

城北新区一隅（2014 年）

城西新区湿地公园（2013 年） 肖湘 摄

阳花园内。1985 年 7 月成立，设党支部和行政两套班子。1996 年 7 月成立党总支，同时被明确为副镇级单位。2005 年 1 月成立党工委。2016 年，辖城西、邵巷、龙潭、庆丰、长安、西门、暨阳、云盘、万红、汇景、四季、金城、悦盛等 13 个社区居委会，户籍人口 15498 户、4.42 万人。

自 1987 年起，城西街道办事处多次被评为张家港市文明单位，多次获“苏州市文明单位”“江苏省文明单位”等荣誉称号。2015 年年末，拥有国家级绿色社区 1 个（万红社区），省级绿色社区 3 个（龙潭社区、暨阳社区、长安社区），实现苏州市级以上绿色社区“满堂红”。

城北街道办事处 位于杨舍城区北部。辖区东依东二环路，南靠东横河，西至陈东庄自然村，北靠南横套，总面积 13.17 平方千米。办公地点位于公园路 28 号。1993 年

朱德明 摄

5 月成立，设党支部（1993 年 6 月成立）和行政两套班子。1996 年 7 月成立党总支，同时被明确为副镇级单位。2005 年 1 月成立党工委。2016 年，辖斜桥、田垛里 2 个行政村，城北、通运、横河、东渡、扬帆、锦绣、悦丰、体育、仓基、戴巷、陈东庄 11 个社区居委会，户籍人口 11588 户、3.35 万人。

城北街道办事处曾获“全国示范青少年法律学校”“江苏省文明单位”“江苏省科普文明街道”“苏州市文明单位”“苏州市城市管理和爱国卫生工作先进集体”“苏州市人民调解、防激化先进集体”“苏州市无毒街道先进单位”等荣誉称号。

行政村

2016 年，杨舍镇下辖 29 个行政村，其中杨舍片区 3 个、泗港片区 5 个、塘市片区 6 个、乘航片区 6 个、东莱片区 6 个、晨阳片区 3 个。

旺西村 位于杨舍城区南侧。村域东至金港大道、与九洲家具城相邻，南与杨舍镇塘市办事处南庄村交界，西与城南社区西区旺家庄和江阴市新桥镇接壤，北至南二环路，总面积 1.82 平方千米。村委驻金港大道西侧、南二环路南侧旺西花苑东首。2007 年 12 月成立村党委。

2016 年，辖 13 个村民小组（原有自然村全部被拆除），总户数 644 户、总人口 2100 人。全村集体经济总收入 1802 万元，村可用财力 1628 万元。

旺西村曾获“江苏省卫生村”“江苏省民主法治示范社区”“苏州市加强农村基层组织建设、加快农村现代化建设示范村”“苏州市社会治安、综合治理先进集体”“苏州市实践‘三个代表’、实现‘两个率先’先锋村”“苏州市先锋村”等荣誉称号。

斜桥村 位于杨舍城区北部，以境内斜桥自然村而名。该村由原斜桥村和戴巷村合并而成，以南北向的谷渎港为界分为西区（原斜桥村）和东区（原戴巷村）两块。村域东至界泾河、与杨舍镇东莱办事处农联村隔河相望，南与范庄社区、城北社区和横河社区接壤，西与田垛里村为邻，北与仓基社区和田垛里村交界，总面积 3.91 平方千米。村委驻海关路与振兴路交会处东北侧、锦绣花苑三期小区 111 幢。2003 年 8 月成立村党总支。2007 年 12 月成立村党委。斜桥村历史悠久，人杰地灵，是古时杨舍城北著名集镇。

2016 年，辖蒋巷里、黄狼洞、南斜桥、北斜桥（河西）、丁家住基等 5 个自然村，27 个村民小组，总户数 1737 户、总人口 4719 人。全村集体经济总收入 2612 万元，村可用财力 542 万元。

斜桥村先后获“江苏省卫生村”“苏州市加强农村基层组织建设、加快农村现代化建设示范村”“苏州市实践‘三个代表’、实现‘两个率先’先锋村”“苏州市先锋村”等荣誉称号。

田垛里村 位于杨舍城区西北部、江苏省张家港经济技术开发区内，以境内田垛里自然村而名。该村由原田垛里村、泾东村、范港村和陈东庄村合并而成。村域东至长安北路，南沿东横河，西至西二环路，北至南横套，总面积5.96平方千米。村委驻跃进河东岸赵家基自然村。2003年8月成立村党总支。2007年12月成立村党委。

2016年，辖田垛里、泾东、泾西、郭家基、周巷里、赵家基、何家圩、张家圩、仲家圩、绞绳圩、永宁圩等11个自然村，39个村民小组，总户数2192户、总人口6130人。全村集体经济总收入4587万元，村可用财力3508万元。

田垛里村多次获“江苏省文明村”称号。并曾获“江苏省社会主义新农村建设示范村”“江苏省创建文明村工作先进村”“江苏省生态村”“苏州市文明村”“苏州市加强农村基层组织建设、加快农村现代化建设示范村”“苏州市实践‘三个代表’、实现‘两个率先’先锋村”“苏州市农民健康先进村”“苏州市‘五位一体’示范单位”“苏州市人民调解工作先进集体”“苏州市先锋村”等荣誉称号。

章卿村 位于泗港办事处辖区西南部。境内章卿寺已有1700余年历史，村随寺名。该村由原章卿村与西新村合并而成。村域东与泗港集镇和七里庙村相连，南与百家桥村为邻，西与金港镇后塍办事处朱家宕村和江阴市华市镇镇域交界，北至闸上村、东横河，总面积5.08平方千米。村委驻乐家园自然村。境内章卿寺是江南极负盛名的古寺，香火旺盛，游人不绝。

2016年，辖大湖里、四房巷、苏家湾、周家湾、水渠里、东村、西村、乐家园、北新桥、黄桥庄、南街上、唐家基、周家巷、西新宅、闸上朝南、新宅里等16个自然村，33个村民小组，总户数1675户、总人口5491人。全村集体经济总收入1868万元，村可用财力1198万元。

章卿村曾获“江苏省卫生村”“江苏省生态村”“苏州市加强农村基层组织建设、加快农村现代化建设示范村”等荣誉称号。2002年至2005年，连续4年被评为张家港市文明村。

闸上村 位于泗港办事处辖区西部，以境内闸上集镇而名。村域东与善港村和章卿村交界，南与章卿村相邻，西至蔡港、与金港镇后塍办事处朱家宕村隔港相望，北至张杨公路、与善港村相连，总面积2.41平方千米。村委会驻闸上集镇。1992年6月成立村党总支，1994年1月成立村党委。

农民动迁安置小区——旺西花苑（2012年）

严子洋　摄

2016年，辖东夏家埭、西夏家埭、斜坝、西巷头、苏家园、周巷里、七房巷、柴头湾、沿头巷、闸上等10个自然村，12个村民小组，总户数848户、总人口2520人。全村集体经济总收入1801万元，村可用财力1407万元。1985年就成为泗港乡第一个工业产值突破3000万元的村，在沙洲县名列前茅。

闸上村先后获“江苏省农村现代化试验区先进示范单位”“江苏省卫生村”“苏州市文明村”“苏州市百强村”“苏州市建设社会主义新农村示范村”“苏州市社会治安综合治理工作先进单位”“张家港市文明村”等荣誉称号；村党委（总支）多次获“张家港市先进基层党组织”称号。1986年，村党支部被中组部授予“全国先进党支部”称号。是年，时任中共中央书记处书记、国务院副总理的乔石到村考察。1993年，闸上村被收入《江苏名村志》。

善港村 位于泗港办事处辖区西北部，以境内善港河而名。该村由原善港村、五新村、严家埭村和杨港村合并而成。村域东至朝东圩港，南至东横河，西与金港镇后塍办事处高桥村交界，北依南横套、与金港镇后塍办事处李家港村和杨舍镇晨阳办事处南新村隔河相望，总面积7.17平方千米。村委会驻严家埭自然村南侧。

2016年，辖善港（又名“李家圩”）、马路上、石家埭（又名“十家埭”）、翻笆埭、善湖里（又名“船坞里”）、钱家住基、曹家圩、葛家老墙门、葛家老住基、孙家竹园、周家住基、金家缺口、黄家住基、大五房、吴家住基、王家墙门头、何家住基、陆家住基、丁家场头、陶家场头、郏家村、沈家埭、吴家滩、套沿埭、叶家圩、朝东埭、周家圩、严家埭、葛家埭、川堂里、高住基、赵家弄、徐家基、杨港巷等34个自然村，56个村民小组，总户数2459户、总人口7237人。全村集体经济总收入3686万元，村可

善港村一角（2014年） 蔡春林 摄

善港村船坞里一瞥（2014 年） 蔡春林 摄

用财力 2407 万元。

善港村曾获“江苏省卫生村”“2012 年度全省村庄环境整治工作先进集体”“江苏省和谐社区建设示范社区”等荣誉称号。2016 年，村党委获“苏州市先进基层党组织”荣誉称号。

七里庙村 位于泗港办事处辖区南部，以境内七里庙自然村而名。该村由原七里庙村、景巷村和泗港村合并而成。村域东临国泰路、南依沙洲西路、西接章卿村、北濒东横河，总面积 4.41 平方千米。村委会驻七里庙小区。2005 年 6 月成立村党总支。2007 年 12 月成立村党委。

2016 年，辖 30 个村民小组（原有自然村全部被拆除），总户数 1228 户、总人口 2544 人。全村集体经济总收入 4241 万元，村可用财力 2236 万元。

七里庙村曾获“江苏省文明村”“江苏省卫生村”“江苏省生态村”“苏州市防激化工作先进集体”“苏州市加强农村基层组织建设、加强农村现代化建设示范村”“2000—2001 年度苏州市文明村”“苏州市建设社会主义新农村示范村”“苏州市村级经济发展标兵村”“苏州市城乡一体化改革发展先进集体”等荣誉称号。境内徐家巷小区（今名

“七里庙小区”）曾被评为苏州市文明小区。

百家桥村　位于泗港办事处辖区南部，以境内百家桥自然村而名。境内太平桥为清代古建筑，建于清光绪二十年（1894）。该村由原百家桥村、西大房村和白鹿村合并而成。村域东、南与城区小城市社区和包基社区交界，西至蔡港、与江阴市华士镇毗邻，北与章卿村和七里庙村接壤，总面积 4.71 平方千米。村委会驻西二环路西侧、公交 19 路车终点站处。2003 年 8 月成立村党总支。

2016 年，辖邱家墩、再头巷、黄家竹园等 3 个自然村，31 个村民小组，总户数 1417 户、总人口 4251 人。全村集体经济总收入 1235 万元，村可用财力 669 万元。

百家桥村是江苏省卫生村、首批省级电话小康村。2010 年获“苏州市建设社会主义新农村示范村”荣誉称号。

南庄村　位于塘市办事处辖区西北部，以境内大南庄自然村而名。金港大道纵贯全境。村域东至原大南庄、与棋杆村相邻，南至原小窑泾、与河北村接壤，西至原朱家巷、与江阴市新桥镇苏市村交界，北至原东墙门、与旺西村相连，总面积 2 平方千米。村委会驻南庄花苑。

2016 年，辖 16 个村民小组（原有自然村全部被拆除），总户数 208 户、总人口 574 人。全村集体经济总收入 1274 万元，村可用财力 532 万元。

百家桥村居民区（2013 年）　　严子洋　摄

1999 年，南庄村被评为江苏省卫生村和苏州市加强农村基层组织建设、加快农村现代化建设示范村。2007 年获“苏州市建设社会主义新农村示范村”称号。1999 年至 2005 年，每年都获“张家港市文明村”荣誉称号。

河南村 位于塘市办事处辖区西部，紧邻塘市镇区，因位于华塘河南侧而名。金港大道穿越村境。村域东、北与河北村相连，南与李巷村为邻，西与李巷村和江阴市新桥镇交界，总面积 2.22 平方千米。村委会驻横泾花园。

2016 年，辖 18 个村民小组（原有自然村全部被拆除），总户数 400 户、总人口 1374 人。全村经济总收入 868 万元，村可用财力 553 万元。

河南村是江苏省卫生村，2004 年 4 月获“苏州市‘亿万农民健康教育’先进村”荣誉称号。

河北村 位于塘市集镇区，因地处华塘河北侧而名。该村由原河北村和塘市村合并而成。村域东靠老二干河、与凤凰镇交界，南与李巷村、河南村接壤，西与河南村、南庄村为邻，北与南庄村、汤联村和棋杆村相连，总面积 5.23 平方千米。南北向的金港大道、新沙河穿越全境，华塘河横亘东西。村委会驻塘市西街“同德里”。2001 年 4 月成立村党总支。

2016 年，辖东巷上、姜塘圩、聚丰二村、沿河滩、新庄上、南海、北海、塘巷里、吴巷、南园里等 10 个自然村，39 个村民小组，总户数 1362 户、总人口 4085 人。全村集体经济总收入 897 万元，村可用财力 767 万元。

河北村是江苏省卫生村，并曾获“江苏省文明村”“苏州市文明村”“苏州市建设社会主义新农村示范村”等荣誉称号。

李巷村 位于塘市办事处辖区南部，以境内李巷自然村而名。沿江高速公路穿村而过。该村由原李巷村、黄旗村、刘市村和河头村合并而成。村域东与河北村接壤，南与江阴市顾山镇交界，西与江阴市新桥镇毗邻，北与河南村相连，总面积 7.01 平方千米。村委会驻金港大道东侧、公路收费站北侧百米处。2001 年 4 月成立村党总支。2004 年 3 月成立村党委。境内有明代古建筑黄旗桥。

2016 年，辖李巷、虎泾口、塘东、三房巷、二房巷、廊下、庙头巷、小宅基、居家庵、徐家堂、薛家巷、朱家圩、陈家圩、缪家庄、景家堂、大澎湾、小澎湾、章家堂、黄家村、五节桥、黄旗桥、陆家堂、秦家堂、砖场上、水渠川、巷头村、刘市头、矮凳桥、西钱家巷、高家桥、丁家河头等 31 个自然村，58 个村民小组，总户数 1818 户、总人口 6419 人。全村集体经济总收入 2615 万元，村可用财力 1534 万元。

棕棚加工生产是李巷村家庭副业的特色。20 世纪 90 年代初，境内秦家堂自然村有 60% 的农民从事棕棚加工生产副业。全村有个体棕棚、席梦思床垫生产专业户 35 户。

李巷村曾获“江苏省文明村”“江苏省卫生村”“江苏省生态村”“苏州市文明村”“苏州市加强农村基层组织建设、加快农村现代化建设示范村”“苏州市先锋村”“苏州市建设社会主义新农村示范村”等荣誉称号。

汤联村　位于塘市办事处辖区东北部，村名系沿用农业合作化时期汤联高级社之名。村域东至老二干河、与杨舍镇乘航办事处新民村相邻，南与河北村接壤，西与棋杆村交界，北至菖蒲塘、与杨舍镇乘航办事处新民村和民丰村隔河相望，总面积 1.92 平方千米。村委会驻金塘社区东北首、东南大道与新丰中路交会处。

2016 年，辖 16 个村民小组（原有自然村全部被拆除），总户数 242 户、总人口 681 人。全村集体经济总收入 1248 万元，村可用财力 736 万元。

汤联村原以农业为主，20 世纪 70 年代至 80 年代就成为塘市地区稻麦高产村（大队）之一，多次被评为全市（县）农业先进集体。水芹菜是该村的特产，享誉苏、锡、沪地区。汤联村是江苏省卫生村。

棋杆村　位于塘市办事处辖区北部，老沙锡路和新沙河穿村而过。该村由原棋杆村和芦庄村合并而成。村域东与河北村、汤联村和杨舍镇乘航办事处新民村、民丰村相邻，南与塘市集镇区相接，西与南庄村和旺西村毗邻，北与赵庄社区交界，总面积 2.96 平方千米。村委会驻老沙锡路西侧西溪花苑西首。

2016 年，辖 24 个村民小组（原有自然村全部被拆除），总户数 430 户、总人口 1312 人。全村集体经济总收入 1834 万元，村可用财力 841 万元。

棋杆村是江苏省卫生村。1998 年、1999 年，该村连续两年获“苏州市加强农村基层组织建设、加快农村现代化建设示范村”荣誉称号。

明万历四十一年（1613），塘墅（即今塘市）东兴里（现属棋杆村）人缪昌期 51 岁中进士，授翰林院检讨。缪昌期在故乡（现老宅基）建有大宅院，宅前立有旗杆，上挂黄旗。天启六年（1626），缪昌期被阉党魏忠贤所害，惨死狱中。后人为纪念缪昌期，将其故居所在地命名为“棋杆下”（“棋”应为“旗”，后人误将“旗”写成“棋”，一直沿用至今）。老棋杆村缪姓占总户数的 51%，均为缪昌期后裔。

新民村　该村位于乘航办事处辖区南部，村名系沿用农业合作化时期新民高级社之名。该村由原新民村、西周村部分区域和新联村合并组成。村域东临二干河和黄泗浦、与农义村和塘桥镇十字港村交界，南至三里泾、与凤凰镇安庆村毗邻，西至老二干河、与杨舍镇塘市办事处河北村和汤联村相望，北依乘航集镇区，总面积 3.44 平方千米。村委驻任家圩。2003 年 11 月成立村党总支。

2016 年，辖乌墩、朱家圩、潘家堂、湖田里、黄家堂、任家圩、张家圩、丁家角、徐家堂、徐家宅基、蔡家、上趟、张家堂、汤家桥、陆家巷、周家湾、新宅基、顾家堂、王家巷、薛家巷、顾四巷、新陆家、新市上（东）、新市上（西）、华辉桥、西周家等 27 个自然村，29 个村民小组，总户数 917 户、总人口 3072 人。全村集体经济总收入 836 万元，村可用财力 728 万元。

新民村是江苏省卫生村，并曾获“江苏省生态村”“张家港市文明村”等荣誉称号。

农义村 位于乘航办事处辖区东南部。村名系沿用农业合作化时期农义高级社之名。该村由原农义村和西周村部分区域合并而成。村域东至黄泗浦（十字港）、与塘桥镇十字港村隔河相望，南靠华妙河、与新民村毗连，西与新民村交界，北与庆安村接壤，总面积 2.41 平方千米。村委会驻潘家圩西侧。

2016 年，辖漕舍、乃宜浜、朱家巷、潘家圩、虞家圩、沈家堂、陆家堂、秦家堂、东周家堂、周家湾、黄家堂、黄家湾、范家、缪家堂、黄泥坝、徐家坝、陈家、戴家堂、周家堂（原名“李家湾”，1970 年更为现名）等 19 个自然村，18 个村民小组，总户数 553 户、总人口 1750 人。全村集体经济总收入 839 万元，村可用财力 359 万元。

农义村是江苏省卫生村，2005 年获“江苏省生态村”荣誉称号。

民丰村 位于乘航办事处辖区西部。村名系沿用农业合作化时期民丰高级社之名。该村由原民丰村、新农村和勤星村合并而成。村域东与庆安村相连，南与庆安村和杨舍镇塘市办事处棋杆村交界，西与城区赵庄社区和前溪社区为邻，北与老宅社区和蒋桥村接壤，总面积 5.24 平方千米。乘杨路、东苑路横穿东西，东二环路和乘航镇中路纵贯南北。村委会驻乘航菜场西南侧联欣花苑。2003 年 11 月成立村党总支。2012 年 10 月成立村党委。

2016 年，辖张家堂、陈家巷、辛家巷、季家高田、徐家巷、水渠里等 6 个自然村，28 个村民小组，总户数 1369 户、总人口 4171 人。全村集体经济总收入 7533 万元，村可用财力 1029 万元。

民丰村是江苏省卫生村，并曾获“苏州市加强农村基层组织建设、加快农村现代化建设示范村”“苏州市建设社会主义新农村示范村”等荣誉称号。

蒋桥村　位于乘航办事处辖区北部，因北靠蒋桥集镇而得名。东横河横贯东西，乘航振兴路纵贯南北。该村由原蒋桥村和老宅村合并而成。村域东临二干河、与双鹿村、庆安村为邻，南至乘杨路、与庆安村、民丰村接壤，西与城区城东社区相连，北靠张杨公路、与杨舍镇东莱办事处农联村交界，总面积3.09平方千米。村委会驻乘航菜场西南侧联欣花苑。2003年11月成立村党总支。2012年10月成立村党委。

2016年，辖小宅基、沙田里、南水渠、四房庄、东支家塘、西支家塘、蔡家桥、谢家基、孙巷里、新宅基等10个自然村，23个村民小组，总户数801户、总人口2120人。全村集体经济总收入1512万元，村可用财力1088万元。

蒋桥村是江苏省卫生村。1998年、1999年连续获“苏州市加强农村基层组织建设、加快农村现代化建设示范村”荣誉称号，并多次被评为张家港市文明村。

双鹿村　位于乘航办事处辖区东北部，由原鹿民村和鹿勤村合并而成，故取名双鹿村。村域东与塘桥镇鹿苑办事处滩里村交界，南与庆安村相连，西傍二干河、与蒋桥村隔河相望，北至盐铁塘、与杨舍镇东莱办事处黎明村毗邻，总面积3.29平方千米。村委会驻农鹿路西侧、骏马集团公司大楼南侧300米处。

2016年，全村有王庄里、西高头、钱家堂、缪家堂、项家堂、陈家堂、沈家堂、毛家堂、九房巷、蒋家堂、新毛家堂、徐家堂等12个自然村，27个村民小组，总户数832户、总人口2430人。全村集体经济总收入532元，村可用财力316万元。

双鹿村农副业比较发达，村里有不少养殖大户。另一特色是家庭编织带小作坊十分兴盛，全村有100余户从事编织带生产。双鹿村是江苏省卫生村。

庆安村　位于乘航办事处辖区东部，以境内庆安古镇而得名。该村由原庆安村、群丰村和乘航村合并而成。村域东濒古黄泗浦、与塘桥镇花园村交界，南与农义村接壤，西与民丰村相连，北接双鹿村，总面积6.23平方千米。村委会驻庆安古街南侧、乘杨路东端、公交19路车终点站旁。2003年11月成立村党总支。2012年10月成立村党委。

2016年，全村有高家弄、六房庄、金当巷、倪巷里、孙家湾、孟家湾、八家坝、金川里、寺西巷、西河头、倪家巷、港西、林园、祁家巷、沈家坟、钱家宅基、崔家巷、中巷、新宅基、岳埠头、五房里、小园里、袁家堂、钱家堂等24个自然村，46个村民小组，总户数1715户、总人口5097人。全村集体经济总收入2977万元，村可用财力1255万元。

庆安村是江苏省卫生村、江苏省生态村，并曾获“江苏省巾帼示范村”称号。

建于西晋的古镇庆安位于该村。南宋建炎三年（1129），抗金名将韩世忠曾率部驻守于此抗击金兵。韩世忠率领士兵所筑的“服拎山”遗迹尚存。明嘉靖末年，倭寇曾三次焚劫庆安镇。

东莱村 位于东莱办事处辖区东北部，以境内东莱集镇而名。该村由原东莱村、协家桥村、民庆村、黑桥村和庆东村合并组成。村域东至七海坝、与南丰镇交界，南傍南横套，西依二干河，北与锦丰镇交通村为邻，总面积 6.89 平方千米。村委会驻刘家埭自然村。2003 年 11 月成立村党总支。2008 年 6 月成立村党委。

2016 年，全村有钱家圩、新安圩、同仁圩、十圩岸、抢潮圩、英字圩、张家圩、杨家圩、电线圩、德顺圩、庆耕二圩、庆耕大圩、洽顺圩、连丰大圩、连丰二圩、连丰三圩、连丰耳圩、十圩岸、十一圩岸、十二圩岸、十三圩岸、套北街、头圩、刘家埭、三圩埭、小埭、七家村、杜家埭、盛家埭、十圩埭、西九圩埭、叶家桥、西八圩埭等 33 个自然村，49 个村民小组，总户数 2516 户、总人口 6993 人。全村集体经济总收入 2154 万元，村可用财力 766 万元。

2002 年，东莱村被评为江苏省卫生村。2003 年至 2005 年，连续 3 年获“张家港市文明村”荣誉称号。2006 年，获“苏州市先锋村”称号，村党总支获“张家港市先进基层党组织”称号。

西闸村 位于东莱办事处辖区西北部，因位于东莱套闸以西而名。该村由原西闸村、寿兴村和二圩村合并而成。村域东与东莱村接壤，南临东福公路和南横套，西至二圩港、与福前村隔河相望，北至寿兴横套、与锦丰镇合兴办事处洪桥村交界，总面积 3.55 平方千米。村委会驻二干河西岸、童家埭自然村东端。2003 年 11 月成立村党总支。

2016 年，全村有二圩埭、三圩埭、四圩埭、姚家埭、戗岸埭、龚家小埭、南横套埭、童家埭、龙灯埭、黄家埭、十三圩埭、十四圩埭等 12 个自然村，32 个村民小组，总户数 1267 户、总人口 3654 人。全村集体经济总收入 712 万元，村可用财力 491 万元。

2000 年，西闸村被命名为江苏省卫生村，2005 年获“江苏省生态村”荣誉称号。

福前村 位于东莱办事处辖区西部，以境内福前集镇而名。该村由原福前村、福东村和永协村合并组成。村域东至二圩港、与西闸村为邻，南临南横套，西至南川港、与杨舍镇晨阳办事处晨新村接壤，北至寿兴横套、与锦丰镇南港村、牛市村交界，总面积 6.37 平方千米。村委会驻福前集镇。1996 年 3 月成立村党总支。2014 年 12 月成立村党委。

2016年，全村有中老圩、东套沿埭、西套沿埭、张家埭、雄鸡埭、朝东岸埭、大黄家埭、小黄家埭、刘家埭和徐家埭等10个自然村和1个自然集镇（福前镇）、45个村民小组，总户数2257户、总人口6258人。全村集体经济总收入1706万元，村可用财力1309万元。

福前村是远近闻名的打井特色村，打井是村民致富的特色产业。村男女拔河运动队名扬江苏省，曾多次代表张家港市参加苏州市、江苏省和全国拔河比赛并获殊荣。

福前村是江苏省卫生村，并曾获“江苏省文明村”“江苏省生态村”“江苏省和谐社区建设示范社区”“苏州市文明村”“苏州市建设社会主义新农村示范村”等荣誉称号。

农联村 位于东莱办事处辖区西南部，杨锦公路（北环路以南也称东二环路，下同）纵贯南北。村名系沿用农业合作化时期农联高级社之名。该村由原农联村、南桥村和乌沙村合并而成。村域东依蒋锦公路、二干河、与徐丰村和黎明村相望，南傍张杨公路、与乘航片区蒋桥村和城区城东社区东区毗邻，西靠界泾河、与范庄社区、斜桥村东区和仓基社区交界，北沿南横套，总面积6.02平方千米。村委会驻杨锦公路9号。1993年8月成立村党总支，2004年3月成立村党委。

2016年，全村有水涝圩、永善圩、朱家圩、戴家圩、德善圩、中老圩、曹家圩、刘家圩、乌沙三圩、黄家桥头、分港巷、吴巷、李家堂、王家堂、张家巷、蛳螺坝等16个自然村，51个村民小组，总户数2140户、总人口6215人。全村集体经济总收入5249万元，村可用财力5057万元。

农联村原以农业为主。早在20世纪60年代初，农联村（时称“农联大队”）就是当时沙洲县农业生产的一面旗帜。划归杨舍镇后，其经济实力名列杨舍镇行政村前茅。农联村十分重视社会事业建设。建造了2.5万平方米农民公寓房和外来务工人员公寓楼。2002年开始，该村设立奖学金制度，对于农联籍学生考取重点中学、大学、研究生者分别给予1万元及以上的奖励。2004年7月，由村委牵头，在70余名民营企业家的支持下成立江帆民营企业爱心帮扶联合会，为弱势群体排忧解难。

2002年，农联村被评为江苏省卫生村，并曾获“2002—2003年度苏州市文明村”“2003—2004年度江苏省文明村”“2003—2005年度苏州市人口与计划生育工作先进集体”“苏州市先锋村”“2005—2006年度江苏省创建文明村工作先进村”“苏州市建设社会主义新农村示范村”“苏州市村级经济发展标兵村”“2009—2011年度苏州市文明村标兵”“2010—2012年度江苏省文明村”“苏州市城乡一体化改革发展先进集体”“2013—2015年度江苏省文明村”等荣誉称号。2012年，村党委获“苏州市创先争优·科学发展争一流先进基层党组织”称号。村党委（总支）历年被评为张家港市先进基层党组织。

境内原有一座古土墩——青墩，又称望海墩，相传是明代戚继光为防御倭寇入侵而筑。后废。

黎明村 位于东莱办事处辖区东南部，由原黎明村和蒋东村合并而成。村域东至黄泗浦、与塘桥镇鹿苑办事处滩里村交界，南临盐铁塘、张杨公路，西傍二干河，北靠南横套，总面积4.9平方千米。村委会驻张杨公路北侧、蒋桥交警中队旁。2003年11月成立村党总支。

2016年，全村有张家堂、徐家堂、唐家堂、蔡家堂、王家堂、曹家堂、黄家堂、孙家堂、三家村、烟墩头、赵家堂、刘家木桥、石家堂、窑上、钱家堂、赵七房、雷家堂、黄家圩、陆家圩、仓房圩、张家圩、阜善圩、佛善圩、富善圩、河南巷、西老圩、郑家堂等27个自然村，39个村民小组，总户数1500户、总人口4351人。全村集体经济总收入577万元，村可用财力510万元。

黎明村是江苏省卫生村。

徐丰村 位于东莱集镇南部。因该村最大的自然村为徐巷里，且是从原大丰大队分出，故命名为徐丰村。村域东、南与黎明村为邻，西临二干河、蒋锦公路、与农联村隔河相望，北靠南横套、与东莱村交界，总面积1.46平方千米。东莱集镇南横套以南部分坐落于境内。村委会驻文善圩。2003年11月成立村党总支。

2016年，全村有南徐巷、北徐巷、贞善圩、文善圩、海头圩、朱家圩、钱家小圩等7个自然村，12个村民小组，总户数682户、总人口1736人。全村集体经济总收入835万元，村可用财力702万元。

1984年起，徐丰村多次被评为张家港市文明村。1998年获“苏州市加强农村基层组织建设、加快农村现代化建设示范村”称号，2000年获“江苏省卫生村”称号，2010年获“苏州市建设社会主义新农村示范村”荣誉称号。

晨南村 位于晨阳办事处辖区西部，由原晨南村和晨中村合并组成。晨德公路纵贯全境，太字圩港直通长江，水陆交通十分便利。村域东与南新村接壤，南至老套，西临晨德公路和太字圩港、与金港镇晨阳村相望，北与大新镇龙潭村交界，总面积3.94平方千米。村委会驻晨南桥集镇人民路南侧、晨阳学校对面。2004年4月成立村党总支。

2016年，全村有顺字圩埭、油车埭、九圩岸、长八圩埭、七圩岸、海岸埭、教堂六圩埭、大六圩埭、匡家五圩埭、四角桥等10个自然村，30个村民小组，总户数1326户、总人口3621人。全村集体经济总收入596万元，村可用财力543万元。

晨南村是江苏省卫生村。1997年被评为苏州市第二批加强农村基层组织建设、加快农村现代化建设示范村。1998—1999年度和2000—2001年度连续2次获“苏州市文明村”称号。2005年被评为张家港市文明村，村党总支被评为张家港市先进基层党组织。

南新村 位于晨阳办事处辖区中部，因境内有140余年历史的南新街集镇而名。该村由原南新、校兴、晨光和新南4个村合并而成。村域东依朝东圩港、与晨新村隔河相望，南沿老张杨公路、与杨舍镇泗港办事处善港村交界，西与晨南村接壤，北与大新镇中山村为邻，总面积6.14平方千米。村委会驻六圩岸埭、晨阳人民路南侧。2004年4月成立村党总支。

2016年，辖南新街、六圩岸、福兴五圩埭、朝东埭、洋地、郑家埭、沉麦圩岸、老套沿埭、柳家埭、严家油车埭、东腰沟埭、西腰沟埭、三水洞、善港岸、校兴街等15个自然村，39个村民小组，总户数1967户、总人口5357人。全村集体经济总收入847万元，村可用财力579万元。

2002年，南新村获“江苏省卫生村”称号，2006年获“江苏省生态村”荣誉称号，并曾多次被评为张家港市文明村。

晨新村 位于晨阳办事处辖区东部，由原晨新村和金沙村合并而成。村域东临川港、与杨舍镇东莱办事处福前村隔河相望，南沿老张杨公路，西依杨新公路、与南新村毗邻，北与大新镇晨丰村交界，总面积4.37平方千米。村委会驻周家桥。2004年4月成立村党总支。

2016年，辖西金陈案埭、农科队、云长岸埭、教堂埭、大岸埭、海岸埭、东海岸埭等7个自然村，28个村民小组，总户数1432户、总人口3816人。全村集体经济总收入1080万元，村可用财力602万元。

由晨新村投资建办的张家港市金沙木材交易市场位于境内。经国家工商行政总局注册商标的“周家桥羊肉”远近闻名，是该村的特色。

2003年，晨新村获“江苏省卫生村”称号，2009年获“苏州市建设社会主义新农村示范村”称号，并曾多次被评为张家港市文明村。

社区居委会 2016年，杨舍镇辖5个城郊办事处、4个城区街道办事处，共有76

个社区居委会。其中，泗港办事处 6 个社区居委会，塘市办事处 6 个社区居委会，乘航办事处 4 个社区居委会，东莱办事处 4 个社区居委会，晨阳办事处 1 个社区居委会；城东街道办事处 15 个社区居委会，城南街道办事处 16 个社区居委会，城西街道办事处 13 个社区居委会，城北街道办事处 11 个社区居委会。

2016 年杨舍镇社区居委会基本情况一览表

表 1

社区名称	面积（平方千米）	户数（户）	人口数（人）	社区居委会驻地	所属（街道）办事处
城东社区	1.63	132	352	园林路 20 号	城东街道办事处
花园社区	1.50	1508	3963	花园浜一村 33 幢南首 101 室	
新城社区	0.86	1382	3973	花园浜二村 46 幢北首	
梁丰社区	1.30	1998	5443	新市河路 370 号	
东苑社区	1.40	1310	3699	暨阳东路 449 号二楼	
向阳社区	1.20	1501	4201	河东路 45 号	
园林社区	1.00	1611	4354	湾士岸一村 33 幢	
前溪社区	1.50	395	1302	华昌路西侧	
振丰社区	0.56	1185	3298	花园浜二村 46 幢东首	
明珠社区	0.62	1829	5318	玉兰路 15 号	城东街道办事处
中昊社区	0.30	569	1599	南苑东路 135 号	
勤丰社区	0.05	879	2413	老宅路城东花苑会所	
帝景社区	0.80	256	717	南苑东路帝景豪园小区 23 幢北首	
范庄社区	1.64	616	1740	长泾东路世纪星汽车城三楼	
君临社区	0.35	34	92	北水渠路 85 号	
城南社区	3.65	647	1714	南苑西路 30 号	城南街道办事处
沙工社区	0.60	1575	4464	南苑西路南苑小学操场西侧	
聚龙社区	0.40	1337	3868	南门新村 30 幢西二楼	
惠丰社区	0.30	1214	3251	百桥花园 47 幢东首	
东湖苑社区	0.82	1733	5587	馨悦弄 1 号	
西湖苑社区	0.20	912	2916	西湖苑社区会所	
南苑社区	0.80	3570	10612	南苑西路与南门路交会处	
清水湾社区	0.52	1126	3205	清水湾小区 7 幢底楼	
暨阳湖社区	0.65	980	2693	南门路 413 号	
绿洲社区	0.34	427	1169	南苑新村 101 幢西一门面房	
江联社区	0.41	527	1454	国泰南路 1 号甲江南小区“好邻”超市旁	
馨港社区	0.22	183	555	中港花苑 9 幢东首	
小城市社区	2.25	276	573	小河坝西路 9 号小城市新村内	
包基社区	2.06	441	1372	澄鹿路 1 号	
赵庄社区	3.85	478	1260	馨苑北路	
新旺社区	—	—	—	旺西花苑 19 幢北侧	

续表 1

社区名称	面积（平方千米）	户数（户）	人口数（人）	社区居委会驻地	所属（街道）办事处
城西社区	1.93	924	2313	西门路 268 号	城西街道办事处
邵巷社区	0.22	1269	3687	万红一村东首	
龙潭社区	0.18	1243	3528	暨阳小学西侧	
庆丰社区	0.35	1346	4074	胜利新村 9 幢东首	
长安社区	0.12	891	2622	龙潭路 148 号	
西门社区	0.25	1689	4630	中港花园二期 19 幢 4 号门面房	
暨阳社区	0.45	1396	3894	云盘路 109 号	
云盘社区	0.32	2046	5919	云盘二村 50 幢西首	
万红社区	1.61	2257	6828	万红三村 44 幢	
汇景社区	0.32	1004	2700	万红五村南大门	
四季社区	0.31	612	1683	四季花园 1 幢底楼	
金城社区	0.32	614	1572	金城花园 26 幢底楼	
悦盛社区	0.28	207	741	悦盛花苑一期 19 幢西首	
城北社区	1.88	794	2066	长泾路城北花苑 1 幢	城北街道办事处
通运社区	1.20	1098	2917	航杨新村 7 幢 MI-3 门面房	
横河社区	2.25	631	1850	长安中路 599 号	
东渡社区	1.50	1358	3618	城北幼儿园西首门面房	
扬帆社区	1.38	1447	4870	公园路 28 号	
锦绣社区	1.50	644	1987	海关路锦绣花苑二期 73 幢	
悦丰社区	0.90	774	2356	悦丰新村 61 幢门面房	
体育社区	0.53	424	1419	大包巷弄世纪新城 14 幢东首	
仓基社区	2.50	489	1571	仓基花苑 1 幢	
陈东庄社区	—	—	—	百桥路悦华苑门面房南侧	
戴巷社区	—	—	—	海关北路锦绣花苑 111 幢	
泗港社区	1.20	226	500	港新花苑 4 幢	泗港办事处
七里庙社区	0.35	488	1690	梁丰西路七里庙小区四区 39 幢	
白鹿社区	0.11	577	1811	白鹿花苑内	
景巷社区	0.17	473	1585	百桥路景巷花苑内	
悦杨社区	0.19	278	708	阳光里程小区会所	
通桥社区	—	—	—	百家桥新村 24 幢	
塘市社区	1.50	547	1534	塘市华苑新村 11 幢	塘市办事处
北海社区	0.13	319	1216	塘市大街东首	
南湖苑社区	0.23	555	2044	塘市新丰西路南湖苑小区	
东兴苑社区	0.34	703	2704	塘市汤联路	
金塘社区	0.24	419	1668	塘市金塘路	
香蜜湖社区	0.26	81	187	塘市香蜜湖公馆门面房 117-M6	

续表 1

社区名称	面积（平方千米）	户数（户）	人口数（人）	社区居委会驻地	所属（街道）办事处
乘航社区	1.50	1251	3396	乘航乘园路 8 号	乘航办事处
老宅社区	1.70	1133	3455	乘航民丰苑西区 31 幢	
江南社区	0.41	123	498	乘航镇中路锦绣江南坊 M2、M3 室	
农鹿社区	—	—	—	新乘北苑门卫东侧	
东莱社区	1.60	274	569	东莱中路	东莱办事处
江帆社区	0.29	774	1956	东莱江帆花苑中区 49 幢南侧会所	
福新苑社区	—	—	—	福新苑小区 6 幢	
青草巷社区	—	—	—	农联家园小区 15 幢	
晨阳社区	0.80	333	781	晨阳路 91-2 号	晨阳办事处

说明：通桥、农鹿、福新苑、青草巷、新旺、陈东庄、戴巷 7 个社区均为 2016 年新建社区，故入住户数、人数未有统计

人口

人口总量 夏、商朝时期至汉代，具体无考。晋代以后，或因兵燹，或因赴地受官，或因受雇围垦，北方人口大批南迁入境。宋代，迁居境内的有斜桥许氏、杨舍郭氏、泗港章卿赵氏等。元明时期，陆续迁入定居的又有乘航徐氏、杨舍叶氏等。他们世代繁衍，成为境内大族。明清时期，长江北坍南涨，江心沙洲积涨成陆，苏北靖江、泰州、如皋等地的贫苦农民，先后受雇到此围垦，其中许多人定居境内，人口逐渐增多。至 1949 年，杨舍全境总人口约 1.8 万人。

1956 年秋，杨舍镇 100 余名青年响应政府号召，赴新疆“支边”。1962 年设立沙洲县后，杨舍镇成为城关镇，人口流动频繁。1978 年中共十一届三中全会以后，杨舍镇经济飞速发展，杨舍城区各行各业因用工需求，吸引外地人口流入。1986 年，杨舍镇人口从 1978 年的 45519 人增加到 64709 人。2000 年 7 月，泗港、塘市、乘航 3 个镇并入杨舍镇，全镇总人口由 1999 年的 106909 人猛增到 191910 人。2003 年 3 月和 8 月，东莱镇的东

莱居委会和庆东等 14 个村，晨阳镇的晨阳居委会和晨南等 7 个村先后并入杨舍镇，全镇总人口增至 254492 人。

2001 年，杨舍城区人口 114852 人。2002 年，市委、市政府正式形成“工业向园区集中，农民向城镇集中，居民向社区集中”的新思路，杨舍城区建设步伐加快，房地产建设规模空前，杨舍镇农村人口和外乡镇人口大批进城购房居住，城区人口激增。2016 年，杨舍镇有户籍 98543 户，人口 284678 人，其中城区人口 265631 人。

姓氏　杨舍境内姓氏繁多。1985 年，全境共有姓氏 300 余个。进入 80 年代以后，国家实行改革开放，乡镇经济大发展，大批外来人员涌入，姓氏数量激增。2016 年，全镇共有姓氏 526 个，其中公羊、端木等复姓 8 个。陈、徐、张、钱、李、赵、王、朱、黄、许等姓氏的人数分列前十位。

民族　2016 年，常住杨舍镇的少数民族人口 383 人，流动少数民族人口 3650 人。涉及少数民族 33 个，其中以土家族、回族、苗族、朝鲜族、藏族人口居多。辖区内招收少数民族职工较多的企业有澳洋集团、斜桥欣欣毛纺厂、东莱苏尔丽毛纺厂、易华塑料有限公司等 6 家企业，其少数民族员工均超过 15 人。

外来人口　1985 年以后，杨舍镇乡镇工业和各项社会事业发展迅猛，劳动力供不应求。因此，大批外省市劳动力纷纷涌入杨舍境内打工、就业。1992 年，杨舍城区开始大规模整治老区、建设新区，外来务工人员猛增。2016 年，全镇共有外来人口 265631 人，镇暂住人口管理中心为他们登记造册、办证，并进行治安管理、信息管理、私房出租户管理、计划生育管理和新市民积分管理，为他们提供劳动就业、维权、宣传教育等诸项服务。

知名家族

郭氏　据《澄江郭氏宗谱》记载，郭氏原籍河南开封府祥符县碧柳巷。始迁祖郭庭坚，字独秀，号高昌。宋宝庆二年（1226）登进士第，绍定元年（1228）到江阴军任军学教授后占籍定居。曾主纂宋绍定《江阴县志》。杨舍旧时有郭教授祠。庭坚四世孙郭道广，字均容，元顺帝时举贤良方正，官庆元府经历，为郭氏分迁杨舍始祖。

自宋代以来，郭氏登科中举，入朝为官者众多。郭温，谱名庆一，宋理宗开庆元年（1259）钦赐状元，惜享年不永，26 岁即亡故。郭真，字以宁，号得名，明洪武四年（1371）进士，官陕西巩昌府知府。郭宫桂，清道光二十四年（1844）举人，官高淳县训导。明清两代，郭氏出多名举人，其中武举人 4 人。郭彦荣，字显卿，号东溪，杨舍富绅，生性豪侠，急公好义。曾归还失主巨金而被百姓树碑建庵。明嘉靖十四年（1535），其独捐巨资改暨阳木桥为三曲拱大石桥，并更名为青龙桥，惠及四方乡民。郭鸿飞，字立浦，号湘宾，岁贡生，官苏藩试用训导，吴江、常州、金坛县教谕，丹徒县训导，倡建古暨阳文社。郭镇藩，字潄芬，清末贡生。光绪三十一年（1905）至1926年间任梁丰小学、梁丰中学校长，是今梁丰中学的创始人。

至现代，郭氏后裔更是英才辈出，可谓群星璀璨。郭斌龢、郭斌佳兄弟俩早年均入美国哈佛大学深造。1923年，郭斌龢毕业于香港大学，1927年入美国哈佛大学深造，获文学硕士学位，后去英国牛津大学研究拉丁文。1931年回国后，历任东北大学、青岛大学、清华大学、中央大学教授，浙江大学中文系主任、英文系主任，文学院代理院长和代理校长，中央大学教授、外文系主任，南京大学外语系教授等职。精通英语，熟悉拉丁语、希腊语、法语、德语，发表过多篇论文。郭斌佳系著名历史学家。抗战时曾随蒋介石参加开罗会议、旧金山会议，是国民政府外交智囊人物之一。郭调元，1943年任国民党中央军事委员会（湖南）抚恤委员会少将处长。1948年任江阴县党政军联防办事处主任。

新中国成立以后，郭氏后裔中涌现出一批党政军界中高级干部和科技界、教育界的专家、教授，其中地（师）级以上干部4人，研究员2人、副研究员1人、教授13人。江风（原名郭君瑞），1917年生，离休前为解放军政治学院教研室副主任（副军级）。郭平，女，1916年生，华北联大毕业，曾任铁道部办公厅副处长。郭旭升，1926年生，上海交通大学水利系毕业，曾任安徽省水利厅厅长。郭喜良，1954年生，解放军外国语学院毕业，曾任张家港出入境检验检疫局局长，今为江苏省商检局副局长。郭玉英，女，1938年9月生，华东化工学院（今华东理工大学）毕业，上海飞机研究所研究员。郭文嘉，女，1942年2月生，中国科技大学毕业，航天工业总公司空间技术研究院研究员。郭培兴，1929年生，北京对外贸易学院毕业，对外经济贸易部国际贸易研究所副研究员。郭增望，1912年1月生，1934年毕业于中央大学土木工程系，1957年任上海市政工程设计院副院长兼总工程师，教授级高级工程师、桥梁专家。郭仲福，1914年4月生，上海交通大学毕业，1963年7月起任上海市塑料研究所所长、总工程师，教授级高级工程师。郭元裕，1928年5月生，南京大学水利工程系毕业，1955年以后历任武汉水利电力大学讲师、副教授、教授、博士生导师。郭棨荣，1931年生，青岛大学毕业，上海同济大学教授。郭宗海，1932年生，南京农业大学毕业，南京农业大学教授。郭戟荣，1935 年生，哈尔滨工业大学毕业，机械电子工业部郑州机械研究所教授。郭志平，1935 年生，华东水利学院（今河海大学）毕业，华东水利学院教授。郭大本，1936 年生，华东水利学院毕业，曾任黑龙江农垦勘测设计研究院院长、教授级高级工程师、第八届全国人大代表。郭文元，1938 年 2 月生，西安交通大学研究生班毕业，上海同济大学电气工程系教授。郭文复，1940 年 4 月生，南京工学院（今东南大学）毕业，上海同济大学教授级高级工程师。郭锦芳，女，1940 年 2 月生，哈尔滨工业大学毕业，北京有色金属研究总院教授、博士生导师。郭大坤，1943 年 11 月生，北京建筑工业学院毕业，中国有色金属工业总公司教授级高级工程师。郭文康，1944 年 1 月生，上海复旦大学毕业，复旦大学教授、博士生导师。

许氏　据《江阴许氏支谱》记载，许氏原籍河南陕州灵宝县斜草桥。始迁祖许政德，宋代国学上舍生、官朝奉大夫、崇德殿侍讲学士。南宋建炎二年（1128）随宋高宗赵构南渡，后定居于杨舍北郊，在该处谷渎港上出资建造一座木桥，定名斜桥。自许政德以后，斜桥许氏在宋、元年间入朝为官者众多。其中较为著名的有：许政德之子许泽之，为南宋统领将军；许政德曾孙许鸣凤，为南宋浙江温州府同知；许政德玄孙许椿年，工诗善文，元代为朝廷制诰官（为皇帝起草诏令的官员），后任泰兴县儒学训导。许鸣凤之妻葛氏，在温州随夫平寇而殉难，朝廷在其家乡斜桥建造令节牌坊以示表彰。以后又建造令节庵，并将一通江河道更名为令节港。许氏后裔许璧，明永乐年间（1403—1424）重建斜桥，又在令节港上建令节桥。

许氏族人十分注重修身齐家、行善积德，在地方上享有盛誉。元代顺帝年间（1333—1368），境内连年遭灾，农田荒芜，民不聊生。斜桥富绅许文焕慷慨解囊接济受灾穷苦百姓，并向官府捐献粮食一千余石，受到朝廷嘉奖。明正统年间（1436—1449），富绅许庄在斜桥建造杨舍历史上最大的私家园林——沧江别墅，并邀四方名士雅集园中，赏景命题，吟诗作赋，犹如当年王羲之“兰亭聚会”。明嘉靖年间（1522—1566），许氏后裔许蓉率众抗倭，屡败倭贼。嘉靖三十七年（1558），许蓉应江阴县令杜华之托督造杨舍堡城，并为之捐出家中全部资财，千百年来受到杨舍人民的称颂。抗日战争时期，许氏后裔许桂英积极投身抗日救国斗争，参加“江抗”顾北区民运工作队。1941 年 3 月，惨遭汉奸杨春华部杀害。她是杨舍地区牺牲较早的革命烈士、巾帼英雄。

童氏　始迁祖童钟英，清嘉庆年间（1796—1820）从浙江迁居杨舍。民国时期，童氏后裔童侣青赴日本东京高等工业学校进修棉纺专业。回国后先后供职于汉口申新纱厂、上海鸿章纱厂。曾任上海棉统会副会长，并被聘为上海商业银行银团主任。1946 年冬赴香港创办实业，是中国著名的实业家。抗日战争时期，童氏后裔童德载（梁丰中学学生），在新四军“江抗”民运工作队的领导下，组织“梁丰学生抗敌联合委”，投身抗日救亡运动。1941 年 5 月 21 日，遭“忠义救国军”伏击被捕，6 月 18 日在恬庄英勇就义，年仅 18 岁。至今，杨舍人民仍深切怀念这位年轻的革命烈士。新中国成立以后，童氏家族中童秉纲俩兄弟和童道荣俩兄弟分别成为中国科技界、教育界和医学界的著名人士。童秉纲，1927 年 9 月生，南京大学机械工程系毕业。1981 年为中国科技大学研究生院教授、博士生导师，1997 年 10 月当选为中国科学院院士。童秉枢，1937 年生，童秉纲弟，清华大学精密仪器与机械系毕业。今为清华大学精密仪器与机械系教授、博士生导师。童道荣，1934 年生，童秉纲族弟，安徽医科大学医疗系毕业。曾为安徽省巢湖市第一人民医院放射科主任医师、教授。童道明，1937 年 2 月生，童道荣弟，1956 —1959 年于莫斯科入学语言文学系深造，1963 年到中国科学院社会科学学部（中国社会科学院前身）工作。今为中国社会科学院外国文学研究所研究员、博士生导师。童瑞成，1925 年生，复旦大学生物系毕业，1980 年起为上海农学院副教授、教授，中国民主同盟盟员。

顾氏　据《苏州名门望族》记载，顾氏为定居苏州最早的土著氏族之一。三国时，东吴宰相顾雍次子顾济的第十一代孙顾野王生五子，第五子顾允南后裔广布无锡、常州、常熟等地，其中有迁居杨舍者，但始迁祖无考。明清时期，顾氏世居杨舍，并出了不少有名望的人物。顾雨，杨舍富商，明嘉靖三十七年（1558）协助许蓉建造杨舍堡城，并捐资独造半城，时称“顾半城”。顾大愚，是明代杨舍出名的孝子，与鹿苑钱谦益过从甚密，旧时杨舍有“顾孝子祠”。顾元骐，清康熙年间（1662—1722）曾重建顾家园（元明时期顾氏别业），又名姜园。时有“先有顾家园，后有杨舍城”之说。顾师竹，清嘉庆十二年（1807）举人，官太平县训导、知县。著有《克成管窥》《诸史武备》《朴砚斋集》《诗话法帖》《书画跋》等书。顾书城，廪贡生，著有《抱璞斋经说》《史论》《诗文杂著》等书。

惠氏　据《惠氏宗谱》记载，南宋初年，宋学士吉甫公惠元佑自河南汴京迁居浙江吴兴大全港，三传至三八太尉原明公，迁居苏州震泽堵城。再七传至贞五公惠国宝，于元末明初迁居杨舍双泾（今小城市社区境内）之西，为始迁祖。后人丁兴旺，散居各处。自元代至清代，惠氏人才辈出。元代惠希孟，著有《易家钩玄》10 卷、《杂礼纂要家范》5卷。清代，惠畴、惠润父子均成进士。

蔡氏 蔡氏祖籍河南汝南新蔡县。始迁祖蔡源于南宋建炎年间（1127—1130）南渡迁居浙江临安县。其七世孙蔡海于明正德年间（1506—1521）从无锡板村迁徙至杨舍横河之滨，占籍定居。清代，蔡氏后裔有8名武将，可谓“武门之家”。

赵氏 章卿赵氏原籍陇西天水（今甘肃省天水市西北部）。据《暨阳章卿赵氏宗谱》记载，赵氏出自宋代赵氏皇室。宋太宗赵光义六世孙、简国公赵仲谈第四子赵士鹏官至右朝请大夫，于南宋绍兴年间（1131—1162）出任江阴军知军，定居江阴，成为暨阳赵氏始迁祖。赵士鹏育有两个儿子，长子赵不违定居暨阳章卿镇（今杨舍镇泗港片区章卿村境内），为章卿赵氏分迁始祖，并建有赵氏宗祠（解放后废）。次子赵不疑迁居河南，育有两子，长子赵善訔，世居章卿；次子赵善宥，迁居石桥（今江阴市华士石桥村）。赵善訔、赵善宥子孙繁衍，人丁兴旺，形成章卿、石桥两大支派。以后又派生出四大支十一分支，并有《暨阳章卿赵氏宗谱》和《暨阳石桥赵氏宗谱》传世。

章卿赵氏以耕读传家，注重用诗书礼乐教育后人，后代簪缨不绝，名宦辈出。自宋至清，赵氏共出37名进士、21名举人，其中探花2人。章卿赵氏始迁祖赵不违的曾孙赵崇骥，宋嘉定十六年（1223）进士，官至缙云县县丞。赵崇骥的长子赵必铈，淳祐年间（1241—1252）进士，官至濮安懿王园令（守护管理皇苑的官员）。赵不违十五世孙赵承谦（1487—1568），字德光，号益斋，明嘉靖十七年（1538）进士，官至广东布政使左参议。赵承谦的三子赵用贤（ 1535—1596），字汝师，号定宇，明隆庆五年（1571）进士，官至吏部左侍郎。胸负正气，刚正不阿，在常熟城内创办脉望馆，藏书上万册。赵用贤孙赵士春（1599—1675），字景子，号苍霖。系明崇祯十年（1637）探花，官至翰林院编修。赵士春弟赵士锦，崇祯十年与其兄赵士春同登进士，官至工部营缮司员外郎。现代赵氏后裔有2个名人：赵冠明，1951年12月生，香港公开大学毕业，曾任中国民航局西北地区空中交通管理局局长，党委书记；赵雪仪，1962年生，安徽财经大学毕业，现为沙洲工学院教授。

邵氏 据《江邑邵氏宗谱》记载，宋朝末期，庐州（旧府名，今安徽境内）合肥人邵钲迁徙至吴地，邵钲的儿子邵滋后来迁到江阴，后代定居于邵巷。明代，邵氏出2名举人：邵经，明弘治八年（1495）举人，官至阜平县（今河北省境内）知县，升任山西潞州府知州；邵荣，嘉靖二十二年（1543）举人，官至浙江崇德县知县。清代，邵氏出了4名武举人：邵承烈，乾隆六十年（1795）武举人，拣选千总；邵永思，嘉庆六年

（1801）武举人；邵述之，道光十二年（1832）武举人，拣选千总；邵继之，道光十五年（1835）武举人，福山镇标效用千总。当时人称邵氏为“武世家”。到现代，邵氏“武世家”仍后继有人。邵俊安，1936 年生，1983 年后历任江西上饶军分区副司令员、鹰潭军分区司令员兼党委书记、新余军分区司令员兼党委书记。

缪氏 据《东兴缪氏宗谱》记载，元末明初，常熟缪全一由小山湖桥迁徙到江阴白鹿乡阚庄东兴里（今杨舍镇棋杆村），成为东兴缪氏始迁祖。缪氏九世孙缪昌期，字当时，号西溪，明万历四十一年（1613）进士，选庶吉士，授检讨。他刚直不阿，不畏权贵，因反对魏忠贤阉党专权，惨遭迫害致死。崇祯登基后予以平反昭雪，赠詹事府詹事兼翰林院侍读学士，谥号文贞。缪昌期第四子缪太白，字采星，明崇祯十三年（1640）举人，官至四川江安县知县。缪诜，清康熙四十五年（1706）进士，官宜章县知县，署桂阳州知府。清顺治二年（1645），江阴军民守城抗清，缪氏子孙有 18 人阵亡或殉节。其中缪钟粹、缪钟祥、缪钟俊三兄弟同赴国难，世称“三忠”。至现代，缪氏后辈中仍不乏名人贤士。缪廷梁（1895—1957），早年于美国芝加哥大学、哥伦比亚大学深造，解放后任南京图书馆（原中央图书馆）代馆长。缪廷杰，1924 年 9 月生，上海同德医学院毕业，曾为上海中山医院、华山医院教授、主任医师。缪根宝，1940 年 1 月生，无锡无线电工业学校毕业，退休前曾历任无锡县委书记、无锡市委副书记、无锡市政协主席。缪建通，1953 年 2 月生，现任中国水泥协会副会长、南京建通官塘水泥有限公司董事长、总经理、高级工程师。

徐氏 徐氏分圆塘徐氏和渔梁徐氏。据《圆塘徐氏宗谱》记载，杨舍镇塘市圆塘徐氏系中原徐氏世谱中一支。第五十六世孙徐锢为宋代开封府尹。其子扈跸南渡卜居常熟邵舍，其后代散居于苏、浙、常一带。传十一世至徐汉英，从邵舍迁居江阴华墅，故《圆塘徐氏宗谱》以徐汉英为一世始迁祖。

徐锢四传至千十四公宋承事郎徐郯，于元初迁居虞西渔梁邵舍，称渔梁徐氏。其小儿子徐琞，元朝龙虎上将军，海道都漕运，万户侯（万户府设在苏州）。元时在黄泗浦以西（今杨舍镇乘航农义村境内），开漕运粮，并在当地建造粮仓、兵营、花园和住宅（即今农义村漕舍自然村）。自徐琞之后，徐氏后裔子孙繁衍，成为今天杨舍镇塘市、乘航地区之名门大族。

钱氏 据《鹿苑钱氏支谱》记载，钱氏祖籍浙江临安。南宋末年，吴越武肃王钱镠十二世孙千一公，讳元孙，随父在通州做官。宋亡，元兵塞路，不能还浙，遂奔常熟卜居奚浦，为迁虞始祖。约在明洪武七年（1374），吴越钱氏第十八世孙钱德，因奚浦旧居族大地窄，遂迁居鹿苑。钱氏后裔钱岱［隆庆二年（1568）进士］生有九子。明万历年间（1573—1620），钱岱三至九房先后移居今杨舍镇蒋桥及乘航境内，为分迁始祖。

现代，钱氏后裔有3名较有影响的人物。钱人元（1917—2003），浙江大学化学系毕业，曾入美国威斯康星大学深造。原中科院化学研究所所长，高分子物理、有机固体电导学家，中国科学院院士。钱定一（1915—2010），苏州美术专科学校国画系毕业，上海民间文艺协会一级工艺美术师。钱培祥，1941年生，解放军空降兵44师参谋长。

自然环境

成陆 杨舍地区位于长江张家港港以下河口段南岸，地跨长江三角洲平原长江南岸古代沙嘴区和长江江阴以下河口演变过程中逐步形成的新长江三角洲两个地貌副区，为广袤的平原。历史上，这里东近东海、南近太湖、北濒长江。全境分南北两部分。南部属老长江三角洲的古代沙嘴区，成陆年代约7000年以上，是海相河相沉积平原；北部是近2000年来在长江江阴以下河口演变过程中逐步形成的新长江三角洲，大部分是距今七八百年开始形成的，是河相海相沉积平原。它是由古江岸外的边滩和江中沙洲两个部分发育而成，其界址是从张家港到境内东莱的南横套与沙漕河。

约在公元9世纪至公元10世纪发生海浸，长江江阴以下的主泓道开始北移，出现南涨北坍。15世纪至16世纪，今泗港、杨舍的北部，东莱的农联、徐丰、黎明等村先后成陆。

在边滩积涨的同时，江中沙洲开始形成。明代，江中沙洲加速扩张，逐步并联。至清代中叶，江中沙洲基本上并联成由西北往东南的三大块，人们称其为南沙、中沙、北沙。三沙之间有两条夹江，从段山起向东南延伸。南沙与中沙之间的夹江称南夹，中沙与北沙之间的夹江称北夹。南沙与古江岸之间另有一条夹江，称老夹，清咸丰年间（1851—1861）被截流后逐渐淤没，今南横套河即老夹旧址。1923年，南北两夹先后被筑坝断流。1930年前后，两夹均积涨淤没，三沙连成一片，称为老沙。境内南横套河以北部分属老沙，即晨阳的全部和东莱南横套河以北地区于该时成陆。

地质 杨舍地区的地质，与江南古陆的莫干山地和太湖流域区的地质活动密切相连。莫干山地为古陆轴带，作东北—西南方向延伸，杨舍地区在这一轴带的北部。莫干山区以上升为主，太湖流域以下降为主。莫干山区上升受到的剥蚀和切割造成太湖流域深厚沉积的条件。经过白垩纪的地壳运动，莫干山区产生断裂上升，形成断块山地，太湖流域沉降形成凹陷。杨舍境内主要是第四系沉积覆盖，覆盖层的厚度90米至240米。在第四系覆盖层下有白垩系的杂色砾岩、粉砂岩及灰岩，厚度约210米；三叠系青龙群的灰岩和钙质泥岩，厚约600米；二叠系龙潭组的海陆交互相岩层、砂岩、灰岩、泥岩等，厚约450米；石炭系的砂岩、灰岩和泥岩，厚约450米。第四系覆盖的可耕岩为2米至3米，耕层下面是砂质黏土、黏土层，隔水性能较好，厚度50米至70米；在地面以下70米至150米之间，有含水性较好、透水性较强的细砂层、黏质砂层、中砂层、砾石层，但中间隔有含砾黏土层、黏土层等不透水层。在地面140米至240米以下是砂岩、灰岩、砾石岩层。

地貌 境内无山，古长江岸线断续地横亘东西，高程7米至8米（吴淞零点，下同），为境内地貌之脊。其南部地势较为高亢，高程5米至8米。古代沙嘴的不连续性，形成了一系列低平田和碟形低洼地，高程4米至5米。其间散布着许多不规则的池塘和弯曲的塘浦。北部为江中沙洲和边滩积涨而成，地势低平，高程3.5米至5米。除了自然造化，长期的人类活动（主要是生产活动）也影响着地貌形态。住宅、墓葬世代沿袭，形成许多高墩，一般比地面高出一米至数米不等。古代军事活动也改变了部分地方的地貌形态。宋代韩世忠抗金留下的韩墩、茯苓山（又称服拎山），明代抗倭留下的烟墩等，面积大的十数亩，小的几分地，高程10米至15米。为防御江潮，围圩垦殖，留下了纵横密布的堤岸，一般高出地面2米至3米。20世纪60年代至70年代的农田改造，填平了不少河浜，铲平了大量高墩。20世纪末开始的城镇建设和新农村建设，使地貌发生了巨大的变化，泥土地面锐减，取而代之的是纵横交织的水泥路、沥青路和鳞次栉比的建筑群。

气候 杨舍地处亚热带南部湿润气候区，季风是支配气候的主要因素。境内气候温和，四季分明，具有春季温和、夏季酷热、秋季凉爽、冬季寒冷的特点。雨量充沛，无霜期长，是典型的海洋性气候。年平均气温 15.48℃，年平均降水量 1052.85 毫米，年平均日照时数 2002.55 小时，年均霜期 146 天。境内受季风气候影响十分明显，冬季盛行西北风和东北风，春、夏两季以东南风为主。年平均风速每秒 2.99 米。总体而言，台风、暴雨、连阴雨、干旱、冰雹等灾害性气候，对杨舍镇虽有影响但均未造成特别严重的后果。

水系

杨舍地属长江流域太湖水系，河流纵横贯通，交织成网。河道名称南北纵向的称浦、港，东西横向的称塘、套，也有统称河、泾。以南横套为界，南部为澄（江阴）锡（无锡）虞（常熟）区，北部为新沙区。境内有镇级以上河道 30 条、村组河道 2570 余条，水塘星罗棋布。水面积 1124.33 公顷，占全境总面积的 7.4%。盐铁塘、东横河、南横套等通往邻近县市，属区域性河道；新沙河（谷渎港）、一干河、二干河、三干河、黄泗浦、新市河、太字圩港、朝东圩港、华妙河、界泾河等穿越杨舍境内流经多个乡镇，属市级河道；白子港、关碑塘、新泗港河、范港（也称跃进河）、蔡港、华塘河、新丰河、漕舍塘、沙漕河、晨中河等为镇级河道。

盐铁塘（又名内河） 全长 95 千米，境内段西起谷渎港、东至黄泗浦，长 7.67 千米。相传汉高祖十二年（前 195）吴王刘濞为运输盐铁沿岗身（长江古江岸）开挖成河，故名。至今已有 2200 余年历史。时有淤塞，历代都加以疏浚。1986 年撤沙洲县建张家港市后将谷渎港至二干河段改称东横河。

东横河 自江阴向东，由金港镇南沙占文桥入市境，经袁家桥、泗港达杨舍与谷

东横河绿景（2013 年） 蔡春林 摄

渎港交汇，连接盐铁塘。全长 27.32 千米，杨舍境内段长 8.2 千米。该河古为江阴三大干河之一，旧称横河。宋天禧四年（1020）江阴知军崔立主持开凿，通漕运，后屡淤屡浚，多次改造。清同治七年（1868），江阴县令汪坤厚主持拓浚东横河 35 千米。1958 年全线拓浚。1976 年冬至次年春，境内段大拓浚，以后又多次疏浚为现状。

一干河 南起杨舍镇迎庆桥与东横河相接，向北穿南横套，经杨舍镇境、锦丰镇七圩港出江，长 14.15 千米。境内段南起东横河，北至东莱片区福前村与锦丰交界处，长 5.2 千米。该河原系横墩沙与关丝沙间的流漕（原名小鲥鱼港）。

清咸丰年间（1851—1861），海门人顾七斤到沙洲围垦所开，当时为刘海沙第七条人工河，故又称七圩港。1921 年向南延伸，定名一干河，港口仍称七圩港。民国时期疏浚过 2 次，1949 年至今疏浚过 3 次。1979 年，按新线大规模拓浚，向南延伸至杨舍与东横河相接。1992 年再浚，并被列为张家港市饮用自来水向长江取水的河道。2002—2004 年，河口新建一干河水利枢纽。2011 年 3 月至 2013 年 8 月，投资 5.5 亿元，拓宽张杨公路至北二环路河段，建成面积 90.67 公顷的沙洲湖。

二干河 原名十一圩港。南起江阴市北漍，向北纵贯杨舍（塘市、乘航、东莱）、凤凰（西张）、锦丰（合兴、三兴）3 个镇，过十一圩节制闸后入长江。杨舍境内段南起乘航新民村潘家堂，北至东莱西闸村，长 11.1 千米。该河原是关丝沙与蕉沙之间的流漕。清同治十一年（1872）开凿，为刘海沙第十一条人工河，故名。1925 年，与新庄港（蔡浦）、黄泗浦接通。1927 年改名二干河。1978 年延伸到江阴北漍。1997 年、2001 年、2002 年相继疏浚。入江口建有十一圩港节制闸。

南横套 位于新老沙交界处，今为沙田与漕田分界河。东连永南河，西至三节桥与张家港相接，自东向西依次贯通四干河、三干河、二干河、一干河、朝东圩港和太字圩

一干河沙洲湖风光（2015 年） 朱德明 摄

港等出江水道。流经 4 个镇，全长 24.47 千米。境内段东起东莱和南丰交界处，西至泗港善港村与后塍朱家宕交界处，长 15 千米，建有东莱东、东莱西、福前、李家港、后塍等套闸和分水闸。

新市河 位于杨舍城区东部。1978 年春开凿，2001 年疏浚。南通新沙河、北接东横河，长 1.55 千米。因其为市区内第一条新辟河道，故名。该河为改善市区的水上运输起重要作用。

蔡港 位于泗港片区境内。以东横河为界又分为南蔡港和北蔡港，全长 6 千米。据《江阴县志》载："清乾隆四年（1739）知县蔡澍浚南蔡港并浚北蔡港。同治七年（1868），署县汪坤厚先浚南蔡港南段；同治九年（1870），署县马鸿翔继浚北段，并浚北蔡港。"为泗港地区西片主干河道。

水文 境内地处长江河口段，长江潮位受潮汐影响十分明显。1986—2016 年间有记载的最高潮位 7.4 米，发生在 1997 年 8 月 19 日（张家港节制闸）；最低潮位 1.76 米，发生在 1991 年（张家港节制闸）。市境长江段距入海口约 160 千米，该河段潮汐为非正规半日浅海潮，潮位每日两涨两落，不等现象明显。潮波受河床阻力和径流顶托变形十分明显，涨落潮历时不对称。境内天文潮在 24 小时 48 分内出现两次高潮和两次低潮，涨潮历时短（4 小时左右），落潮历时长（8 小时左右），潮差沿程递减，落潮沿程递增，涨潮历时沿程递减。涨潮落潮的潮差一般都在 2.35 米左右。最高潮位通常出现在台风、天文潮两者或加上大径流三者相遇时，以台风影响较大。潮位与上游水量的关系密切。春末夏初，桃花盛开，雨季到来，长江上游水位迅速上涨，进入汛期，俗称"桃花水"。8 月中旬是汛期中的高峰，10 月开始进入小汛。整个汛期从 5 月到 10 月，共 6 个月。

经济社会

综合实力 新中国成立前，杨舍属偏僻地区，基本上是自给自足或半自给的单一农业经济，镇区仅有一些小型商铺和几家小型工厂。1949 年，仅有织布、粮油加工、铁业和小型发电厂等 8 家私营小厂，另有 47 家私营作坊。

20 世纪 50 年代中期，手工业、私营工商业实行社会主义改造，走上合作化道路。农业从单一的粮棉生产向林、牧、副、渔等多种经营方向拓展，生产总值稳步增长。1978 年中共十一届三中全会以后，农村逐步实行家庭联产承包责任制，大量富余劳动力被转移出来，为镇（社）队工业的发展创造了有利条件，工业经济效益逐年提高。1979 年年末，工业增加值超过农业，位居三次产业（第一产业、第二产业、第三产业）之首。

90 年代后期开始，镇村企业逐步实行产权制度改革。1996 年和 2000 年，全镇镇村企业先后进行两次产权制度改革，将长期以来保持的单一集体所有制经济转变成多样化所有制形式和多元化投资主体，促进了个体私营经济的快速发展。镇村企业逐步向规模型经济、外向型经济、民营经济方向发展。民营经济成为全镇经济发展的重要组成部分和新的经济增长点。

2008 年“区镇合一”以来，尤其是 2011 年 9 月，张家港经济开发区升格为国家级经济技术开发区，定名为张家港经济技术开发区后，张家港经济技术开发区（杨舍镇）围绕打造“现代产业集聚区、科技创新示范区、开发开放先导区、幸福宜居新城区”的目标定位，积极适应经济发展新常态，以提质增效为中心，以创新驱动为引领，大力提增产业特色，不断激发创新活力，持续强化生态文明建设，统筹推进产城乡融合发展。2014 年，开发区获批建设国家生态工业示范园区、国家新型工业化（智能制造装备）产业示范基地。区内国家再制造产业示范基地获批循环化改造示范点园区、全国首个节能环保装备高新技术产业化基地。

2016 年，杨舍镇实现地区生产总值 676.06 亿元。按户籍人口计算，人均生产总值 23.74 万元。实现工业总产值 1938 亿元，入库税收 126 亿元，财政收入 142 亿元，固定资产投资 212 亿元，进出口总额 81 亿美元。杨舍镇成功跻身全国综合实力千强镇前三甲，全镇拥有上市企业 8 家，“新三板”挂牌企业 15 家。有销售超亿元工业企业 100 家左右，其中超 10 亿元企业 12 家。有高新技术企业 153 家，发明专利拥有量 1496 件。新兴产业产值占规上工业比重达 70%，服务业增加值占 GDP 比重达 65%。开发区获评中国十强创新力开发区、国家节约型公共机构示范单位，获批国家新型工业化产业示范基地和省知识产权示范园区。杨舍镇名列全国科学发展百强镇第六名。

农业 境内农业历史悠久。西汉高祖十二年（前 195），吴王刘濞为发展经济开凿盐铁塘；宋天禧四年（1020），江阴知军崔立组织民众开凿东横河。南宋建炎三年（1129），宋高宗南渡时，大量黄河流域居民入境定居。此时境内农业已有所发展，但农业生产水平低下，农民一直是自给或半自给性地生产。

1978 年冬，境内以农业生产责任制为中心内容的农村经济体制改革逐步展开，开始推行多种形式的联产承包责任制。1987 年，杨舍镇成立农业服务公司；2001 年 11 月，全镇农业服务机构实施改革，建立杨舍镇农业服务中心，城郊各办事处设立农副业办公室，负责制订全镇农业发展规划。

80 年代后期，因第二、第三产业快速发展，农业不再是农民经济收入的主要来源，具备了土地规模化经营的条件。1987 年，杨舍镇政府提倡“适度的土地规模经营”。1990 年，土地规模经营在全镇普遍推行。各村根据实际情况调整土地，村民只种口粮田和饲料田，将责任田成片承包给有一定资本的种田能手，实行规模经营。承包者负责交纳所种土地的农业税和少量承包费，完成粮食定购任务，其余收益全部归自己。

90 年代后，杨舍镇紧紧围绕“农业增效、农民增收、农村稳定”的目标，调整农业产业结构，建设高效农业、城郊型农业、外向型农业，取得显著成效。2000 年以后，全镇以区划调整为契机，充分发挥区域优势，进行以种植养殖业为主的结构调整，农业综合效益进一步提高。2010 年开始，区镇大力发展都市型生态农业、高效农业和休闲农业。

2016 年，全镇耕地面积 52740 亩，农业从业人员 3900 人，其中从事种植业的 3500 人。全年农作物总播种面积 93498 亩。实现农、林、牧、渔业总产值 8.41 亿元。粮食、蔬菜、肉类、牛奶、水产品总产量分别为 18446 吨、23912 吨、1128 吨、14571 吨、1511 吨。新建标准化农田 222.9 公顷，完成 369 个村民小组土地承包经营权确权登记颁证和 42 个社区股份合作社股权固化。

工业　中华人民共和国成立后，私营工业和手工业在人民政府扶持下得到恢复和发展。1970 年，杨舍镇工业开始复兴。1978 年，有镇、队办工业企业 18 家。

1986 年，杨舍镇外向型经济开始起步。全镇共有工业企业 68 家，完成工业产值 28182.4 万元。其中有 5 家创汇企业，外贸收购额 93.5 万元。1991 年，全镇工业总产值 121276 万元。兴办外资及港澳台资企业 9 家，累计 22 家，完成全社会外贸收购额 21333 万美元。

从 1996 年年末开始，企业实行产权制度改革。到 2000 年 4 月 13 日，全镇转制企业 99 家。转制总资产 65902.01 万元，收回净资产 10831.71 万元。至 2000 年 12 月，有

335家企业进行第二次转制。

2003年“六镇合一”后，杨舍镇加快产业结构调整步伐，加大招商引资力度，着力培育支柱产业和发展规模型企业（“规模型企业”是指年销售总额1000万元以上的企业。下同），全镇初步形成纺织、轻工、机械、化工、冶金、电子、建材、食品等八大支柱产业。2004年，原市属29家企业划归杨舍镇属地管理，进一步扩大了全镇经济总量。

江苏骏马化纤股份有限公司、澳洋集团公司是杨舍镇两大龙头企业，均属中国千家最大企业集团。江苏骏马集团始创于1991年，是一家以生产经营轮胎骨架材料为主业的大型企业，为江苏省重点企业集团。集团总资产超80亿元，职工6500余人。骏马化纤股份有限公司是江苏骏马集团下属的一家骨干企业，也是全球最大的帘子布生产基地。2004年11月，骏马化纤股份有限公司的股票在新加坡证券交易所挂牌上市，成为中国在新加坡自动报价股市挂牌交易的第一只“S股”。澳洋集团公司是国际羊毛局纯羊毛标志和羊毛混纺标志特许使用企业。公司成立于1998年7月，注册资本8亿元。拥有总资产132亿元，员工万余人。公司主要涉足纺织、物流、光电、医疗、地产、养老、文化、金融、现代农业等九大领域。有澳洋科技、澳洋顺昌两家上市子公司。是中国纺织服装竞争力500强、全国民营制造业500强。自2011年起，连续入选中国500强企业。此外，张家港市易华塑料有限公司是国内最大的PVC塑料地砖生产企业之一。该企业“金鼠”商标被评为江苏省著名商标。华灿光电（苏州）有限公司是上市企业华灿光电股份有限公司在杨舍镇设立的全资子公司，是国内第一大显示屏用LED芯片制造商、第二大LED芯片制造商。江苏孚冈集团有限公司专业生产汽车电动摇窗器和中央集控锁、汽车电机、汽车电子电器三大系列30余种产品。张家港海陆锅炉有限公司为江苏省高新技术企业，主要生产船用锅炉、燃油燃气工业锅炉、电加热锅炉、余热锅炉、炼钢转炉烟道、核承压设备压力容器、钢制封盖、变压器油箱、工程机械设备等十大系列180余种品种。

2016年年末，全镇有工业企业3634家。其中规模以上工业企业279家，主营业务收入645.07亿元，工业利税42.44亿元，利润总额26.99亿元。全年完成进出口总额68.66亿美元。新批办外资及港澳台资企业20家，新增注册外资及港澳台资1.7亿美元，到账外资及港澳台资2亿美元；新批办私营企业2213家，新增注册资本75.65亿元。完成工业技改投入103.89亿元、服务业投资107.83亿元。新增清洁生产企业8家，新增高新技术企业17家、苏州市级以上科技项目47项。新开工工业项目135项，完成工业投资94.86亿元，其中超1亿元项目10项。新引进项目22项，总投资42亿元。总投资15亿元的晶台LED封装二期项目、总投资30亿元的银河电子汽车充电桩新能源项目、总投资45亿元的大连机床智能装备和再制造及孵化基地项目、总投资3000万美元的德国艾斯贝（江苏）投资有限公司的德国南方毛业投资总部项目、总投资6000万美元的瑞韩汽车废气再循环电磁阀核心部件项目、总投资7500万美元的泰林实业汽配项目等6个大项目签约；第一家外资投资性公司——德国南方毛业投资的艾斯贝投资有限公司批办；晶台光电LED封装一期、锐捷光电LED蓝宝石衬底精加工及图形化衬底2个项目投产；玄潭汽车油泵、能华微电子氮化镓功率器件及其材料、合志锂电池正极材料3个项目开工建设；维斯顿医用金属植入物和医用高分子制备套装、百易得骨科医疗机械2个项目土建竣工。

商业 杨舍境内的商贸活动源远流长。明清时期，杨舍与上海、苏州、无锡等大中城市的商业往来较多，境内生产的大米、土布、蚕茧等大宗农副产品在上海、无锡市场上已有一定影响。1962年建沙洲县后，杨舍镇建立国营商业、供销合作商业、集体商业、粮油购销和物资供应等体系并存的商业体制。

改革开放后，国营商业与合作商业分开，形成以国营商业、供销合作商业为主，集体商业为辅，个体商业为补充的商业新体制，促进了境内市场繁荣。1997年始，杨舍镇商业企业实行产权制度改革。

20世纪90年代开始，杨舍城区在合理规划商业网点的同时，着手筹建一批特色商贸街区。先后建成江南大厦、沙洲中路商业步行街、杨舍西街商贸一条街、杨舍东街美食街等。在特色街区中，不仅同行业的门店较为集中，而且商品品种齐全、款式新潮，高、中、低档商品兼备。1999年，全镇有商业零售网点1720个。

进入21世纪以来，境内建成城东香港城批发市场、城西购物公园、城中曼巴特广场、城南吾悦广场等10余个特色商业街区，以及苏果超市、苏宁电器、五星电器、国美电器、永乐家电、上海老凤祥银楼等大型专卖店，大润发、欧尚、麦德龙等一批国内外知名连锁企业先后落户杨舍城区。一批上规模、上档次的大中型星级酒店先后建成。2016年，全镇有综合性市场23个，50平方米以上超市2662个。

生活服务业 境内餐饮业历史悠久。20世纪80年代开始，餐饮业发展迅速，宾馆、招待所大量涌现。90年代，馨苑度假村成为镇属第一所四星级宾馆，国贸酒店、沙洲宾馆等也相继建成星级旅游宾馆。进入21世纪以后，全镇餐饮业的规模档次、服务水平不断提高。除原有的星级大酒店以外，景海宾馆、金海华大酒店、新悦华大酒店、大富豪海鲜楼、财富大酒店、万家渔火大酒店、钱塘人家酒店、川浙汇酒店、梁丰生态园大酒店等一批上规模、上档次的私营、个体餐饮门店相继在杨舍城区开业。2010 年以后，建成华芳金陵国际酒店、暨阳湖大酒店、中联粤海酒店、中油泰富国际酒店、沙洲湖酒店等星级酒店；莫泰、华住、锦江之星、如家等连锁酒店纷纷入驻境内。购物公园、曼巴特广场、吾悦广场内均有各种特色餐饮。2016 年，全镇有较上规模的住宿、餐饮业企业 58 家。其中有星级旅游饭店 5 家：五星级 3 家、四星级 1 家、三星级 1 家。共有各类旅行社 33 家，其中四星级 2 家、三星级 8 家。

教育 明嘉靖三十七年（1558），杨舍设有乡学。清时，书院、义塾相继设立。清光绪二十一年（1895），创办梁丰书院。光绪三十年（1904），创立范贤初等小学堂，为境内最早创设的小学。翌年，梁丰书院改名为梁丰两等小学堂。

中华人民共和国成立后，人民政府稳定原有教育事业，并鼓励群众兴办民办学校和各类业余学校。1958 年，杨舍镇境内共有小学 28 所、普通中学 1 所、农业中学 1 所。

1979 年，全镇普及小学教育。1984 年全镇普及学前三年教育和初中教育。1987 年，杨舍镇创办成人教育中心校，专司成人教育工作。1990 年，经江苏省人民政府核实，杨舍镇非文盲率达 99.4%。此后，全镇成人教育工作重点转向学历教育和职工专业知识培训。

1994 年开始，全镇小学办学条件在苏州市乃至全省达一流水平。1996—1998 年，易地新建镇中心幼儿园、斜桥小学幼儿园，改建、扩建赵庄中学、市二中、外经职业学校、二中分校（原斜桥初级中学）、暨阳实验小学、沙洲小学、城西小学等学校。九年制义务教育不断巩固，全镇入学率、巩固率、毕业率和学前三年幼儿入园率、残疾儿

福前实验幼儿园（2015 年） 张龙法 摄

童入学率均达100%。素质教育创出特色，教育质量和办学水平在全市名列前茅。暨阳实验小学被命名为省级实验小学、省电教示范学校；城西小学被命名为省级农村模范小学。镇成人教育中心校通过江苏省重点乡镇成人学校的验收。

1997年8月，杨舍镇成人教育中心校与市外经职业学校合并，实行“成职合一”的新模式。1997—1999年，杨舍镇先后获得江苏省教育先进乡镇、苏州市和江苏省教育现代化示范乡镇等荣誉称号。1999年，杨舍镇把可用财力的一半用于教育事业，加快教育现代化建设步伐。改造、完善第二中学、第三中学、暨阳幼儿园的环境设施。新建第四中学电脑房、城北幼儿园和外经职业学校综合楼。设立1000万元的人民教育基金。

2000年，镇可用财力69.1%的资金用于教育投入，全镇素质教育全面推进，办学水平进一步提高。2003年“六镇合一”以后，全镇有公办小学14所（其中2所为九年一贯制学校小学部）、外来民工子弟学校4所。2005年起，公办幼儿园全部成为省示范幼儿园，初中实现创建省示范初中“满堂红”。

2008年9月“区镇合一”后，杨舍镇将教育放在优先发展的战略地位，加速教育现代化的提档升级。2011—2016年，杨舍镇累计完成民生实事投入46.2亿元，新改扩建城乡学校35所。2016年，区镇有学校54所，在校学生79787人。教师总数6058人，其中，省特级教师1人、苏州市学科带头人19人；市学科带头人101人、教学能手251人、教坛新秀137人。江苏科技大学苏州理工学院、沙洲职业工学院、张家港开放大学

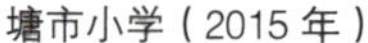

塘市小学（2015年）　　严子洋　摄

塘市初级中学（2014年）　严子洋　摄

共有全日制在校大中专生 1.5 万人。

杨舍镇把“培育学校特色，凸显学校文化，全面提升内涵”作为教育强区（镇）战略的重要一环来抓，引导各校立足实际，开展特色鲜明的校园文化建设，以特色项目铸就品牌学校，特色教育渐成规模。暨阳高中的“主体德育”文化、市二中的“责任文化”、塘市初中的“紫藤萝诚信加油站”诚信文化建设、市七中的新市民子女互助文化、塘市小学“圆融”文化、杨舍中心幼儿园的“小主人教育”文化、东莱幼儿园的“乡土文化”等成为特色鲜明的校园文化品牌。“一校一品”呈现出百花齐放的良好局面。2016 年，杨舍镇“美丽校园”创建活动实现“满堂红”。

医疗卫生

中华人民共和国成立后，杨舍镇医疗卫生事业逐步发展。1986 年，杨舍镇获得“江苏省首批爱国卫生先进单位”称号。90 年代初，张家港市开展创建以杨舍镇为重点的国家卫生城市活动。1994 年，杨舍镇开展创建省级卫生村活动。2004 年，实现全镇创建省级卫生村“满堂红”目标。

杨舍镇结合城乡一体化发展和居民集中居住的实际情况，推行新型农村合作医疗制度，并不断调整社区卫生服务中心（站）的设置规划和布局，整合社区卫生服务站资源，新建社区卫生服务中心。社区卫生服务中心建筑面积大多在 1000 平方米左右，均设有全科诊室、妇幼保健室、治疗室、药房、健康教育室等科室，为社区居民提供医

苏州理工学院（2016 年） 庞瑞和 摄

疗、预防、保健、康复等“六位一体”的健康卫生服务，是社区居民的“健康之家”。针对不设社区卫生服务站的社区，区镇建立19个全科医生工作室。根据城区社区居民数量及年龄结构，全科医生工作室开展为老年人、慢性病人测量血压、血糖服务，指导常见病、多发病和慢病诊治等5项服务。区镇还积极探索多路径惠民服务模式。卫生服务中心突出首诊负责、合理用药，落实重点公共卫生服务，完善便民利民服务举措和提升卫技队伍素质与技能等30项重点工作，促进社区卫生规范管理，优化服务。

杨舍镇通过深化农村社会养老保险制度改革、拓宽新型农村合作医疗渠道，基本建立了老有所养、病有所医、工伤伤残能得到医疗救治的社会保障体系，初步解决了社会保障城乡脱节的问题。2016年，全镇有医疗卫生机构185个。有第一人民医院、中医医院、澳洋医院、红十字血站、康乐医院等规模较大的卫生医疗机构，另有54个社区卫生服务中心（站），有执业（助理）医师2197人，其中社区医生146人。是年，新建社区卫生服务中心（站）3家、居家养老服务中心（站）13家，新增养老床位650张，为10个社区卫生服务站安装远程诊疗系统10套，使“小病不出社区”变为现实。东兴苑、河南、东莱、农联、晨南5个社区卫生服务站获评市中医药服务示范社区卫生服务站。

第一人民医院 为三级乙等医院。位于暨阳西路与永安路交会处西北侧。始建于1962年，原址位于杨舍西门。后陆续投资10亿元，两次易地新建，扩大规模、完善设施设备。2016年，医院建筑总面积为16.6万平方米，核定床位1492张。设置46个病区，骨科为江苏省重点专科，妇科、神经外科、肿瘤科、普外科、心内科、血液科等8个专科为苏州市重点专科和建设单位。有张家港市级临床医学重点专科12个。普通外科为苏州市医学重点学科，为张家港市首个苏州市医学重点学科。第一人民医院是苏州大学附属医院、江苏省人民医院战略合作医院、上海中山医院技术合作中心、南京心血管病医院分中心等医疗单位的教研基地。先后荣获“江苏省文明单位”“苏州市文明单位”“江苏省行风建设先进集体”等荣誉称号。

澳洋医院 为三级乙等医院。位于金港大道与南苑路交会处东南侧。始建于2006年7月。总院投资7亿元，占地8公顷，建筑面积约12万平方米。拥有杨舍、三兴2家分院和10家社区卫生服务站。总院、分院开放床位1800余张，有员工1500余人。该院是南京医科大学、苏州大学、扬州大学、河南省护理学院的教学医院，同时又是江苏省住院医师规范化培训基地、江苏省心血管疾病介入技术准入医院、职业健康检查定点医院，上海长海医院、上海颅脑创伤和脑血管病诊疗中心、复旦大学附属肿瘤医院、北京

澳洋医院（2016 年） 蔡小华 摄

中日友好医院、南京医科大学第二附属医院、南京鼓楼医院的协作医院，浙医二院可视远程会诊中心分中心、上海市第十人民医院、苏州大学附属第一医院的战略合作医院。

澳洋医院医院坚持遵循人才立院、技术兴院、质量建院、合作强院的办院方针，取得了骄人的成果。先后被评为“全国最具价值民营医院”、“全国优秀民营医院”、“中国百家好口碑民营医院”、“中国非公立医院竞争力 100 强”（第 32 位）。在苏州市办院质量考核中一直名列前茅。

人民生活

中华人民共和国成立前，杨舍地区生产力发展缓慢，人民生活贫困。中华人民共和国成立后，通过土地改革、走合作化道路，人民生活逐年提高。中共十一届三中全会以后，全镇经济快速发展，人民生活水平大幅度提高。90 年代以后，人们穿衣讲品牌，饮食讲营养，居住讲宽敞，出行用电动车、摩托车、小轿车，家庭电气化，农村城市化。

2000 年以后，随着社会经济的协调发展和城乡一体化进程的加快，人民生活水平快速提高。购买高端家用电器、私家轿车，出国旅游，网络购物开始普及。新式公寓楼或别墅大量出现，住房设计更加合理，功能日趋完善，群众住房质量得到更大改善。

2005 年，杨舍镇城镇居民可支配收入 1.7 万元，人均住房面积 38.23 平方米；农民人均纯收入 9200 元，人均住房面积达 65 平方米；2010 年，全镇农民人均纯收入 16337 元，比 2009 年增长 12.5%。12 家农村社区股份合作社实现分红总额 1300 余万元。2016 年，全镇村级集体总资产达 48.82 亿元，村级可用财力 5.17 亿元，村均 1260 万元。城镇居民人均可支配收入达 54566 元，农民人均纯收入达 33100 元，年均分别增长 9.2% 和 11.7%。

为提高人民群众物质生活水平、文明城市创建成效、群众生活的幸福感和满意度，杨舍镇花大力气搞好生活设施建设与治理。垃圾全部无公害处理，燃气普及率、污水处理率、自来水普及率均达 100%。积极推进环保、绿化和生态创建，深入开展大环境整治。引导广大群众树立绿色环保理念，树立整洁、环保、节约、人与自然和谐共生的环境意识，积极推进社会治理创新，在全市首推“民生面对面”活动，深化村（居）民自治工作，大力拓展民情渠道，积极响应民生诉求。全镇将医疗、保障、教育、文化、体育及其他所有城市功能向农村延伸，并将每年可用财力的 25% 用于改善民生。

为了丰富群众精神生活，弘扬优秀文化传统，从 2004 年起，张家港市委、市政府每年与江苏省文化厅、江苏省文学艺术界联合会、中央电视台海外中心以及中国文学艺术界联合会、江苏省文学艺术界联合会在杨舍镇联办一届长江流域文化艺术展示周活动，青海、西藏、四川、云南、重庆、湖南、湖北、江西、安徽等整个长江流域 10 余个省（市、自治区）的民间文艺家协会和戏剧家协会协办。

2015 年“中国（张家港）长江文化艺术节”开幕式　肖湘　摄

“关爱新市民”文艺会演（2015 年）　严丽华　摄

2007年，“长江文化艺术展示周”正式更名为“中国（张家港）长江文化艺术节”。作为长江文化传承、交流和展示的重要平台，长江文化艺术节不但成为杨舍镇乃至全市人民文化生活的盛宴，也成为张家港和杨舍镇最知名的文化品牌。截至2016年，张家港市已经连续在杨舍镇成功举办12届长江文化艺术节，被誉“县级市扛起了弘扬长江文化的大旗”，该文化项目荣获第二届文化部创新奖。

新市民积分管理　新市民积分管理是张家港市提高新市民同城化待遇的创新之举。截至2016年，杨舍镇新市民数量已达25.49万人。为了让新市民更好地参与到城市建设中来，杨舍镇实施了新市民积分管理，精心打造“社会稳定，维权保障，文化融合，环境优化，典型带动，爱心服务”六大工程，全面创新服务模式，更加公平、公正地做好新市民积分入学、入医、入户的相关工作，帮助更多的新市民融入港城。杨舍镇新市民事务中心建立了完善的流动人口信息社会化采集系统，设立了68个新市民服务站、28个信息采集点。流动人口信息系统实现资源整合、信息互享，满足了计生、社保、教育等部门对流动人口数据统计分析的需要。杨舍镇设立张家港市首家新市民子女“梦想学堂”，为新市民子女义务授课，参与新市民5950人次；建立了张家港市首个新市民主题广场，涵盖十佳新市民事迹、新市民积分管理等内容，让新市民在潜移默化中受到熏陶和感染。在服务新市民过程中，杨舍镇不断创新活动载体，通过多种渠道加深文化对新市民的滋养。

杨舍镇创新服务方式，加强对新市民权益的维护；搭建就业平台，畅通新市民的就业之路；建立流动党员之家——红色驿站，开展党团活动，精心建设新市民的精神家园。一项项贴心举措，让区镇的新市民管理服务工作结出了累累硕果。杨舍镇新市民积分管理工作的不断升级完善，为新市民顺利享受同城化待遇提供了强力支撑。据统计，2012年至2016年，全镇共有6769名新市民子女凭积分成功享受居民基本医疗保险，7084名新市民子女凭积分成功入读公办学校，152名新市民成功积分落户杨舍镇，分别占张家港市总量的41%、32%和21%。区镇在张家港市首创的“新市民道德银行”，通过协会制度形式来规范和保障志愿者获得社会志愿服务回报的权利，形成“奉献—回报—奉献”的良性机制。2016年，已有100名新市民成为道德银行的会员，并获得了“新市民道德银行”储蓄卡。同时，为更好地保障新市民的各项权益，杨舍镇还设立了新市民维权接待站、心理辅导站、妇女维权岗等机构，并建立了新市民特困求助和意外保险机制。数据显示，2016年解决新市民求助12起、意外保险10起，救助资金共计

59.8万元。

社会保障

1986年，杨舍镇开始建立企业职工养老保险制度。1991年，对企业全体在职职工和离退休人员全面实施养老保险制度，企业养老保险覆盖面扩大到全体企业劳动者。1992年，改变养老保险完全由国家、集体全额承担的做法，全面推行职工个人缴费制度，并且启动农村社会养老保险工作。1995年，执行《张家港市城镇职工养老保险暂行办法》，全镇所有机关事业单位和镇办企业职工全部被纳入城镇社会养老保险范围，并按照社会统筹和个人账户相结合的原则，建立个人养老保险账户。1996年，实施职工医疗保险和女职工生育保险制度。1997年，落实《张家港市职工医疗保险暂行办法》，初步建立由医疗保险统筹基金和个人账户相结合的统账结合新机制。1998年，执行对贫困家庭实施最低生活保障的新型社会救助制度，贯彻执行《张家港市城镇企业基本养老保险缴费比例及实施过渡方案》。1999年，实施职工工伤保险制度和《张家港市职工医疗保险暂行办法与国务院医改制度逐步接轨的意见》，全镇实现养老、医疗、失业、生育、工伤保险“五保合一”的社会保障制度。2000年，落行《张家港市城镇职工大病医疗社会互助实施办法（试行）》，建立大额医疗费用社会互助基金，全镇企事业单位（除教育单位外）离退休人员养老金全部实行社会化发放。

2004年起，杨舍镇全面实行新型合作医疗制度，将未参加城镇职工医疗保险和市直机关、事业单位儿童统筹医疗的所有户籍人员，以及持1年以上暂住证并在当地从事农副业生产的外省、市籍居民，全部纳入合作医疗参保对象，老年农（居）民实施社会养老补贴制度。2005年，杨舍镇完成和超额完成了省定全面建设小康社会的所有指标，步入小康社会。

2010年，全镇社会保险综合参保人数12万人以上，参保率99.9%。杨舍镇通过深化农村社会养老保险制度改革、拓宽新型农村合作医疗渠道，基本建立了老有所养、病有所医、工伤伤残能得到医疗救治的社会保障体系，初步解决了社会保障城乡脱节的问题。2011—2016年，新建社区便民餐厅21个，新建、改造卫生服务站（中心）26家，新建标准型居家养老服务中心11家、居家养老服务站41家。在全市率先实施敬老院“公建民营”改革。全镇累计发放困难群众慰问金5.24亿元；提供就业援助岗位37479个、公益性岗位5339个；帮扶低保及低保边缘户5654户、9498人；保持贫困家庭大学生100%就业、“4050”零就业家庭“动态清零”。杨舍镇获评“江苏省农村劳动力充分转移就业乡镇”“苏州市就业高质型乡镇”。免费技能培训572人次，为企业职工开展从业资格和初、中、高级工培训2750人次，就业指导培训1500人。2016年，杨舍镇新社保覆盖率达99%以上。纳入低保460户、739人，低保边缘223户、241人。为低保户、低保边缘户发放救助金811万元，为五保户发放救助金120万元；为850名重残人员发放救助金715.2万元，为760名优扶对象及各类民政对象发放补助金1023.12万元；为97户受灾户发放民生险90万元；为各类优抚对象发放生活费16.31万元。春节慰问群众4万余人，发放慰问金4100余万元。杨舍镇以慈善项目助推扶贫帮困。设立“申港光彩”爱心教育基金，百易德爱心助学、分享快乐助残、关爱老功臣优抚对象、为大额医疗支出困难家庭“分担风雨”等慈善项目，惠及各类困难群众。

优居壹佰 “优居壹佰”养老公寓项目是澳洋集团旗下江苏澳洋养老产业投资发展有限公司兴建的一座现代化融养老公寓与护理院为一体的持续照料退休社区（简称CCRC）。项目位于风景靓丽的沙洲湖畔，占地19.33公顷，总建筑面积54065平方米。其中，老年公寓面积30221平方米，护理院面积5773平方米，生活街配套面积18071平方米，共有353套公寓，绿化率超过45%。护理院有护理床位122张，可以入住老人800人。

杨舍镇一角（2014 年）　　范品才　摄

宜居新城

中华人民共和国成立以前，杨舍境内城乡建设长期处于自发状态。1949年，杨舍镇区面积0.8平方千米。1978年，城区面积扩大到2平方千米。1985年，城区面积3.7平方千米。1986—2005年，杨舍城区建设经历了从发展到腾飞的历史性跨越，从开展“整治老区，开发新区”到实施“城市现代化、乡村城市化”战略，镇村面貌发生历史性巨变，全镇城乡环境主要要素指标均达到国家规定标准。

2011—2016年，杨舍镇充分发挥区镇合一的优势，围绕现代产业集聚区和中心城市拓展区的发展定位，高起点规划、高标准推进城乡一体化建设。五年累计完成基础设施投入133亿元，对老旧小区、背街小巷、城乡接合部等重点部位实施改造。完成了塘市、乘航、晨阳等城郊办事处街景改造，新建城乡道路108千米，累计1048千米。累计动迁民宅14050户、企业952家。建设安置房302万平方米，13177户动迁居民得到安置。社会事业领域的大规模投入、政府职能的不断加强、公共服务的优化升级，使百姓们享受到更多的发展成果。

城市建设

城市规划 1977 年，沙洲县城镇建设领导小组组织专门力量，并邀请上海同济大学建筑系的专家，编制《县城总体规划》，确定县城发展规模和功能分区布局，并开始实施。1978 年开始编制规划，新建居民新村。1987 年，市政府根据“以港兴市、以市促港”发展战略，制订《张家港市区总体规划》(修改稿)。1989 年 5 月，省人民政府批准确定张家港城市性质是新兴的港口及工业城市。规模建成由杨舍（包括泗港）和港区两个镇（称两个组团）构成的双城式格局的市区，两个组团之间的中间地带作为规划控制区。自此，开始实施整治老区、开发新区规划。

1994 年，市委、市政府特邀建筑专家吴良镛，按照现代化中等城市规模，调整和修改省政府批准的《张家港市区总体规划》。1995 年，张家港市被建设部确定为“城市现代化、乡村城市化”试点，按照“以适应城市现代化建设需要”的工作思路，对杨舍城区总体规划进行修编，并对杨舍城区重要地段进行详细规划和设计。1998 年，依据《张家港市城市总体规划》要求，对杨舍城区重点建设地段进行规划深化和细化工作，年内完成 18 个地段的规划论证。

2003 年，针对杨舍中心城区发展状况，市政府提出“加快启动建设新城区、科学合理改造老城区、实现快速突围”的新思路，结合中心城区“城市核心组团”“城北组团”“城西组团”“城东组团”“暨阳湖组团”“张家港经济开发区南区组团”和“张家港经济开发区北区组团”等七大组团的功能定位，完成了城西新区核心区、东南片区、人民东路地区、暨阳湖生态园区等 4 个控制性区域的详细规划和城西、城东 8 个重点控制性地块的详细规划编制。完成了小城河地区、园林路传统风貌街区等一些重点地区的城市详细规划设计，杨舍中心城区港城大道、长安路、河西路、环城东路、环城南路的街景改造规划和城市设计相继完成。

2005 年，杨舍镇以加快推进城乡一体文明步伐为目标，通过规范社区管理、强化社区教育、推进社区服务、丰富社区文化，文明社区建设的内涵得到充实和拓展。

2010 年，《城西新区拓展区发展概念规划》《沙洲湖周边地区城市设计》《城北路街区更新概念规划》《人民东路地块规划概念设计》等规划编制工作相继启动，并着手《杨舍城区 17 个地块控规》的修编。

2012 年 10 月 26 日，江苏省人民政府正式批准《张家港市城市总体规划（2011—2030）》，张家港市坚持“整体城市”的理念，形成以杨舍为中心的“整体城市，一城四区”市域空间结构。中心城区的空间布局结构为“一主、一副、一园”。“一主”为杨舍主城区，“一副”为塘桥副城区，“一园”为黄泗浦文化生态园。中心城区的公共服务体系分为市级、分区级、居住区级三级。市级中心规划形成“一主一次”市级中心。城市主中心位于杨舍城区，以沙洲中路步行街、杨舍西街等老城商业街区及人民路为核心，集聚行政、商业、文化、体育和商务等城市服务功能。分区级中心规划为 6 个，承担各功能分区综合服务职能，杨舍镇区范围涵盖了其中 4 个分中心，即城北分区中心、城南分区中心、城东分区中心和城西分区中心。其中，城北分区中心位于沙洲湖、中兴路周边地区，张家港北站公共服务设施作为补充；城南分区中心位于南二环路和金港大道交会处周边地区，塘市公共服务设施作为补充；城东分区中心位于南苑路、乘航路、双鹿路周边地区，暨阳路、蒋乘路公共服务设施作为补充；城西分区中心位于城西购物公园地区，泗港公共服务设施作为补充。居住区级中心结合各居住区进行统一规划布局，配置完善的生活服务设施。

2016 年，编制完成《杨舍城区城西 3 号地块控制性详细规划》《杨舍城区城西 4 号地块控制性详细规划》《杨舍城区城东 5 号地块控制性详细规划》《杨舍城区城东 6 号地块控制性详细规划》，明确各片区功能定位和用地性质，梳理道路交通规划，指导地块后期开发建设。编制完成《张杨公路（杨舍城区）交通组织优化设计》，加强对张杨公路及沿线交通组织的系统研究，优化沿线交叉口设计，解决张杨公路与杨舍城区有关衔接道路在高峰期交通拥堵存在问题。

老城区改造 老城区是指市区城北路以南地域的旧城区。该区域大部分建筑物建于 20 世纪 60 年代至 70 年代，并有一小部分明清和民国时期建筑，街道狭窄，房屋破旧，基础设施简陋。1991 年 5 月起，市政府按照“改造老区、开发新区”的城市建设思路，开始对老城区进行改造。先从改造道路入手，带动其他基础设施的改造与建设。1994 年

5 月，改造杨舍东街，翌年 10 月竣工。拆迁面积 3.2 万平方米，建成总面积 6 万余平方米的美食街和面积 4520 平方米的街心公园。1996 年，完成老城区 23 个地段改造、拆迁，拆迁面积 4.33 万平方米。同时，改造不成套住宅，统一安装抽水马桶。是年，城区传统木质马桶基本淘汰。1997 年，完成暨阳西路等 7 条道路的新建、改造；完成胜利新村等 15 个地段的改造任务；拆迁面积 3.23 万平方米，建成体育新村等居民小区；完成谷渎港、东横河的沿河绿化，开辟园林广场、和平广场等一批供市民休闲的园林、广场。1998 年，完成沙洲东路、暨阳东路、陈家场路等 20 条道路工程的改造，完成少年宫、博物馆、西门路等 5 个地段的拆迁任务，拆迁面积 1.05 万平方米。完成市水泵厂、市腈纺厂、市铜材厂等旧厂房的搬迁改造。2001 年，完成港城大道、沙洲路、人民东路、国泰路等 17 条道路的建设和改造。新建和改造一干河桥、城西桥、城东桥、慕鍜桥等桥梁。城区道路日臻完善，“四横四纵一环”的城市主干道骨架初步形成，建成区面积 16.88 平方千米。2002 年，新建和改造南苑路、暨阳中路、河西路等 10 条城区道路，建成蔡泾路东横河桥。完成暨阳中路宴杨楼、市供电公司南侧、张家泾、市外事办等 72 个地段的拆迁任务，新建城市花园、银都桂花园等一批居民小区，建筑总面积 12.66 万平方米。2003 年，完成金港大道城区段、南苑中路、蔡泾南路等 13 条道路的改造工程。2004 年 5 月，再次对长安路进行整体改造。2005 年，修复路面 4.36 万平方米，修复路侧石总长 2.36 千米，疏通下水道 488 千米，更换窨井盖 732 个，修复窨井 41 座，新建道路 6.63 万平方米，新铺路侧石 9.7 千米，新铺管道 19.7 千米。实施沙洲路、暨阳路、梁丰路雨污水分流工程、沙洲路污水管工程和城区部分污水截流工程，铺设污水管道 7 千米。2003—2005 年，老城区累计拆迁面积 257.72 万平方米，并同步实施安置房建设工程。苏华新村、民丰苑东西两区、江帆花苑西区等 10 个拆迁安置房小区合计建筑面积 63.31 万平方米。2010 年，实施房屋拆迁 95 万平方米，泗杨路、港城大道等 11 项新建和改造工程按时完成；对梁丰路（东起园林路、西至河东路）的建筑立面、地下管线、市政道路和景观照明进行整体改造；整治改造万红菜场周边道路、城北新村小区环路和向阳弄等 3 条背街小巷和里弄。2016 年，全镇实施房屋动迁面积 35.89 万平方米。新铺设污水管网 11.5 千米。

新城区建设

新城区由城东新区、城南新区、城西新区、城北新区 4 个新区组成。新城区建设从城北新区建设开始，依次拓展至城西新区、城南新区、城东新区。2010 年，完成城西新区拓展区等重点区域的概念规划、人民中路等区域的城市设计。

2016年，城南中央商务新城、城北科教新城、沙洲湖科创园初具形态，沙洲湖中央商务大楼、金茂沙洲湖大厦、金城沙洲湖大厦等工程开工建设。安置房在建项目20项，总建筑面积247.21万平方米。

城东新区 位于华昌路、金港大道以东，二干河以西，南二环、苏虞张公路以北，张杨公路、南苑路以南区域，总面积13.5平方千米。该区城市功能齐全，配套完善。2000年开始，先后有张家港高级中学、张家港外国语学校、梁丰幼儿园建成使用。2003年至2008年，经济适用房老宅新村交付使用，动迁安置小区民丰苑（东、西两区）及勤丰苑竣工。2008年至2010年，梁丰生态园、市文化中心、东城区市民健身中心先后建成。市文化中心建筑总面积7.44万平方米。楼群包括文化馆、美术馆、图书馆、科技馆、城市展示馆、大剧院、档案馆等七大建筑群和文化公园。

城南新区 以暨阳湖生态园区为中心，包括金港大道、南二环路、长安南路、南苑路围合区域，面积4.41平方千米。逐步建成以休闲度假、运动娱乐等为主的新兴服务产业群，包括高档住宅、会议中心、度假村等项目。2001年，启动建设暨阳湖生态园区综合性实事工程。2005年9月，暨阳湖实验学校建成并投入使用。年末，暨阳湖生态园区建成占地面积1.56平方千米的中心景观区，并向市民开放。园区内湖滨广场、露天音乐舞台、湖滨公园、雅趣园等大型游园景观基本建成。在园区四周有南城花园、湖滨国际等3个住宅小区，建筑总面积15万平方米。张家港长途汽车站易址新建，占地7.35公顷的澳洋医院建成使用。

城东街景（2016年） 王刚毅 摄

东湖苑居民小区（2016年） 蔡春林 摄

2015年以来，张家港国际商务新城在区内建成。项目位于南二环路南侧，毗邻暨阳湖生态园。区域东至苏虞张公路、南至新泾路、西至长安南路、北邻暨阳湖生态园。国际商务新城包括国际商务区、九洲国际广场、吾悦广场城市综合体等板块。项目用地面积66.67公顷，建筑面积160万平方米。建有大型商业广场、小型商业单体、高层写字楼及相关配套的商务酒店，城南特色商业带初步形成。

城西新区 东至港城大道，西至西二环路，南至长安南路，北至东横河，总面积8.6平方千米。该区以张家港公园和购物公园为核心，以东西新老商业街连接为轴线，包括了“五纵（港城大道、永安路、国泰路、百桥路、西二环路）八横（长安南路、西湖苑路、小河坝西路、白鹿路、沙洲西路、梁丰西路、暨阳路、泗杨路）”的道路体系和“三纵（济经河、万红港、朝东圩港）三横（东横河、梁丰河、小河坝河）”的亲水河道体系。

城西新区于20世纪90年代中期开始开发建设，规划区域为港城大道与永安路之间。2003年8月，城西新区建设领导小组成立，按照“封闭运作、整体开发”的思路，将城西新区基本建成为集城市居住、商务办公、休闲娱乐、文教卫生为一体的现代化生态新城区。1995—2002年，区内有公安局等政府职能部门机关，万红小学、幼儿园、暨阳高中、少年宫、博物馆等教育文化单位，有万红一村、二村、三村等居民小区，有张家港公园等公共活动设施。2004年以来，区内企业、民房实行整体拆迁，拆迁总面积30万平方米。四季花园、清水湾、百桥花园等动迁安置小区、商品房居民小区先后建成。2008年以来，市第一人民医院、梁丰高级中学、张家港购物公园相继投入使用。

城北新区 位于城北路、东横河以北，东至华昌路，西至西二环路，北至北环路。其中港城大道至华昌路区域为开发建设的主要区域，面积10平方千米。1988年，市政

城北新区（2016 年）　　张龙法　摄

府开始修筑青年路。1990 年，建成华昌路至长安路段混凝土路。1991 年，对城西北路进行改造，并建成一干河路、公园北路、环城西路。1992 年，在张杨公路城区段北侧、长安北路西侧开发建设工业经济开发区，面积 3 平方千米。1993 年以来，市政府在杨舍镇经济开发区以西开发建设张家港经济开发区（北区），面积 6.2 平方千米。区内先后建成城北新村、通运新村、城北幼儿园、小学。青年路（1996 年 7 月改称人民路）、城西路（1996 年 7 月改称长安路）以东段两侧相继建成市政府办公楼、各政府部门机关，以及张家港海关、梁丰高级中学、电信局、银行、张家港日报社、医院、市人才市场等公共建筑，使该区成为全市行政中心。长安北路两侧分别建成长途汽车客运站等单位及横河里村村民住宅楼群。

2000—2005 年，人民中路长安路至港城大道段两侧分别建成广电大厦、体育馆、世纪广场、游泳馆、财税大厦、国脉大厦、恒隆大厦等现代化公共建筑，建成锦绣花园、福港公寓和国泰现代城等居民住宅区。区内学校、医院、菜场、宾馆、饭店、休闲娱乐、体育健身等设施配备齐全。2007 年，江苏科技大学苏州理工学院建成。

2010 年以来，城北科技新城加快了建设，项目西至长安北路、南至张杨公路、东至杨锦公路、北至北二环路，规划面积 6.47 平方千米。区域内有居民小区、社会福利中心、市残疾人康复中心、市委党校等。2013年8月，沙洲湖项目竣工。2016年，城北科教新城、沙洲湖科创园初具形态。

基础设施

道路

1949年，杨舍城区有一条近1000米长的杨舍街（以青龙桥为界分为东街和西街）和一条100米长的水关街，块石或石条路面，最宽处仅3米。有39条通街里弄，总长7.07千米，宽一般为1.5米至2.5米。1962年1月，杨舍成为县政府驻地后，陆续翻建和新建街路。1966年开始拓宽杨舍西街，以后又对杨舍西街和东街进行延伸。1971年建成大寨路（今沙洲中路步行街）。1976年建成工农西路（今暨阳中路慕蝦桥至市第二中学段）。

1979年起，部分街巷里弄改建成混凝土路面，并建成河西北路（今慕蝦桥西塊至南环路）。1980—1984年，先后建成环城东路（六渡桥至城南桥，今称东环路）、通运路、工农东路（今暨阳中路慕蝦桥至东环路段）、公园路（今松坟桥至暨阳中路段）、北门西路（今梁丰路北门桥至龙潭南路段），澄杨公路城区段改建为城西路（今长安南路大成小商品市场至长安中路滋生桥段）。1985年，建沙洲东路（今沙洲中路新风桥至城东桥段）、沙锡公路（老沙锡公路）城区段、园林路、暨阳路（今梁丰路至暨阳中路的龙潭路段）、河东路（原名东沿河路，今慕蝦桥东塊至南环路城南桥），杨鹿公路城区段改建为城北路，城区街路增至17条，总长11.31千米。道路最宽处18米。主要街道两旁筑有人行道，总长13.52千米。另有49条通街里弄，总长7.62千米，均为混凝土路面。

90年代初期起，城区交通事业大发展。1991年年末和2004年5月，分别对狭窄弯曲，车流、人流密集，交通不便的城区主干道长安路（原名城西路，1996年7月更为现名）进行两次拓宽改造。1994年2月和2001年7月，先后两次对沙洲中路步行街进行翻新改造。改造后的步行街地面用大理石铺设，临街建筑经立面改造后新颖别致。

2001—2005 年，先后改造沙锡公路城区段（金港大道），新辟国泰中路和南路、华昌南路、南苑路、中兴路、长兴路、永安路，实施港城大道北延等工程。实施市区美食街、东环路等 10 条道路两侧街景的改造任务，东环路等 9 条道路立面改造和美食街改造。2006 年，整治改造 5 个城郊办事处集镇的道路、路灯、下水道等基础设施，修筑村组道路 22.4 万平方米，村组道路全部达到“灰黑化”。完成暨阳西路、沙洲西路、国泰中路的“黑色化”改造，区内“五纵八横”的城市二级路网全面形成。随着全市车流量的增加，为适应城市发展需要，对市区东环路、南环路、沙洲西路、国泰中路和暨阳西路 5 条道路进行拓宽改造。东、南环路被改造成为双向四车道，沙洲西路、国泰中路和暨阳西路改造成为双向六车道；水泥路面改为沥青路面，标线、信号设施更加清楚。另外，沙洲西路、国泰中路、暨阳西路增加中间隔离带。经改造后，原架空的线路全部埋入地下，自行车道为红色沥青路面，公交站台为港湾式站台，极大地方便了市民出行。

2007—2009 年，中心城区老城改造力度进一步加大。启动实施小城河综合改造工程，改造道路 22.2 万平方米，新建道路 7 万平方米。市区先后实施人民路、小河坝路、

常合高速（沿江高速）枢纽（2016 年） 蔡春林 摄

振兴路、长兴路、公园路、永安路北延、民丰苑路、东苑路南延、冯巷里路南延等 9 条道路的新建和改造工程。人民路为双向六车道沥青路面，原有的架空线路全部实施地埋，公交停靠站点增加智能化管线预埋，并率先采用快速公交方式。长兴路、振兴路、永安路北延工程持续推进。民丰苑路、东苑路南延、小河坝路全面推行精细化、专业化、规范化和制度化管理。

2010 年，开工项目 14 项。其中，改造道路 3 条，改造面积 24.5 万平方米；新建道路 11 条；永安路、振兴路、泗杨路、港城大道、惠家巷路、白鹿路西延，后巷弄竣工通车；梁丰路街景改造工程竣工。全年共完成市政道路改造面积 38.72 万平方米，新建面积 10.5 万平方米。2011 年，实施市政道路建设项目 19 项，完成国泰路，人民路东路、西路等 12 条市政道路新建和改造工程。道路建设里程总长 25.8 千米。改造道路 6 条，改造里程 9.1 千米。新建道路 8 条，新建里程 10.4 千米。

2012 年，实施市政道路建设项目 18 项，道路建设里程总长 23.4 千米。其中新建道路 28 条，总长 23 千米。2013 年，新建道路 25 条，总长 20 千米。2014 年至 2016 年，新建、改造道路 22 条。先后完成城西新区内人民路西延工程，南庄路南延工程，沙洲西路南侧支路建设工程，泗港路、滨河路南延工程和新泾路东延工程。2016 年，全镇道路总长 1048 千米。

张杨公路　张杨公路始建于 1988 年，1992 年至 1993 年完成拓宽改造。该路西起与江阴交界的港区镇高峰村，东至鹿苑镇与 204 国道相接，沿线经金港、杨舍、塘桥镇，全长 26.7 千米，沥青混凝土路面，一级公路。路基宽 46 米，路面宽 40 米，双向六车道，中间机动车道 24 米。两侧分车绿化隔离带各宽 2 米，两侧非机动车道各宽 6 米，两侧防护林带各宽 20 米。张杨公路是市域主干道“五纵五横一环一高”交通骨架网中的“一横”，是境内东西交通的大动脉。道路绿地率 36.8%，绿化覆盖率达 44%。张杨公路杨舍城区段东起东二环路，西至西二环路，全长 6.68 千米。在张杨公路与东二环路、华昌路、长安路、港城大道、国泰路、西二环路等主要道路的交叉转角地块或道路节点，先后建成张杨路泗港绿岛、国泰路转角绿地、港城大道转角绿地、长安路老谷渎港景观绿地、华昌路节点绿岛、东二环转角绿地等景点，组建彩色造型绿块。加上道路两旁高高矗立的路灯和大型霓虹灯箱广告牌，使之成为市区一道靓丽的绿色风景带。

长安路　位于杨舍城区中部。南起城区西南角包基，往东北依次贯通西二环路、国泰南路、永安路、港城大道、南环路、沙洲中路至暨阳中路折北，经滋生桥，穿人民中

长安路夜景（2016 年） 蔡春林 摄

路、张杨公路、北环路至福前。全长 8920 米，宽 18 米至 41 米，沥青混凝土路面。设计时速 40 千米，属城市二级主干道。1996 年 7 月前，该路南段称澄杨路，中段称城西路，张杨公路以北段称张杨路。1996 年 7 月，全线更名为长安路。后经多次拓宽、延伸、改造始成现路。

人民路 位于杨舍城区北部。东起东二环路、西至西二环路。全长 6671.33 米，总宽 40 米，沥青混凝土路面。中间为 14 米宽的机动车道，两侧为各宽 2.5 米的绿化带、各宽 5.5 米的非机动车道及各宽 5 米的人行道。设计时速 40 千米，属城市二级主干道。全路以华昌路和港城大道为界，分为人民东路、人民中路和人民西路。1996 年 7 月前，该路称青年路，1988 年始建。1990 年

人民路街景（2016 年） 严子洋 摄

建成华昌路至长安路段。1993 年由长安路向西延建至港城大道，长 1190 米。1996 年 7 月市政府发文更名为人民路。2001 年 5 月至 2002 年 5 月，又分别自华昌路、港城大道向东、向西延筑至东二环路和西二环路。

人民路横贯城区东西，路两侧有市政府、国泰国际贸易中心、市人民法院、市人民检察院、海关大楼、中国农业银行张家港支行、中国银行张家港支行、电信大厦、国泰大厦、国贸宾馆、世纪广场、游泳馆、广电大厦、国脉大厦等重要场所，是张家港市行政金融中心。

暨阳路 位于杨舍城区中部。东起东二环路、西至西二环路，全长 7042.8 米。分别以东环路、港城大道为界，分为暨阳东路、暨阳中路、暨阳西路。暨阳东路长 2430.3 米，宽 24 米；暨阳中路长 2185.9 米，宽 32 米；暨阳西路长 2426.6 米，宽 32 米。全线沥青混凝土路面，中间为机动车道，两侧分别为绿化带、非机动车道和人行道。该路原为 1981 年修筑的工农路，因境内旧属暨阳故地，故 1996 年起改称暨阳路。原工农路东起东环路，西至港城大道，即今暨阳中路。长 2185.9 米，宽 9 米至 10 米，沥青混凝土路面，1996 年改筑成水泥混凝土路面。1997 年至 2001 年，东西两端分别向外延筑至东二环路和西二环路。该路横贯城区中部，为城市东西向主干道。沿路有第一人民医院、暨阳高中、少年宫、博物馆、市第二中学、沙洲宾馆、巨幕影城等场所。暨阳中路两侧有几十家五金配件商店，称为五金配件一条街。

沙洲路 位于杨舍城区中部。东起东二环路、西至西二环路，全长 6525.7 米。分别以东环路和港城大道为界，分为沙洲东路、沙洲中路、沙洲西路。因张家港市旧称沙洲县，故名。沥青混凝土路面，属城市东西主干道。沙洲东路原为杨乘公路一部分，长 2337.9 米，宽 10.5 米至 15 米，水泥混凝土路面。2001 年 4 月拓宽改造成城市道路形式，原机动车道不变，增加非机动车道和人行道，改造后道路总宽 27 米。沙洲中路原名大寨路，1982 年更名为沙洲路，长 1896.8 米。原为 9 米宽的沥青路面，拓宽改建后总宽 20 米。1991 年，将长安中路至河西路段开辟为商业步行街。沙洲西路为新建街道，长 2291 米。2000 年 3 月至 2001 年 5 月分两期建成。路幅宽 36 米，沥青混凝土路面。中间为 15 米宽的机动车道，两侧各为 2.5 米宽的绿化带、4.5 米宽的非机动车道和 3.5 米宽的人行道。该路横贯城区中部，沿路商业、餐饮、娱乐场所云集，是张家港市商业中心。

港城大道城区段 由原西环路改建而成。南起长安南路，北至北环路，全长 6200 米。双向 6 车道，路面总宽度 70 米，其中中央绿化隔离带宽 7 米，两侧分车绿带各宽 2 米，两侧景观绿带各宽 8 米至 15 米。2001 年年初，对原西环路实施改造，绿化改造工程历时半年，于当年 12 月结束。共植各类乔灌木 15 种 150 万余株。新建绿地面积 0.11 平方千米，道路绿地率 32.4%，绿化覆盖率 42%。

金港大道 位于杨舍城区南部。南起南二环路黄旗桥卡口、北至港城车站，全长 7500 米，其中市区段长 2160 米。沥青混凝土路面，总宽 42.5 米。中间为 22.5 米宽的机动车道，两侧各为 2.5 米宽的绿化带、4.5 米宽的非机动车道和 3 米宽的人行道。设计时速 50 千米。该路原为沙锡公路一部分，1979 年始建，1987 年至 1988 年改建为 7 米宽的沥青表处路面，1993—1994 年在老路西侧改道新建。1995—1996 年北段改造为城市路幅水泥混凝土路面，宽 30 米，南段改造为宽 32 米的沥青混凝土路面。2003 年全部改

港城大道城区段（2016 年） 严子洋 摄

园林路侧人行道（2016 年） 张龙法 摄

造为现路面，并以市内金港镇名命名为金港大道，属城市二级主干道。该路往南与沙锡公路相接，并同沿江高速公路张家港出入口相连。

园林路 位于杨舍城区中部，河东路东侧、东环路西侧。南起东环路，北至暨阳中路巨幕影城东侧，全长 1033 米。沥青混凝土路面，宽 7 米至 7.6 米，中间为车行道，两侧为人行道。20 世纪 70 年代始建，初为砂石路面。1985 年改建成水泥混凝土路面，1993 年改造为现路。该路两旁树木苍葱繁茂，北通沙洲公园，1996 年被命名为园林路。沿途建有巨幕影城、园林广场、东菜场等场所。

国泰路 位于杨舍城区西部。南起长安南路、北至港丰公路，全长 12.4 千米，沥青混凝土路面。沿线由南向北依次与小河坝西路、沙洲西路、暨阳西路、人民西路、张杨公路、晨丰公路等路相交。并分别以沙洲西路、张杨公路为界，分为国泰南路、国泰中路、国泰北路。该路原名经四路，又名景巷路。1999 年年末，国泰北路建成（当时至北环路），长 2220 米，宽 36 米，水泥混凝土路面，中间为宽 15 米的机动车道，两侧为各宽 1.5 米的绿化带、各宽 4 米的非机动车道和各宽 5 米的人行道。2000—2001 年建成国泰中路，长 2534.4 米，宽 36 米。路面布置：泗杨路以北同国泰北路；泗杨路以南中间为宽 15 米的快车道，两侧为各宽 2.5 米的绿化带、各宽 4.5 米的非机动车道和各宽 3.5 米的人行道。2001 年 12 月，市政府以境内著名企业国泰国际集团之名更名为国泰路。杨舍镇政府位于国泰南路 9 号。2004—2005 年建成国泰南路，长 1867.81 米，沥青混凝土路面，宽 45.5 米。之后国泰北路由北环路向北延建至港丰公路，延伸 5700 余米。国泰路纵贯城西新区和江苏省张家港经济技术开发区北区，为城市二级主干道，设计时速 50 千米。

桥梁

杨舍镇是江南水乡城镇，城区水道纵横、桥街相接、四通八达。明清时期就有里水关桥、万安桥、石桥、慕安桥、仓桥、永乐桥、文亨桥、永济桥、聚宝桥、通济桥、青龙桥、古稀桥、慕鍜桥、横河桥、滋生桥、松坟桥、好音桥、聚龙桥等桥梁，其中石桥居多。

1962 年沙洲县成立时，杨舍城区有滋生桥、青龙桥、聚龙桥、慕鍜桥、松坟桥等 13 座桥梁，其中大多数是石桥。1971 年起，陆续进行翻建、扩建和新建。至 1986 年年初，城区共有桥梁 24 座，其中双曲拱桥 17 座、桁架拱桥 5 座、灌注桩梁式桥 2 座。是年，慕鍜桥、迎庆桥、老谷渎港桥和勤丰桥建成。1988 年，滋生桥等 5 座桥梁建成。其中，除勤丰桥为机耕肋拱桥外，其余 4 座桥梁均为荷载汽 -20 吨、挂 -100 吨的简支板梁桥。1995 年，新建桥梁 7 座，为建市后建桥数量最多的一年。1997 年 11 月，全市第一座装饰性钢杆拱桥职中桥建成。1999 年 10 月，装饰性简支板梁斜拉式钢杆桥龙潭桥建成。进入 21 世纪后，桥梁结构和施工技术不断提高。2000 年，对老谷渎港桥、松坟桥进行拓宽改造。2001 年，新建、改建经四路桥、城西桥、城东桥、慕鍜桥等 6 座桥梁。2002 年，完成 24 座桥梁的洁白工程。2004—2005 年，随着城西新区和暨阳湖生态园的开发建设，新建、改造桥梁 10 座，其中 2004 年新建的暨阳湖大桥，成为城区一大景点。2000—2005 年，累计新建、改建桥梁 26 座。至 2005 年年末，杨舍城区新增桥梁 49 座。

2006 年，拆坝建桥 22 座，整治危桥 16 座。2011 年新建、改建桥梁 8 座。2013 年，青龙桥、青龙南桥、聚龙桥、沙洲湖大桥、振兴路大桥、长兴路大桥竣工通车，其中沙洲湖大桥最为壮观。2014—2016 年，新建桥梁 8 座，拆坝建桥 59 座。

六渡桥 位于杨舍城区东环路，跨东横河。三孔板梁结构，长 40 米、宽 26.6 米，跨径分别为 12 米、16 米、12 米，因该地曾有六渡水车而得名。20 世纪 60 年代，曾于该地建木桥一座。1973 年拆除木桥，改建成净跨 34 米的双曲拱桥，总宽 4.8 米。因当时处在“文化大革命”时期，故取名东风桥。1980 年东横河疏浚拓宽，拆除旧桥，改建新桥，1983 年建成，改名六渡桥。1993 年 9 月，改建成坝桥。

滋生桥 位于杨舍城区长安中路，跨东横河。桥北东侧为华芳金陵国际酒店，桥南东侧为江南大厦、西侧为美林阁大酒店。该桥为三孔板梁结构，长 54 米、宽 39.6 米，跨径分别为 10 米、20 米、10 米。载重标准汽车 20 吨、挂车 100 吨。沿用旧名。据《杨舍堡城志稿》载：该桥初为石桥，始建年代不详，清同治八年（1869）“浚河桥损……里人重建”。后改建为水泥混凝土桥梁。1988 年改建为板梁结构桥。2004 年因长安路拓宽改造，于老桥两侧各加一非机动车道，并对老桥桥面进行改造。

慕瑕桥 位于杨舍城区暨阳中路，跨谷渎港，西堍北侧为沙洲宾馆。系钢筋混凝土三跨板梁桥，跨径分别为 7 米、16 米、7 米，桥下结构为钻孔桩基础，重力式桥台。长 33 米，宽 28.77 米。载重标准汽车 20 吨，挂车 100 吨。得名无从考证。据《杨舍堡城志稿》记载，该桥初为木桥，始建年代不详。1985 年改建为长 30 米、宽 12 米的板梁桥。2001 年进行改造，南侧拓宽 12.27 米，北侧拓宽 4.5 米。

青龙桥 位于杨舍城区中部，跨谷渎港。连接杨舍东街和西街，桥东与河东路相交，桥西与河西路相交。半圆拱涵结构，长 16 米、宽 16 米，跨径 6 米，载重 10 吨。据史料记载，早在宋代，此处就有一座木质结构桥，时称杨舍桥，元代称暨阳桥。明嘉靖十四年（1535），由杨舍义士郭彦荣出资，改建成有三个拱圈的石级拱桥，并假借“青龙神”驱邪保安，将新桥改名为青龙桥。清乾隆二年（1737），郭氏后裔集资重修。1966 年 8 月，更名为人民桥。1967 年，拆除旧桥，新建长 14 米、宽 7 米的钢筋混凝土拱桥。1983 年复名青龙桥。1994 年改建成混凝土平板桥。2013 年 1 月，再次新建。新建的青龙桥融传统文化与现代风格为一体，气势恢宏。主体为钢筋混凝土浇筑，金山石条外装贴饰。中间分设机动车道和非机动车道，并按城市道路 A 级标准设计。

新建后的青龙桥（2016 年） 严子洋 摄

青龙南桥远眺（2016 年） 石小蛟 摄

桥长 26.4 米、宽 18 米，沥青混凝土路面。两侧桥栏各有 20 根金山石方形立柱。车行道南北两侧各为结构、规格完全一致的三跨拱形人行桥，其中，主拱跨径 13 米，副拱跨径 6.7 米，桥宽 3.12 米，由 21 级间距不等的金山石台阶组成 9 个阶梯式平台。两侧桥栏各有 19 根金山石方形立柱。两座人形拱桥内栏与车行道桥栏间各相距 2 米，从中可直观水面。

青龙南桥 位于青龙桥南约 60 米处，跨谷渎港。该桥原为木桥，由杨舍义士丁国治始建于清嘉庆十七年（1812）。因位于青龙桥之南，故名青龙南桥。又因桥东堍有一家丁氏开办的“丁家油车”（榨油坊），故又名丁家油车桥。清道光元年（1821），丁国治再次捐资，拆除木桥，在原址稍南处新建三跨石板桥，至道光五年（1825）竣工。后因新桥竣工之年，适逢丁国治七十岁寿辰，故将新桥改名为古稀桥。此后，三个桥名并存。1962 年建立沙洲县后，青龙南桥被拆除。2012 年 2 月，重建成新的青龙南桥。新建的青龙南桥为单跨拱形桥，古色古香。主体为钢筋混凝土结构，金山石饰面。拱跨 21 米，总宽 5.5 米，内宽 4.8 米。桥面中央为宽 0.6 米的双槽弧道，贯通桥面东西两端。桥面中段为长 8 米、宽 4.6 米（含中央双槽弧道）的金山石平台。平台东西两侧往下共有阶梯式金山石台阶 51 级，其中东部 22 级、西部 29 级。两侧桥栏主体用青砖砌筑，底部和顶部分别用金山石条托、盖。南北桥栏内侧，各刻有 11 个正圆，其中，东西部台阶段两侧桥栏上各 4 个，中间平台段两侧桥栏上各 3 个。平台双槽弧道两侧地平中央各有 1 个正圆，内刻双龙图案。南北两侧东西桥堍下方刻有相同内容的一副对联：南侧东桥堍为上联“潮连江海阔”，西桥堍为下联“雨润物华新”。

聚龙桥 位于杨舍城区河西路，跨小城河，西侧为曼巴特广场。钢筋混凝土板梁桥，沥青混凝土桥面，下部结构为钻孔灌注桩。长10米，宽22米。载重标准汽车20吨，挂车100吨。据《杨舍堡城志稿》载：该桥原为石桥，始建于清道光八年（1828），由里人叶廷甲倡修，取名聚龙桥。咸丰十年（1860）桥被寇毁，同治九年（1870）里人重建。20世纪90年代，小城河覆盖建商住楼，旧桥被拆除，重建钢筋混凝土板梁桥，长10米，宽13米。2002年拓宽改造，2012年再次重建成现桥。

职中桥 位于杨舍城区东部职中路，故名。该桥于1997年建，跨东横河。钢筋混凝土下承式系杆拱桥，桥上装饰环型钢管，是张家港市第一座钢管桥。桥长58米，宽19米，跨径分别为13米、32米、13米。载重标准汽车20吨，挂车100吨。

暨阳湖大桥 位于杨舍城区暨阳湖景区内，是一座集交通与景观功能于一体的城市标志性桥梁。2003年11月由苏州市交通设计研究院有限责任公司设计，江苏港通路桥集团有限公司建设。2004年12月完工。大桥总长144米、桥宽35米，中跨80米。中间设置15米宽的机动车道，两侧有各宽3米的人行道、各宽4.5米的非机动车道和各宽2.5米的分隔带。

沙洲湖大桥 位于城北新区振兴路，横跨一干河。该桥主塔高68米，全长280米，总投资1.3亿元。2013年10月通车。

沙洲湖大桥（2015年） 蔡春林 摄

商业街区

20世纪90年代前，沙洲中路和杨舍西街是杨舍城区两条主要商业街。1994年，沙洲中路商业步行街建成。1995年，杨舍东街拆除，原地新建美食街。90年代后期，商业市场趋于成熟，商品呈门类相对集中趋势。至2016年，杨舍城区形成了步行街名品名店一条街、杨舍西街服装一条街、营房弄童装服饰一条街、美食街美食休闲一条街、东环路装潢装饰材料一条街、沙洲东路通信产品一条街、暨阳中路小五金一条街等有一定特色的商业街区，整个中心城区形成了多层次、多渠道的商贸流通格局。

步行街　位于杨舍城区中部。东起河西路、西至长安中路，全长630米、宽24米。原有国营、集体、个体商场、门店82家，是一条集商业、文化、休闲、娱乐、餐饮为一体的综合商业街，是全国县级市中第一条现代化文明商业步行街，也是省级“青年文明号一条街”、苏州市“百城万店无假货示范街”。

1991年前，该路名沙洲中路，路面狭窄破损，空中线网交织，沿街房屋新旧不一。1991年，市委、市政府决定将沙洲中路建成文明、开放、整洁、美观、安全、繁荣的商

步行街夜景（2016年）　　庞瑞和　摄

业步行街，禁止一切车辆通行。1994 年 8 月建成后的步行街，全部网管都埋设在地下，两侧共建有 25 幢融港城特色和现代化气息于一体的楼群建筑，总建筑面积 6 万平方米。路面全部铺设彩色道板砖，安装白色球形路灯，两侧设置大型花木盆景。街上无车辆通行、无烟头、无痰迹、无噪声，夜幕降临，沿街彩灯齐明、交相辉映。2001 年，步行街进行了全面装修改造。3 月起，沿街国际购物中心、市农村商业银行、中南鞋城、步步高鞋城、商业大厦、乐乡酒楼、电影广场、新风商场、大顺珠宝行、中央商场、沪港商城、幸运银楼、上海方胜鞋业、供电大厦、钟表珠宝行、新华书店、第一人民商场、第三人民商场等 46 家单位对建筑立面进行改造，6 月末完成。7 月起进行路面改造，总投资 1800 万元。630 米主干道和 200 米支线道全部改成“揭阳红”火烧板贴面，用“南非红”光面板作线条，总铺设面积 1.6 万平方米。按规范设置双向盲道，增设排水井口。设置棕榈、香橼、茶梅、铁树等高、中、低三个层次的绿化，整个绿化错落有致。沿街筑有用高档黑金砂大理石贴面的花坛，可作游客休息的座椅。在东西入口处设计制作“人”和“我们一起走”两个抽象雕塑，中段设置“购物”“卖豆花”“音乐广场”“童年”4 组写真雕塑，天华影城门前设有小型程控喷泉。人物按与真人 1 ∶ 1.1 比例铸造。全街安装各式投射灯，灯箱广告和别致的路灯。树荫下、街道旁安装高档钢木椅，供游人小憩。街道旁设置 10 个公用电话亭，50 个精致的果壳箱。整个步行街改造工程历时 7 个月。

步行街作为市商业中心所在地，拥有 400 家店铺，年销售 28.5 亿元，客流量达 540 万人次，成为张家港的城市地标和亮丽的城市名片。

杨舍老街 地处杨舍城区中心。东傍园林路，南依向阳弄，西靠道士巷弄，北临梁

杨舍老街夜景（2016 年） 张龙法 摄

丰路。该街是集观赏、旅游休闲、购物、餐饮和娱乐为一体，富有苏式园林风格的商业旅游文化特色风情街区和苏州市特色商业街。

杨舍老街是在结合焦家老宅等文物保护单位建筑特色基础上，打造的张家港全市性商旅文化风情街。整条街结合园林路历史悠久的商业底蕴以及焦家老宅的特色，传承明清盛世市镇建筑风格，砖、白墙、灰瓦、窗格、竹子、红灯笼、文化小品、导视系统等作为中式元素贯穿始终。该街形成一站式消费，最大限度地发挥商业街区“人流集散”效应。同时，杨舍老街还汲取上海城隍庙、南京夫子庙、上海七宝老街等知名商业街区的特色，在街区常年举办剪纸、布艺、石雕、烙画等民俗工艺品展，以及锡剧、歌舞等各种形式的文艺演出活动，弘扬了传统文化，丰富了人民群众的文化娱乐生活。

曼巴特广场　位于沙洲中路步行街东首南侧。其四周被区域主干道河西路、朱港巷路、南门路、南环路环绕，占据了杨舍最完美的商业黄金地段和都市消费圈的中心位置。项目总建筑面积约 26 万平方米。

购物公园　位于城西新区中心地带。东依国泰中路，南傍沙洲西路，西靠百桥路，北临梁丰路南河，占地面积 22.5 公顷，建筑总面积约 20 万平方米，绿化率 62%，容积率 0.77，总投资约 12 亿元。购物公园是新城商业中心与城市公共活动中心。2010 年，购物公园荣膺“苏州十大商业地产新地标”称号；2011 年，荣获“苏州市著名商业街”称号。

吾悦广场　位于金港大道西侧、南二环路南侧，北隔南二环路与暨阳湖生态园相

曼巴特广场（2016 年）　　庞瑞和　摄

购物公园（2016 年）　庞瑞和　摄

望，“湖边特色绕，水生宜鸟浴”，拥有得天独厚的地理优势。广场占地 13.13 公顷，总建筑面积 60 万平方米，总投资 50 亿元，2015 年 9 月 25 日竣工开业。

公园景观

20 世纪 70 年代前，杨舍城区尚无公园、休闲广场等公共设施，直至 1977 年才建成沙洲公园。1986 年，杨舍城区建成绿化岛 36 个、游憩绿地 12 片。1992 年，新建街头景点 7 个，东扩沙洲公园。1994 年，建成馨苑花园和全市第一家村级公园——占地 3.16 公顷的城西公园。1995 年，整治谷渎港，建成街心公园。1997—2016 年，杨舍城区先后建成园林广场、文化广场、张家港公园、世纪广场、暨阳湖生态园、梁丰生态园等各类大小公园和广场 100 多处，总面积 768.7 公顷，其中占地面积超 0.5 公顷的有 65 处。

暨阳湖生态园 位于杨舍城区南部，东至金港大道，南至南二环路，2001 年修建宁太沿江高速公路张家港段时，利用集中取土的废基，经人工开挖而成。总面积 4.41 平方千米，其中，中心湖区面积 1.56 平方千米，水域面积 66.7 公顷，水深 3.7 米。水源来自

吾悦广场（2015 年） 庞瑞和 摄

暨阳湖生态园（2016 年）

天然降水，属内循环水系。因境内秦汉时期有暨阳湖，西汉初年建有暨阳乡，西晋太康二年（281）设暨阳县，元代诗人陈樵曾作七言律诗《暨阳湖》，因而定名暨阳湖。该园由暨阳湖、音乐喷泉、水幕电影、露天舞台、湖滨广场、螺洲岛、雅趣园等景观组成。其中，螺洲岛位于湖内，占地面积 4 公顷。岛上有植物 150 余种，栖息鸟禽 10 余类。雅趣园位于园区东部，占地面积 5.2 公顷，为花卉植物游园。露天舞台、湖滨广场等为表演及休闲场所。暨阳湖生态园由美国 HILL 景观设计公司总体规划，利用先进的生态理念和技术把自然引入城市，契合了“海绵城市”的建设要求，是杨舍城区 36 平方千米内主要的“海绵体”。暨阳湖生态湿地面积 23.33 公顷，总长 1.6 千米。湿地自西向东分为 7 级，逐级进行水净化、增氧、吸附、沉淀，实现湖水的循环和净化，成为杨舍镇生态文明建设的一大亮点。2006 年 12 月被定为江苏省环境教育基地；2014 年 11 月获

王刚毅　摄

批省级湿地公园，成为全市首家省级湿地公园。

梁丰生态园　位于南苑东路北侧、沙洲东路南侧，占地 80 公顷，建设总投资 3.2 亿元，绿地率 70%。2004 年 9 月 28 日开工，2006 年 5 月 1 日建成对外开放。生态园充分运用生态环保技术手段，建成集休闲、观光、健身活动、娱乐、科普教育、商务于一体的具有现代园林特色和城市文化氛围的综合性公园。

生态园建成后呈现出“三个 1000”的特色：1000 亩地、1000 种植物、1000 棵大树。公园有“一湖、三码头、五洲、七桥、十二园”。一湖是指园区中心的梁丰湖，面积 10 公顷。三码头是指梁丰湖的东、西、北岸各有一个码头，分别命名为东码头、西码头、北码头。五洲是指公园内的 5 个小岛，分别命名为梁洲、浮山洲、刘海洲、登瀛洲、高明洲。公园主岛为梁洲，刘海、高明、浮山、登瀛等四岛环绕周围，寓意全市“一城四区”的行政规划布局。七桥是指公园内建有7座造型各异的桥，即暨阳桥、梁丰桥、沙洲桥、张家港桥、青龙古桥、民丰桥、老宅桥。桥的形式多样，有木桥、拱桥、吊

梁丰生态园俯瞰（2016年）

桥、石桥。7 座桥分别以杨舍历史为背景而冠名，并以碑文记录，使历史文脉得以永传。生态园在设计上充分突出了“植物公园”的理念，配置了华东地区 15 大类 1500 多种植物，同时按照植物类别、生长特性、生长环境、生理特征等建设了红枫园、桂花园、竹园、玉兰园、梅园、果蔬园、名人园、牡丹园、棕榈园、杜鹃园、樱花园、蔷薇园等十二园。

庞瑞和 摄

沙洲公园 位于杨舍城区中部，地处暨阳中路与公园路交会处，北临东横河。占地面积 5.81 公顷，其中绿地面积 4.5 公顷。公园前身为烈士陵园，1977 年改建成沙洲公园。2001 年 4 月扩建，10 月 1 日建成开放。公园分东区、南区、西区、中区 4 个区。其中，东区建有枫华园、梅山、白鹿峰、烟霞亭、蕊香亭、枫华桥等。南区以休闲娱乐健身为主，建有山丘绿地、休闲广场，配有喷泉、池水、景灯、步道等，植有加那利海枣等大乔木和名贵植物。西区建有广场、花岗石大型牌坊，新植草坪和花圃，鹅卵石园路连接中区，通向东横河岸，并在沿河铺

人民路世纪广场（2016 年）

沙洲公园一角（2016 年）　石小蛟　摄

张家港公园（2016 年）　张龙法　摄

设 204 米亲水走廊，挡土墙上刻有“沧江八景图”浮雕。中区为老园林区，绿化覆盖率 80% 以上。该区内植有百余种植物，其中有银杏、杜仲、重阳木、五针松、白皮松、金钱松、古榉树等古树名木。中区东侧有一条长 200 米的仿古曲折长廊。中区南侧有一条东西向的带状人工河，河上架石拱桥一座，名为沧江桥，桥名来源于沧江书舍。沧江桥北侧建有两座对称的凉亭，凉亭四周培育有大片花圃、草坪，并建有微缩“九寨沟”。公园的亭台楼阁中配有字 56 幅、画 32 幅以及堂匾、屏风、楹联、歌赋等。公园北隅为秋墩阁，阁内以书房格局布置，陈列琴架、棋盘、书桌、画台等。

城西公园　位于杨舍城区西部云盘新村。占地面积 3.16 公顷，其中绿化面积 2.2 公顷。公园门口为月牙形门楼，楼下为喷水池。园内南部为双轨长廊，东部为蘑菇形凉亭与秋千架。有带状湖及石拱桥。桥分东、西两座，分别取名为怡欢、怡乐。湖东为椭圆形小岛。园内地面高低起伏，植有草坪和四季花木，并装有地灯。1994 年 4 月，该园由城西村投资 1000 万元兴建，1995 年 10 月建成。因由城西村投资建设而名，属杨舍城区第一个村级公园。

张家港公园　位于杨舍城区西部，地处港城大道与沙洲西路交会处。占地面积 15.12 公顷，其中水面面积 7 公顷，绿化及水面占总面积的 87%。该园采用传统的造园

张龙法　摄

方法，着重建设水体、山体和绿化三方面。建有一条集河滨休闲道、索桥、亭台及浮雕广场等景观的亲水走廊。堆筑3座土山及长80米、宽20米、总重量1.1万吨的黄石假山，并配以瀑布。山体内建有3层共380米长的迷宫。全园以乡土树种为主，共种植乔灌木和花草120个品种。园中分生态型、保健型、观赏型等不同功能区。东南部建有儿童游乐场所，西部建有520平方米的温室，以培育各种时令鲜花和盆景。该园于1998年始建。园址原为一处废弃窑场，经挖土改造扩建成湖。1999年10月1日建成开放。2001年9月28日二期工程竣工。2005年12月被批准为国家AA级旅游景区。

园林广场　位于杨舍城区中部，地处暨阳中路与园林路交会处。占地面积1.4公顷，其中绿地面积1.08公顷。广场以模纹花坛、草坪为主，种植各种植物3.6万余株，铺设草坪近5000平方米。草坪上种有大色块花灌木，四周种植银杏、香樟等大乔木。场内设有约8000平方米的活动区域。广场中心采用下沉式，中间建有圆形舞台，南部为弧形梯级看台，北部建有欧式柱廊、罗马亭，东部建有休闲茶庄。该广场由原体育场1997年搬迁后改建，是年10月建成。

文化广场　位于杨舍城区西部，港城大道与暨阳西路交会处。占地面积3公顷，其中绿地面积2.5公顷。广场南部栽植桂花林，北部栽植黄山栾树、女贞、合欢、香樟片林。东南角建有4座连体大型白色张拉膜休闲亭。草坪上种植雪松、广玉兰、香樟、银杏、樱花等大乔木，草坪四周及大乔木下配以金叶女贞、毛鹃等灌木色带。该广场于1998年建成，2002年9月结合港城大道景观绿化带进行改造。因广场周边有学校、博物馆、少年宫等文化教育单位，故名。

世纪广场　位于杨舍城区北部，地处市体育馆南侧、人民中路两侧。占地面积12.58公顷，其中绿地面积6.5公顷、辅地面积6.08公顷，总投资7000多万元。广场以人民中路为界分为南北两部分。北广场由入口广场、中心世纪广场、戏水池、围绕世纪广场的开敞式景观庭园和休闲区组成。其中景观庭院包含迎春园、度假园、秋韵园和冬洁园，各园内植物按四季特点种植，共有 70 多个品种。南广场围绕游泳馆依次由入口广场、时光广场、起点广场和水意广场组成，重点以绿化为主。广场中心为城市浮雕，并安装有 4 架射程为 4 千米的探照灯，作为夜景灯光。2001 年 5 月，该广场建成开放，因建设时处于世纪交替之际，故名世纪广场。

沙洲湖公园　位于城北科教生态城，由张杨公路至北二环路段的一干河拓宽后与两侧的滨河绿地组成。东临一干河东路，南至张杨公路，西靠一干河西路，北至北二环路，全长 2300 米，湖面宽 120 米至 400 米。占地面积 90.67 公顷，其中，水域面积 50 公顷，中心湖区面积 26.7 公顷，建造景观绿化面积 40.7 公顷。工程于 2011 年 3 月动工，至 2013 年 8 月竣工，开挖土方 150 万立方米，总投资 5.5 亿元。沙洲湖公园的景观设计以打造绿色生态为基础，根据每个区域周边的不同环境，设置休闲、商务、运动等不同功能的区域，营造观水、亲水、嬉水等多种滨水环境。景观节点根据现状与周边环境重点塑造，做到特色各异、整体风格协调，是张家港市绿色生态、功能完备的城市休闲公园。沙洲湖公园的总体布局特点为“一水、三区、六园、十二景”。一水是指沙洲湖；三区是指生态游赏区、商务休闲区、运动娱乐区；六园是指雅趣园、幽兰园、兰馨园、明媚园、云水园、康体园；十二景是指荷塘月色、绿屿芳洲、丽湖景湾、碧澜品茗、沙洲情韵、平湖秋月、碧海银沙、花语琉璃、枫林水岸、童真天地、动感地带、绿野仙踪。

沙洲湖公园远眺（2016 年）　　蔡春林　摄

谷渎港掠影（2016 年）　　张龙法　摄

小城河、谷渎港景观带　小城河位于市区步行街南侧，东通谷渎港，西至港城大道，全长 2200 余米。原河道平均宽度约 12 米，其中约一半河道在 20 世纪 90 年代初开始被建筑物覆盖。

2009 年，对小城河及其与谷渎港相接区域实施整体改造。拆除覆盖河道的老建筑，恢复原有小城河和谷渎港水系，设滨水公共休闲广场和城市亲水走廊，改造建设沿河道路、桥梁等。

谷渎港在明清时代是出江大港，是境内一条主要的运输、排灌河道。2012 年，谷渎港青龙桥至城南桥段实施综合改造，河道工程、景观工程、地下人行过街通道以及临河地下滨水商业设施建设等工程，与小城河融为一体。该工程结合交通人车分流及驳岸改

小城河夜景（2016 年）

造，建设与城市环境相协调的滨水休闲景观带，构建谷渎港历史文化长廊。沿线驳岸高低错落，设置亲水平台、景墙、人行景观桥、夜景灯光及灯柱等设施。沿河道路保留原有的大规格香樟，增设绿化隔离带。通过垂直绿化，形成“樱花谷”“樱花港”。沿路散植丛生朴树、乌桕等乔木，在重要地段布置罗汉松、羽毛枫等景观造型树。

文体设施

杨舍镇以创建公共文化示范区为目标，大力推进公共文体设施建设，不断满足区镇百姓的文化需求。2016 年，杨舍镇建有张家港文化中心、张家港博物馆、少儿图书馆、巨幕影城、世纪巨星电影城、世纪环球电影城、幸福海蓝国际影城、中影国际影城、上

严子洋 摄

影国际影城、香港城影院、恒大影城等文化设施；建有体育馆、游泳馆、拳道馆、业余体校及多片网球场、篮球场、足球场、门球场等体育设施。塘市、东莱、晨阳等办事处均建成文化中心。

张家港文化中心

张家港文化中心占地 15.33 公顷，建筑总面积 7.5 万平方米，总投资超过 7 亿元，2009 年 9 月 26 日投入使用。文化中心由保利大剧院、科技馆、美术馆、城市展示馆、图书馆、文化馆、档案馆、综合展示馆、文汇广场 9 个功能建筑构成，是全市公共文化服务的主阵地、主窗口。

保利大剧院　保利大剧院建筑面积2.2万平方米，分地下2层、地上5层。长120米，宽 68 米，总高度 30 米。由美国威尔考特顾问公司进行方案设计，上海现代设计集团进行建筑设计。剧院按照国家中等甲级剧院设计，是杨舍镇乃至全市最高档次的文化表演场所，也是全市党政大型会议和文化艺术交流、群众集会的主要场所。观众厅设有软席座位 1200 个。剧院舞台设施一流，乐池和舞台采用全机械升降自动化控制，分为主舞台、后舞台和左右两个侧舞台，可作平移、升降、倾斜、旋转等变换，保证演艺活动丰富多彩。配有 VIP 化妆间、普通化妆间、排练厅、贵宾接待室等多项服务设施，可接待

保利大剧院（2016 年） 石小蛟 摄

美术馆（2015 年） 石小蛟 摄

城市展示馆（2016 年） 石小蛟 摄

并满足国际、国内专业艺术团队和召开重大会议、举办大型文艺演出、大型音乐会的需要。

科技馆 建筑面积 4300 平方米，常设展厅 2000 平方米，共有 43 项展品展项。布展及展品展项投入 2200 万元。科技馆以“科技·人·环境”为主题，借助现代高新科技手段，以形式多样、内容丰富的公众互动参与型展品为主，以普及科学知识、开发青少年的科技创新能力为目的，寓教于乐，富有趣味性、启发性与参与性，是全市青少年科技教育的基地、课外活动的乐园、精神文明建设的窗口。

美术馆 建筑面积 5000 平方米。其中一至三楼为展厅，共 2000 余平方米，标准展线 600 米；四楼为办公区，设有馆长室、展教部（展览策划部、公共美术教育部合一）、综合服务部（典藏部、艺术服务部合一）三个功能单位。由清华大学美术学院博士生导师、著名画家杜大

学生参观城市展示馆（2016 年）　石小蛟　摄

恺题写馆名。美术馆内设 3 个高标准库房，2 台先进的恒温恒湿设备能精确控制馆内温度、湿度，满足不同类型展品的需要。为了提供更为便捷、舒适的公共文化服务，美术馆高标准定制了能够展出小型立体展品的展橱、组合式展柜、展厅休息凳、楼层功能指示牌等便民设施。

城市展示馆 建筑面积 7000 平方米，共 3 层。其中，一楼由序厅、公示厅、历史厅和成就厅 4 个区组成，主要展示全市的总体规划、分区规划、历史沿革以及改革开放以来，特别是撤县建市以来，张家港人弘扬“张家港精神”所取得的巨大成就；二楼由模型演示区、互动体验区、总体规划展区、专项规划展区、详细规划和城市设计展区以及虚拟城市影院组成，展示张家港市近年来的主要规划成果；三楼主要包括杨舍城区和全市其他片区的规划建设成就以及张家港新农村建设的成果。

图书馆 2009 年 9 月对外开放。主体建筑 4 层，建筑面积 1.5 万平方米。设有综合借阅室、报刊阅览室、电子阅览室、视障读者阅览室等 30 多个服务窗口，数据可存容量 105T，千兆局域网用专线光缆接入馆内。该馆是张家港图书馆总馆和分馆（少年儿童图书馆）共同的管理中心、综合性文献收藏中心、情报信息服务中心、“书香城市”建设业务指导中心和文化信息资源共享工程支中心所在地。2016 年，藏书 226 万册（含 27 家分馆），订阅报刊 2200 多种，接待到馆读者 196.6 万人次，图书借阅 220 万册次，举办各类读书活动 1450 场。图书馆始终围绕“全民阅读，让张家港更文明”主题，坚持“读者第一、服务至上”宗旨，全面实行免费开放、天天开放和夜间延时开放，精心打造“百姓书房、智慧家园”服务品牌；同时，依托自身作为全民阅读活动主阵地优势，全力推进张家港市公共图书馆服务体系建设和书香城市建设，创建了村（社区）图书室、农家书屋、文化共享工程、党员远程教育、公共电子阅览室五位一体的张家港模式。先后获得全国“服务农民服务基层”文化建设先进集体、文化部“2014 最美基层图书馆”、江苏省内首家“中国书业年度图书馆”、全国一级馆“四连冠”、全国“全民阅读示范基地”、江苏省文明单位、江苏省文明图书馆“五连冠”、江苏省社会科学普及示范基地、苏州市文明单位标兵等一系列荣誉称号。

少年儿童图书馆　位于长安中路。主体四层，建筑面积 1.25 万平方米。下辖文献流通部、数字体验部、社会工作部、业务辅导部 4 个部门。整个馆舍突出“借阅一体、动静结合”，针对幼儿、少儿、小学生、中学生等不同年龄段的读者对象，设有四大服务区域、25 个服务窗口。该馆实行免费办证、免证入室、免费阅览，着力打造了“手指谣亲子读书会”、“彩虹姐姐读绘本”、“文明礼仪小课堂”、“快乐学国学”、画信、青少年阅读夏（冬）令营等一系列阅读活动品牌。2016 年，藏书 35 万册，有工作人员 30 人，平均每天接待各类小读者超过 2000 人次。

少年儿童图书馆先后荣获全国一级馆、全国“全民阅读先进单位”等荣誉称号，在中国图书馆学会举办的各类活动中曾 20 多次获得优秀组织奖。

森林书屋　是一座“生长”在森林里的图书馆，是在梁丰生态园内原有的热带植物园基础上，增设阅读区，利用绿色植物的自然隔断，营造相对封闭的阅读环境。森林书

森林书屋（2017 年）　石小蛟　摄

森林书屋外景（2017 年）　石小蛟　摄

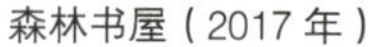

张家港博物馆（2015 年）　　蔡小华　摄

屋分为文明阅读区、休闲放松区、森林生态区和活动沙龙区，书屋里外被绿色植物充满，布置有长桌、蛋壳椅、咖啡屋等，读者在这里可躺可坐，用自己最舒服的姿势阅读，既可以在绿色环境中放松身体，享受天然氧吧的新鲜和舒畅，又可以沉浸在书本的氧吧里汲取养分和能量。《光明日报》、中央电视台《新闻联播》《新闻直播间》栏目等多个媒体对书屋进行过报道。

张家港博物馆

位于暨阳中路北侧、港城大道西侧。建筑面积 1.2 万平方米。该馆是集收藏、研究、展示、宣教于一体的多功能综合性博物馆，市青少年爱国主义教育基地、科普教育基地，未成年人素质拓展基地。内设东山村遗址考古成果展厅、张家港历史文化展厅、书画艺术展厅、长江文化博物馆及碑刻展示区，另有 3 个临时展厅。该博物馆自 2004 年正式对社会公众免费开放以来，年均引进各类展览 10 余宗，年均接待观众 10 万人次。2016 年，有藏品 1 万余件（套）。其中以出土文物、名人捐赠物和民俗文物等为主，种类涉及石器、陶器、瓷器、金属器、玉器、古钱币、字画等。张家港博物馆曾荣获苏州市文明单位、江苏省青年文明号、全国文物系统先进集体等荣誉称号。

东山村遗址考古成果展厅　东山村遗址为“2009 年中国考古十大新发现”、“江苏省第二批大遗址”、国家文物局“2009 年度全国十大考古新发现”、第七批国家级文物保护单位，获“2009—2010 年国家文物局田野考古三等奖”。东山村遗址考古成果展厅陈列了东山村遗址中 8 座高等级墓葬出土的大量陶器、玉器和石器。年代最早的是马家浜文化时期（101 号墓，距今 6000 ～ 7000 年历史），其余为崧泽文化时期（距今 5000 ～ 6000 年历史）。

张家港历史文化展厅　分为文明起源、唐宋遗韵、江海要塞、名士风流四个部分。展厅采用图片、实物、模型以及多媒体等手段，按照时间顺序展出陶器、瓷器、青铜器、金银器等百余件文物及张家港历史上 88 名历史文化名人和两院院士生平介绍。

书画艺术展厅　陈列 3 名张家港籍艺术名人的书画作品及个人收藏。分别是江苏省国画院专业画家卢星堂的巨幅山水画；著名金石书画家、篆刻家张耕源的书画和篆刻作品；全国著名泌尿外科专家缪廷杰祖传及本人的书画作品。缪廷杰是明代著名医学家缪希雍之后，业余时间颇爱丹青。2005 年，他将珍藏多年的 100 余件书画精品及自己的书籍等一并捐赠给张家港博物馆。

长江文化博物馆　张家港市自 2004 年起，每年 11 月定期举办中国（张家港）长江文化艺术节。为展示历届中国（张家港）长江文化艺术节成果，弘扬长江流域文化，2013 年 11 月，经江苏省文物局批准，全国唯一一家建筑面积 2200 平方米的长江文化博物馆在张家港建成开放。该馆在设计理念上高度凝练了“长江之长、长江之曲、长江之流、长江之久、长江之盛”五大艺术元素，营造了秀美、典雅、别致的展览空间，采用图片、实物、场景模型、多媒体数字技术等多种手段，在声、光、电的配合下，通过感官易受的方式将博大精深的长江文化展示给观众。全馆共分为“文明摇篮，艺术之河”“精神追溯，源远流长”“造型造物，智慧之光”“表演天地，莺歌燕舞”“携手长江，共创繁荣”5 个展厅。

张家港市体育中心

位于杨舍城区龙潭北路西侧、人民中路南北两侧。包括体育馆、体育场和游泳馆，与世纪广场融为一体，总面积 20 多万平方米，总投资 3 亿多元。

体育馆　分比赛主馆和训练房两部分，占地 3 万平方米，建筑面积 2 万平方米，总投资近 1 亿元。主馆场地面积 1232 平方米（44 米 ×28 米），净空高度 22 米。观众席共设 7 个区 4000 个座位。安装国际一流的中央空调、音响设备、灯光设备和电子记分屏，具备电视现场直播条件，得到国际篮联的比赛标准认证。可以举办国家级、国际级的各种球类、体操、武术、技巧、举重等体育赛事，还可以举行大型文艺演出及各种展览、会议等活动。

体育场　位于体育馆西侧。占地约 6 万平方米，总投资 5000 多万元。场内建有 400 米标准塑胶跑道（内含标准足球场 1 片），四周为 11 层环形看台，共设 1 万个观众席。能承接省、国家级田径、足球等体育比赛，也能为群众集会、大型广场文艺、商品展销活动提供场地服务。

游泳馆　位于体育馆南侧。占地约 3 万平方米，总建筑面积 1.2 万平方米，总投资 8000 多万元。内设 1 个 50 米 10 泳道标准游泳池（水深 2.5 米）、1 个 25 米 8 泳道小游泳池。馆内配有大型电子记分屏，可承接国家级、省级各类游泳、水球赛事。共设 1200 个观众席。

西城体育公园　位于城西新区国泰南路东侧、张家港中等专业技术学校南侧。2006 年破土动工，2008 年 5 月 28 日竣工投用。公园占地面积近 2.5 公顷，建筑总面积 8000 平方米，耗资 6000 余万元。设施包括室内羽毛球场、乒乓球房、体育舞蹈房以及室外网球场、篮球场等。

东城体育公园　位于沙洲东路与东苑路交会处。占地面积 0.82 公顷，建筑面积约 6600 平方米，总投资 2600 万元。2009 年 5 月 25 日开工，年末完工，2010 年 5 月 28 日正式投入使用。公园内外设有台球、羽毛球、乒乓球、网球、篮球等活动场馆。另设有“东城体育公园・君临新城”游泳馆。该游泳馆位于人民路与东苑路交会处南侧君临新城住宅区内。占地面积 0.25 公顷，建筑面积 5900 平方米，内设 50 米 ×16 米标准综合游泳池 1 个。

杨舍镇以构建“5 分钟健身圈”为目标，重点建设了一批设施齐、功能全、实用性强的基层体育健身阵地。各办事处（街道）、社区、村均建有全民健身场所。其中，万红社区创建成全国优秀体育健身示范点，聚龙社区晨晚练点则被评为全国优秀晨晚练点。

杨舍镇在改善城乡体育基础设施建设的同时，把学校体育设施建设作为丰富全镇体育资源的

东城体育公园（2016 年）　蔡小华　摄

重要抓手。2007 年，投入 300 多万元用以购置学校体育器材。2008 年至 2016 年，又投入 8000 余万元用以建设学校塑胶运动场等体育设施。

办事处（街道）文化中心

为了整合区域内众多文化场所，利用网络、宣传栏等途径，共同为社区居民文化需求提供全面服务，杨舍镇建办了以东莱文化中心、晨阳文化中心为代表的多家办事处（街道）文化中心。

东莱文化中心 位于东莱办事处驻地旁边。占地面积 0.3 公顷，建筑面积 2370 平方米，建筑楼层 3 层，总投资 360 万元。2012 年开工，2014 年年底建成并交付使用。文化中心有室内、室外两个区域，以“紫气东莱、幸福民生”为主题，分设东莱历史文化墙、千人文化广场、篮球场、公共健身区和生态休闲区等文体板块。室内为 3 层主体建筑。一楼为百姓客厅，二楼为文化互动区，三楼为活力健身区。中心辟有设施先进的 24 小时自助图书馆，拥有容纳百人的综合演艺厅以及羽毛球室、乒乓球室、综合培训室、舞蹈房等，是集文化学习、教育培训、运动健身、休闲娱乐、团队活动于一体的综合性文体活动场所。中心内有戏曲排练区、书画创作、亲子互动等区域，重点打造了“欢乐一家亲”聚艺大舞台、“快乐小书房”亲子阅读等特色品牌，形成了“秋韵”艺术团、“一家亲”艺术团、“乡村都市”艺术团、“风韵”锡剧社等特色团队。

晨阳文化中心 位于晨阳社区，建筑面积 2015 平方米。2012 年，晨阳社区投资近 500 万元高标准建成“农家书屋”和社区阅读活动站，设社区图书室、公共电子阅览室，成为文化共享工程基层服务点。2016 年，社区图书室面积 500 平方米，有阅览席位 36 个、

晨阳文化中心儿童阅读区（2015 年） 肖湘 摄

电脑 10 台。拥有藏书 9103 余册、音像资料 150 种、报刊 16 种。全年出借图书 500 册，接待读者 1500 余人次。

城市管理

杨舍镇一贯重视城市管理工作，不断提高人民群众生活质量，提升城市形象。1982 年 3 月，落实《关于加强杨舍镇交通管理的通告》，对主要车道路面都漆刷中心线、人行横道线和行车线等导向标记；杨舍交通警察中队在上下班人流、车流高峰期间，增派流动岗哨，维护交通秩序；拖拉机进入城区限定时间、路线；主要街道严禁自行车载人；定期或不定期地设卡检查，纠正交通违章行为；对脚踏三轮车、铁木结构三轮车、胶轮大板车进行登记发证工作。是年，杨舍镇成立市容管理办公室（1988 年改名为杨舍镇城市管理办公室），负责城区市容管理。划线规定自行车、汽车定点停放，各点有专人负责，配合交警管理城区交通秩序。

1994 年 8 月起，全面贯彻执行《苏州市道路交通管理规定》，在全镇开展禁止摩托车通行、自行车载人、鸣喇叭的“三禁”活动，并增设道路标志、隔离墩和值勤岗亭。1997 年至 1998 年，在保持主干道路交通秩序良好的基础上，开展“向违章行为告别”活动，把整治目标对准背街小巷和居民小区。2000 年，公安局交巡警杨舍三中队成立，负责城区交通事故的先期处警和群体性、突发性事件的前期处置，保护灾害性事故现场以及救助群众等，实行全天候机动车巡逻，维护交通、市容秩序。2001 年，重点整治摩托车闯禁区现象。2002 年，重点整治电瓶三轮车和机动车违章行驶。同时，清理各类无证车辆，给机动货车和电动三轮车核发城区通行证，限制货运车辆驶入城区。在机动车道两侧安装护栏，以限制非机动车及行人违章穿越道路。对机动车超速行驶、夜间违章使用灯光、无证驾驶、疲劳驾驶、酒后驾驶、超载、违章超车、违章停车等易发事故的 8 类重点违章进行严查。2003 年，再度整治摩托车闯禁区问题。2004 年，成立城管执法局和杨舍镇城管中队，进一步加强和规范城市管理。2005 年，暨阳路、城北路、东环路等主干道新增和更换塑钢隔离护栏；对部分主要路口的机动车道进行调整，漆刷导向箭头。安装具有群控、选控自动巡测功能的城区饰灯。该集控网络拥有 243 个监控终端，覆盖城区 11 条主干道及 8 个景点、269 家企事业单位。

杨舍镇城管中队设有城管执法队员、协管员、“门前三包”人员和环卫工人 4 支城市管理队伍。城管执法队员主要负责对违反城管规定行为进行查处并督促纠正；协管员具体做好路段管理工作，并在路段实行“定人、定岗、定责”，针对不同道路制定不同的管理标准，严格按标准进行管理，同时对管理效果实行实时督查；“门前三包”人员主要负责管理好道路两旁非机动车停放秩序和保持门店前市容环境全天候整洁；环卫工人则采用机械化作业方式清扫道路，清理垃圾箱和垃圾房内的垃圾。杨舍地区爱卫办、城管中队对城区各单位、各部门的环境卫生工作采取明察暗访相结合的办法，每季度组织明察、暗访各 1 次，对检查中发现的问题当场拍摄录像，及时通报结果，限时整改，跟踪督查。

2006—2009 年，全镇深入推进“平安杨舍”“法治杨舍”建设，普法教育经常化、制度化，健全大排查、大接访、大调解、大技防、大巡防机制，公众安全感和法治满意度保持在 90% 以上，蝉联苏州市社会治安安全镇。

2010 年，杨舍镇积极发扬“张家港精神”，适应新常态、践行新理念，深入推进城市管理执法体制改革，寻找创新点，坚持问题导向，紧盯源头抓管理，攻克城市管理“顽疾”。创新实践“城警联动”“行业联动”的“大联动”工作方法，灵活运用行政、司法和技术手段，集中攻坚难点、热点，实现经济、社会和环境效益的协调统一、相互

数字化城市管理（2014 年）　　许海斌　摄

促进。严抓队伍建设，持续打造城市管理骨干精锐力量，实施“强基础、转作风、树形象”专项行动，教育培训、绩效考核制度化，岗位轮训、技能比武常态化，行政执法、管理服务规范化。是年，人民中路、暨阳东路被评为江苏省级市容管理示范路，城南、城西、城北、机动中队建成苏州市城管行政执法中队规范化建设三星级中队。

2011年起，区镇把建设体量大、群众受益面广的城市管理项目逐年纳入到城建计划和民生实事工程。区镇深化了网格化管理，健全了“镇、街道、社区（村）”三级网络，开展管理服务、行政执法和指导监督等工作，把问题矛盾化解在基层；通过“一周一整治、一日一提升”工作制度，即整即管保长效；通过创新信息技术和志愿服务，升级数字化城管平台，拓展“城市e管家”功能，加快志愿者协会建设布点，组织便民利商志愿活动，构建线上线下协调发展的互动格局；推行精细管理模式，创新“科技化”“全民化”管理手段，强化“即查即改”“常管常治”长效监管保障，攻克城市管理“顽疾”，打造宜居乐居的环境品质。

城市e管家 2014年年初，杨舍镇在全省首创“城市e管家”平台，由市民通过手机免费下载APP软件，直接拍摄、上传城市管理问题，数字化城管进行派遣、办理，并反馈办理结果。“城市e管家”推广后，由原先仅有的几十名数字化城管监督员巡查上报问题扩大到全民参与，人人都是监督员，大大增加了“发现问题的眼睛”。运用信息化手段，引导全民参与城市管理，人人成为城管问题信息采集员和办理情况评判员，实现了政府与市民在城管工作方面的良好互动。

“城市e管家”让城市管理覆盖的范围更广泛，让管理触角延伸到城市每个角落，使城市管理进社区、实行网格化管理，实现了将城市管理重心下移至基层社区，增强了街道、社区在城市管理工作中的基础平台作用。“城市e管家”从2014年1月15日上线运行至2016年，已经注册用户4.5万余人，社会力量已经成为城市管理的重要力量，进一步提高了城市管理工作的群众满意率。

环境保护 20世纪80年代初，乡镇工业发展迅猛，环境污染问题随之而来。1985年，杨舍镇成立环境保护办公室，并建立环境保护网络，开始控制新污染源、治理老污染源、实施环境监测。90年代起，杨舍镇提出“既要金山银山，更要碧水青山”的可持续发展理念，贯彻执行环境保护“一把手”亲自抓负总责、建设项目第一审批权、评先创优一票否决的“三个一”制度，深入开展环保宣传教育，增强群众的环保意识，健全镇、村、企业三级管理网络，完善监督管理制度，加大执法力度。全镇各村厂每年与镇政府签订环境保护目标责任书。凡新建、改建、扩建、迁建和技术改造的建设项目，环保审批率和“三同时”执行率均为100%；严禁擅自建办铝制品、电镀、制革、造纸、制浆、炼油、有色金属冶炼、土磷肥、染料、农药和医药中间体等污染重、难治理的项目。

90年代中期，污水处理厂投入运行，污染企业先后整体搬迁出区镇，区镇河道实施整治。一些污染重的企业得到治理改造，境内的空气、水质明显改善。杨舍镇大气质量达到国家二级标准，城市饮用水水源水质达标率98.8%，区镇河道水质达到国家地面三类水标准。

1996年，杨舍镇开始加强对污染源的深度治理。杨舍镇全面推行环保合格证制度，致力整治烟尘污染源，在水环境综合整治中做到治理、绿化、美化相结合。是年7月，以杨舍镇为主阵地的张家港市建成全国首家环境保护模范城市。

1997年，杨舍镇瞄准环境建设“一年一变样、三年大变样”的目标，整治水污染源，全面达标排放。1999年，提前完成国务院环境保护“一控双达标”（控制污染物排放总量，工业污染源达标排放、城市环境功能区全面达标）任务。1999年年末，围绕创建全国生态市，环保工作重点由“污染防治为主”向“污染防治与生态建设并举”拓展。杨舍镇制订了环境保护和建设规划、生态农业规划、生态旅游规划、循环经济发展规划、水资源综合利用规划等生态建设配套规划，把生态创建分解为实事工程全面推进。2000年，狠抓白色污染防治工作。是年6月1日起，全镇禁止生产、销售和使用一次性发泡塑料餐具及厚度0.025毫米以下的超薄塑料袋；与水利部门一起调研水系，充分发挥水利功能作用，合理调水换水；与城管、卫生部门共同把好三产行业环保监督管理关。

2001年，杨舍镇以环保目标责任制为抓手，采取有效措施，对市民反响强烈的三产行业油烟、噪声污染进行专项治理；对饭店集中的地段实行限期治理；加强对建筑施工噪声的监督管理。城区建成16.88平方千米烟尘控制区、13.2平方千米噪声控制达标区。

2002年，张家港市“城市环境建设与管理”项目获“中国人居环境范例奖”。2003年至2004年，以杨舍镇为主阵地的张家港市先后被命名为全国生态示范区、国家园林城市。2005年，杨舍镇饮用水源水质达标率100%，城区空气质量达到国家二级标准，环境噪声均值为50.7分贝，交通干线噪声均值为64.9分贝，环境质量综合指数达80%以上，顺利通过国家生态市省级考核验收。

2006年，杨舍镇深入开展“推进十大整治、共建美丽港城”大环境专项综合整治活动，全镇自然村庄全部达到省级“康居乡村”星级标准。

2010—2016年，杨舍镇围绕天蓝、地绿、水净的需求，以生态建设为抓手，持续投入巨资，铁腕治污、强势减排。疏通清理整治河道235条，对10条河道进行生态改造，新增绿地3898亩。建成以公园绿地、生态廊道为主体的生态防护体系，以暨阳湖、朝东圩港、一干河为核心的清洁水体，初步形成了以绿地、林地和湿地三体融合的生态空间，城区绿地率达39.6%。

市容市貌 1963年，杨舍环境卫生管理所成立，负责城区卫生管理和街道清洁工作。1978年，成立由杨舍镇，县直各部、委、办、局，主要工业企业等32个单位（企业）分管领导组成的杨舍地区爱国卫生运动委员会，统一负责全镇的爱国卫生工作。城区各单位和部门密切配合，齐抓共管，改变了长期存在的多头领导、各自为政的不协调局面。1979年起，进行大规模市容整顿。填平污水塘，取缔露天粪坑，清除马路积杂物，拆除违章建筑。1985年年末，城区共建有公共厕所162座、地下痰盂126个，设果壳箱129个、垃圾箱350个。同时还设有1支180人的环境卫生专业队伍，配有粪车、垃圾车和洒水车共17辆，每日清扫街道、里弄。临街各单位建立市容卫生包干制，定期进行卫生检查。1986年，杨舍镇获得江苏省首批爱国卫生先进单位称号。

1992年，杨舍镇重点加强对城市垃圾、粪便、公共厕所的卫生管理，“门前五

市容管理联合执法（2016年） 许海斌 摄

包”和城市市容环境卫生管理等项工作。杨舍镇成立市容管理办公室和一支58人组成的市容管理队伍，环境卫生管理所人员扩充至270人。城东、城西街道各有民办保洁员42人。

1991—1992年，杨舍镇投入3000余万元，用于修建道路、排水设施、环卫设施等。新建13条混凝土路面的大小道路，路面总面积21.59万平方米；新铺设地下排水管道3900米；新建改建公共厕所26座、垃圾中转站6座，设置垃圾箱1554个。同时，重点加强城西集贸市场、花园浜菜场、暨阳菜场和园林路小商品市场等处的卫生管理。

1993年，市城市管理委员会及其下设的办公室成立，负责研究制定城市管理规定，检查和协调城市管理工作，组织开展阶段性环境卫生综合整治活动和城区卫生定期大检查。1994年10月25日起，禁止在沙洲中路步行街吸烟。对违反规定者，除罚款外，还要穿上黄背心义务执勤1小时，有效地提升了居民卫生意识。

2000年以后，全镇围绕文明镇村、文明社区、文明家庭创建，开展了环境大整治。各街道居委会组织人员对居民住宅逐幢楼房、逐个楼梯、逐个雨篷进行检查打扫；各村进一步提高卫生标准，深化、细化日常保洁工作。本着“既要金山银山，更要绿水青山”的环保指导思想，对有噪声、油烟等“三废”污染问题的企业取消开办资格。同时，加强对宾馆、饭店、食堂、商场、浴室、理发店等行业和单位的监督管理，并重点加强对中小学校、幼儿园食堂的卫生检查。

2003年，以抗击“非典”为契机，全面彻底整治城区大环境，提升城区卫生水平。2005年，对城区各单位、各部门的环境卫生工作进行明察暗访，对检查中发现的问题当场拍摄录像，及时通报结果，限时整改，跟踪督查。

从2003年5月起，按照“条块结合、以块为主”的管理原则，将城区主要道路和4个街道的27个社区确定为文明道路、文明社区同创共建范围，落实53个牵头单位、275个共建责任单位共同创建，实行分路段、分片划区包干。

2006年，杨舍镇深入开展“天堂杯”市容管理达标创优竞赛活动，组织开展现场办公，重点解决公路沿线废品收购站、排水管道铺设、过渡房围墙刷新等热点和难点问题。加强与相关部门、单位的沟通协调，对空闲地块进行绿化补种，修复道板，对建筑工地设置围栏，洁白墙面、桥栏杆，修复夜间灯光。杨舍城管大队通过现场办公、集中整治等形式，对南门北路、园林路等市容管理难点路段、城市出入口、城郊接合部、城中村等重点部位开展重点整治。组织开展各类市容环境整治，教育“店外店”违规经营行为，清理不规范灯箱广告，拆除违章搭建，配合文化广播、交通、公安、卫生监督、环境保护等部门开展联合整治。大力开展对“不文明行为”的整治行动，全面落实文明城市长效管理机制。抽调城管队员，会同交警部门，对跨越隔离护栏、随地吐痰、吸烟等“十大不文明交通行为”和“十大不文明卫生行为”进行劝导，切实维护城市文明形象。是年，步行街被省建设厅命名为全省首批市容管理示范路，长安路、港城大道等35条道路相继建成苏州市市容管理示范路和达标路。

2008年，杨舍镇配合全国文明城市创建，围绕打造现代宜居城市目标，不断完善城市功能，优化人居环境，提升城市品位。加速推进旧城改造、雨污分流、安置房建设；提升街区景观工程和雕塑小品；街道主体建筑的立面整体改造全部完工；系统推进城市雕塑和夜景灯光亮化工程。杨舍镇成立交警、城管联合执法办公室，建立交警与城管执法队的联动协作机制，提高执法合力，探索城警联动协作的车辆停放管理新模式。交警、城管按照各自辖区、各自职责负责管辖区域内的停车管理工作，实行区域包干，推进网格化执法管理区制度，及时发现违章、纠处违章。

2010—2016年，杨舍镇全面落实江苏省关于城市环境综合整治指示精神，坚持“以城市的标准建农村，以市民的理念育农民”，城乡文明实现有效联动与无缝对接。完善城乡环卫保洁一体化、城乡大环境督察等工作制度，合力推进省“两减六治三提升”专项行动等重点工作，整合资源、加大投入，分批分项消灭“脏、乱、差”卫生死角。全镇4个市容中队合理划分为16个网格，涵盖全部50个社区。2014年，招录84名社区城管专管员，建立社区城管专管员队伍，全面进入各个社区。采取分片包干、定岗值守、联动协作、机动整治相结合的方式，开展全方位、全覆盖的市容维护工作。社区城管主管员主要负责背街小巷、居民社区市容管理及街道社区管理，面向社区市民群众开展城市管理法律法规宣传教育，并利用数字化平台对管辖区域内的各类城市管理问题进行信息采集和上报。通过联合整治和日常管理相结合的方式，对社区油烟扰民、乱搭乱建、乱堆乱放、损坏绿化、流动摊贩、乱停车等问题监管指导，妥善处置一些民生诉求，实现市容秩序平稳可控。全镇基本实现了无乱涂乱贴、无店外经营、无流动摊贩、无明显暴露垃圾的“四无”目标。

2016年，区镇全面实行一体化保洁，实现了“步行街15分钟、城区20分钟、外围30分钟”的保洁服务，生活垃圾清运率和无害化处理率均达100%；城区雨污分流管网覆盖率占建成区面积的98%，生活污水集中处理率达98.5%；城区道路、排水、照明等市政设施实现“规划、改造、纳管、管理”四统一；38条背街小巷先后进行路面黑色化改造；城区防汛指挥和管理实现信息化；公共交通得到优先发展，城区6个公交首末站、391个公交站（亭）运行顺畅，交通标志标识完好整洁，交通秩序文明规范；公共自行车服务实现城区全覆盖，并逐步向区镇延伸；城市路灯实现集控管理，主干道亮灯率达99%。市容市貌品位提升成效显著。

沙洲公园（2015年） 石小蛟 摄

国家级经济技术开发区

1993年11月11日，江苏省人民政府批准张家港经济开发区为省级开发区。2006年，国家发改委和国土资源部联合审核，确定张家港经济开发区面积为11.9平方千米。是年，升格为正处级建制。2008年9月，张家港经济开发区与杨舍镇实行“区镇合一”的管理体制，张家港经济开发区党工委、管委会对区、镇实行统一领导和管理。2011年9月，张家港经济开发区升级为国家级经济技术开发区，并定名为张家港经济技术开发区（以下简称经开区）。

经开区注重做好招商引资、人才服务和产业布局。区内产业结构不断优化，产业层次明显提升，全产业链日臻完善，逐步形成现代产业体系和现代产业格局。2016年年末，区内有上市企业8家，“新三板”挂牌企业15家，销售超亿元工业企业100多家，其中超10亿元企业18家、高新技术企业153家。全年实现地区生产总值778亿元人民币，工业总产值1938亿元人民币，入库税收126亿元人民币，财政收入142亿元人民币，固定资产投资212亿元人民币，进出口总额84亿美元，新兴产业产值占规上工业比重70%。

高新技术产业

经开区以“现代产业集聚区、科技创新示范区、开发开放先导区、幸福宜居新城区”为目标定位，实施创新驱动战略，大力引进各类人才，集聚创新资源要素，加快载体平台建设，全面构建了政府推动、市场驱动、企业主动的创新体制机制；把技术创新作为转型升级的第一推动力，围绕产业特色，持续加大技术创新的投入力度，加速科技与产业融合发展，探索出了一条以创新型开发区建设推动经济社会发展的新路子。

招商引资　经开区注重发展新科技、培育新产业，把握高精尖技术产业的发展方向，重点对接产业发展前沿基地，发现适合经开区产业投资布局的机会，发掘、培育、引进行业中的优质企业和投资项目；不断提升土地利用效率，以土地投入产出水平为着力点，从加强创新发展观念和长远发展的要求引进用地项目，抓大放小。一是注重引进对产业发展具有强力带动性的龙头企业，二是注重引进行业中综合实力排名前几位的知名企业，三是注重引进全球科技领先型企业。积极鼓励区内内资企业对外开展合资合作，实施兼并重组；积极推进区内跨国外资企业增资扩能，进一步提升其在母公司的地位，成为集团的重要生产基地或生产总部。至 2016 年，先后引进德国 ZF 天合、加拿大麦格纳电子、日本那智不二越、韩国韩华机械、韩国康特汽配、中国台湾锐捷等一批世界 500 强企业和世界知名企业，引进华灿光电、协鑫科技、晶台光电等一批国内行业龙头企业。

同时，经开区抓好外资服务业招商，并突出高端服务业招商。一是利用区域优势，根据张家港城市总体发展规划，围绕城市综合体、高端宾馆、现代商贸物流等商业地产类项目，引进一批著名外资项目；二是围绕区内重点著名外企，鼓励和引导增加研发、销售、总部等职能，大力引进外资总部经济项目，如研发中心、营运中心、结算中心、销售中心等机构；三是围绕提升经开区总体功能，大力引进外资金融、融资租赁、教育、医疗等项目。至 2016 年，已引进德国南方毛业投资总部、美国马尼托瓦克研发中心及中国租赁公司等项目。

人才服务　经开区大力贯彻“科技兴区、人才强区”战略，紧扣服务产业经济发展主线，突出人才与产业的匹配度、与地方经济社会发展的衔接性。按照智能制造、绿色能源、半导体重点产业发展方向，制定重点引进产业目录，做到高端引领、重点突出、按需引才，充分激发人才的创造活力，形成人才引领发展、发展集聚人才的良好局面，为全区经济转型升级提供强有力的智力支持和人才保障。

推出多层面的政策扶持体系，大力推行领军型创新创业人才计划、紧缺高层次人才引进计划、港城英才计划等，覆盖不同层次和产业领域的人才政策体系。通过政府政策性保障，吸引海内外带资金、带技术、带项目的人才到经开区创新创业。建立全方位的公共服务体系，搭建“科技文献服务、信息资讯、专业技术服务、中介服务、技术成果转化交易、投融资服务”六大公共服务平台，引导各类科技服务要素向科技创业园集聚。区内先后引进科技评估、科技法律咨询服务、专利申请、科技风险投资等中介机构 30 余家，推进了科技人才工作的规范化和制度化，

为高层次人才提供全方位的服务，通过组织企业管理、知识产权保护、股权融资、市场营销等培训，不断提高人才企业的综合能力。全区累计建成近 50 万平方米的人才公寓、5 万平方米的员工宿舍，采取人才公寓和租房补贴相结合的方法，解决海外人才及员工住宿问题。另外，完善的教育、医疗服务体系，为高层次人才创新创业提供了良好的服务保障。

围绕打造国家级海外高层次人才创新创业基地，建成软件（动漫）产业园、沙洲湖科创园、电子商务产业园等一批创新创业载体。先后与清华大学、哈尔滨工业大学、西北工业大学、南京理工大学等高校建立研究院，与中外 60 多家高校及科研院所建立产学研合作关系。2003 年，澳洋集团引进从澳大利亚深造回国的海归高层次人才团队，创办澳洋顺昌金属材料股份有限公司，并于 2008 年 6 月成功上市；2011 年，经开区自主培育的国家“千人计划”特聘专家、海归博士在区内成功创办苏州迈泰生物技术有限公司和苏州汉酶生物技术有限公司。其中苏州汉酶生物技术有限公司被评为全国“最具成长潜力的留学人员创业企业”。2012 年，骏马集团通过与国家“千人计划”特聘专家为首的海归团队合作，成立苏州同冠微电子有限公司，规划总投资 10 亿元，进军功率半导体产业。

2016年年末，经开区内拥有各级各类专业技术人员12万余名，自主培育国家“千人计划”专家7名，获评科技部“创新人才推进计划”3名，获批省“双创团队”3个、省“双创人才”33名、苏州市“姑苏创新创业领军人才”48名、张家港市领军型创新创业人才（团队）180名（个）。

产业布局 经开区把引进新兴产业、高新技术重大项目作为优化产业结构和实现转型升级的重要抓手，在做优存量的基础上，以新项目、大项目引领产业转型升级，引进旗舰项目，瞄准高端和国际行业龙头，有效提升了产业集聚，增强了竞争优势。

形成国内一流的智能装备（机器人）产业集群，围绕壮大智能装备、成套装备、精密机械和汽车零部件产业发展思路，加快提升国家级智能装备（机器人）产业基地能级。区内集聚天合汽车安全技术（张家港）有限公司、那智不二越（江苏）精密机械有限公司、韩华机械（苏州）有限公司、江苏新美星包装机械股份有限公司等一批行业龙头，实现全市机器人整机生产零突破，五轴数控机床达到全国领先水平。经开区建成为国家新型工业化（智能装备）产业示范基地，张家港机器人产业园被列入工信部重点支持建设园区。

经开区把发展再制造产业列为“十二五”规划的重大战略，瞄准国际产业革命前沿，走低能耗、低污染、集约发展的道路。2014年，张家港再制造产业示范基地在区内建成，拥有以富瑞特装、美国杰莱特等为代表的再制造领域企业25家。再制造基地获批全国首批、华东首家国家再制造产业示范基地和国家循环化改造示范试点园区。

加快构建绿色能源产业生态链群，建成中国可再生能源学会光伏产业示范基地。重点围绕光伏、锂电和氢能三大领域，以完善产业链为核心，实施“补链”“强链”战略。区内引进苏州恒嘉晶体材料有限公司、锐捷光电科技（江苏）有限公司、苏州晶台光电有限公司等一批企业，进一步推动绿色能源产业迈上中高端水平。张家港协鑫集成科技有限公司产能达2.5吉瓦，成为全国最大的太阳能组件工厂；江苏爱康实业集团有限公司初步完成向新能源光伏太阳能电站综合服务商转型。

经开区努力打造成为长三角地区重要的半导体产业基地。区内依托国家级电力电子产业基地，大力培育发展LED产业链和功率半导体产业，并不断发掘和引进半导体新兴产业项目。全区以国家“千人计划”人才与规模企业对接为突破口，主要培育LED产业、功率半导体产业以及氮化镓（GaN）半导体产业。至2016年，区内拥有半导体、芯片重点企业17家。其中，LED（半导体发光二极管）产业的代表——华灿光电（苏州）有限公司注册资金6亿元，拥有MOCVD设备101台及配套芯片生产设备，月产100万片2英寸LED外延片及芯片，是国内LED外延片及芯片制造单体规模最大的生产基地。LED产业集聚华灿光电（苏州）有限公司、苏州恒嘉晶体材料有限公司、锐捷光电科技（江苏）有限公司、苏州晶台光电有限公司等一大批行业龙头企业。功率半导体产业以苏州同冠微电子有限公司为代表，该公司注册资金2.5亿元，拥有一条国外进口6英寸生产线，具有0.5um线宽工艺，主要产品有IGBT、FRD、CMOS等，月产能3万片。氮化镓（GaN）半导体产业以江苏能华微电子科技发展有限公司为代表，该公司获得国家发改委“国家电子信息产业振兴和技术改造专项”支持。

基地园区建设

经开区始终坚持以科技创新能力的持续提升全面激发经济社会活力，高标准推进基地园区建设，再制造基地、软件（动漫）产业园、沙洲湖科创园、张家港创业工业园等一批创新创业载体相继建成，创新创业载体面积达92万平方米。

张家港国家再制造产业示范基地 2011年6月，国家发改委同意张家港市开展再制造前期工作，立足区域产业优势，探索先进制造业与再制造产业融合发展的先进模式，形成可复制的典型经验，打造中国制造业升级版创新发展路径。

2013年10月，国家发改委批复《张家港国家再制造产业示范基地实施方案》。该示范基地位于杨舍镇境内，规划面积4.3平方千米，其中启动区1.1平方千米，属全国首批国家再制造产业示范基地。

2014年，再制造产业示范基地建成标准型机械和电子再制造厂房6幢，总建筑面积9.4万平方米。至2016年年末，基地基础设施建设累计投入10多亿元，主要用于民宅和非再制造企业的搬迁，建成福新路、金沙路等区内主干道以及绿化、污水、雨水管网、电力等配套设施建设，建成 17 万平方米汽车零部件、电子设备、机械再制造厂房和检测中心用房。再制造产业示范基地重点发展逆向物流和旧件回收、拆解加工再制造、公共服务保障等三大再制造示范体系。主要产品有汽车零部件，冶金设备，电子办公设备，再制造设备以及机床、模具、切削工具再制造等五大主导再制造产品门类。

2014 年 5 月，杨舍镇建成国内首家再制造产业展示中心，被国家发改委、财政部批准为园区循环化改造示范试点园区。2015 年 3 月，建成国内首家专业再制造产品电子商务平台“路迈网”并上线运营。11 月，获批国内首家国家再制造汽车零部件产品质量监督检验中心。

2016 年年末，园区拥有富瑞特装、日本那智不二越、美国杰莱特、路沃特、优佩易动力、精诺电气、瑞莱克斯、晋宇达、赛森光电等 20 余家再制造企业。中国最先进、最成熟的 3D 增材再制造技术也进驻再制造产业示范基地。累计签约引进汽车零部件、半导体设备、数控机床、光电设备及数控装备领域的再制造项目 15 个，总投资超过 25 亿元，其中，13 个项目正式入驻，8 个项目投产，在建项目 5 个。

在有“中国再制造之父”之称的院士徐滨的支持和推动下，张家港再制造产业技术研究院、再制造“千人计划”专家工作站以及清华大学、哈尔滨工业大学、西北工业大学等一批中国顶尖高校的工程技术研究院先后落户杨舍镇。至 2016 年，张家港国家再制造产业示范基地汇聚再制造、机械装备领域的国内外院士 12 名、国家“千人计划”人才 10 名、教授 152 名、硕士以上研究生 2600 多名。

张家港软件（动漫）产业园 2010 年 8 月，江苏省发改委批准张家港软件（动漫）产业园发展规划。该产业园位于杨舍镇南二环路南侧、港城大道西侧，紧邻暨阳湖和沿江高速公路出口处。规划面积 9.7 公顷，建筑面积 43 万平方米，总投资 50 亿元。主要包括国泰金融广场、爱康大厦、如意通大厦、华东国际大厦、未来比茨科创大厦、银河龙芯科技大厦、商务中心、人才公寓八大主体项目。重点发展战略性新兴产业、现代服务业和总部经济，具体有文化产业、服务外包、智慧能源、移动互联四大新兴产业。2008 年 1 月，被江苏省对外贸易经济合作厅认定为江苏省国际服务外包示范区；2010 年 8 月，被苏州市人民政府认定为苏州市服务业发展重点集聚区；2011 年 8 月，被苏州市人民政府认定为苏州市文化产业示范基地；2012 年 6 月，被国家广播电影电视总局认定成为国家影视网络动漫实验园；2014 年 2 月，被江苏省文化改革发展领导小组认定为江苏省重点文化产业园区。 2016 年年末，全国首家 LNG/ 再制造产业物联网创新中心——云顶科技（江苏）有限公司、全国首家国家安全培训云平台——江苏安培网科技发展有限公司、互联网远程运行管理平台——江苏绿动新能源有限公司、创新与创业平台——“今园1号”创客空间、如意通动漫、舞之数码、磐石卡通动、江苏趣读文化、联合优品等70多家企业入驻园区。

2016年年末，园区八大主体项目中，已建成国泰金融广场、爱康大厦和如意通大厦三个项目。

国泰金融广场于2012年5月31日奠基，翌年12月10日封顶。该广场由江苏国泰国际集团有限公司和其下属子公司汉帛进出口有限公司、国华实业有限公司合资建设。占地面积2.5公顷，总建筑面积15.5万平方米，总投资8亿元。重点引进对外进出口贸易及软件开发、环保、新能源、金融、电子商务等行业的企业入驻，从业人员2000人。

2012年，江苏爱康实业集团有限公司投资建设爱康大厦。大厦占地面积1.27公顷，建筑面积7.67万平方米，总投资3.8亿元。大厦以爱康实业总部及研发中心办公为主，同时引进新能源、新材料研发企业、总部经济入驻，已成为集国际技术转移、高新成熟项目引进、技术咨询、研发创新、产业化成果转化、服务外包、国际交流与合作、投融资服务等为一体的重要载体。

2014年10月，江苏如意通动漫产业有限公司投资建设如意通大厦。大厦占地面积0.48公顷，建筑面积3.4万平方米，总投资1.5亿元。大厦以公司办公为主，同时引进

张家港软件（动漫）产业园（2016年）　　庞瑞和　摄

动漫、游戏、工业设计等一批文化创意企业入驻，已成为经开区文化创意（动漫）产业发展的重要载体。

沙洲湖科创园 2012年8月，经张家港市政府批准，沙洲湖科创园成立。该园位于杨舍城北科教新城，占地面积12公顷，建筑面积32万平方米，总投资25亿元。该园于2012年11月开工建设，2014年完成基建，2015年完成配套工程。是集孵化培育、技术研发、成果转化为一体的综合性科技创新创业园区。

2013年，沙洲湖科创园被列入“中国技术创业协会留学人员创业园联盟成员单位”。2014年获评“江苏省重点培育小企业创业基地”。2016年，获评国家级、省级各类科技项目（荣誉）9项，其中国家级项目1项、省级项目及荣誉8项。全社会研发投入占GDP比重提高3%。围绕打造国家级海外高层次人才创新创业基地，建成一批创新创业载体。先后与清华大学、哈尔滨工业大学、西北工业大学、南京理工大学等高校建立研究院，与中外60多家高校及科研院所建立产学研合作关系。

2016年，沙洲湖科创园拥有张家港智能电力研究院、苏州大学张家港工业技术研究院、南京理工大学张家港工程技术研究院、江苏华东锂电技术研究院、哈尔滨工业大学（张家港）智能装备及新材料技术产业化研究院5家研发机构，80家产业化公司。

2010年5月，杨舍镇和清华大学院士韩英铎团队联合成立张家港智能电力研究院。该研究院是集智能电网研发、科技成果转化、专业人才培训、招才引智于一体的高新

沙洲湖科创园全景（2016年） 庞瑞和 摄

技术研发机构。以创新（突破智能电网关键技术研发，申请相关专利、承担项目）、创业（技术入股、与相关企业合作投资建立产业化公司）、服务（孵化、培育、合作相关企业）作为三大业务范围，主要进行输配电系统、可再生能源与储能、物联网与智能监控技术的研发及相关技术服务。研究院下设 8 个研究所和 1 个事业部：柔性输配电技术研究所、可再生能源与储能技术研究所、物联网与智能监控技术研究所、智能电网芯片技术研究所、电工高技术研究所、电力电子技术研究所、蓄电研究所、轻型直流输电技术研究所和绿色照明事业部。2011 年，被江苏省科技厅批准成为“江苏省产业技术研究院”。2012 年，江苏省发改委批复建设“江苏省智能输配电系统工程中心”。同时，与清华大学联合成立“智能输配电技术联合研究所”。2014 年，研究院与中国电力企业联合会工业领域电力需求侧管理促进中心、清华大学共同建立“工业领域电力需求侧管理促进中心华东中心”和“培训基地”。2015 年，研究院与波兰国家商会联合成立“波兰—中国新能源技术研究院江苏研究中心”。研究院同时与江苏科技大学合作建立大学生就业实训基地。基本形成了以院士韩英铎领衔的高压大容量电力电子、以院士杨裕生领衔的规模化电池储能系统和以院士刘炯朗领衔的物联网与智能电工“三大技术团队”。配套建有高压大容量电力电子实验平台、电能质量治理试验平台、大规模储能系统试验平台、先进电池储能材料与装备研发平台、云计算软硬件集成平台、智能电工高新技术研发平台等，推动智能电网先进科技成果实现产业化。

2011 年 8 月，张家港市人民政府与苏州大学共建苏州大学张家港工业技术研究院，经开区负责管理。面向张家港市新能源、新材料、生物医药、机电一体化（机器人）、纺织和现代服务经济等六大产业，建设公共技术服务、科技成果转移、科技信息服务和创新研发等四大平台。成立国家“千人计划”创新中心，引入 3 名国家“千人计划”人才。获批 3 个张家港市领军型创新创业人才项目，2012 年成功申报江苏省科技厅“江苏省产学研联合重大创新载体”项目，2013 年 4 月申报的“苏州市重金属污染治理重点实验室”项目立项，2014 年成功申报“江苏省高效树脂型吸附材料治理环境及资源技术创新服务平台”项目，获批经费 500 万元。至 2016 年，研院已申报专利 327 项，其中发明专利 188 项、授权专利 67 项、授权发明专利 33 项。

2012 年 11 月，南京理工大学张家港工程技术研究院建成。重点研发现代装备制造、工业机器人和新材料应用等。以南京理工大学为依托，积极引导科技、人才等创新要素向经开区积聚，开展创新平台建设、科技成果转化、产品工程化与产业化工作。研究院建有科研、办公和生产场所约2万平方米，拥有生产、实验设备投入近5000万元。拥有90余人的人才团队，教授25人，硕士、博士研究生近40人，包括5名正高级职称专家。累计培育国家“千人计划”教授2名，苏州市“姑苏创新创业领军人才”2名，张家港市领军型创新创业人才3名；累计申请29项专利，其中发明专利15项、实用专利14项，授权发明专利6项，授权实用专利10项。建成数控机床研发测试与应用中心（其中机床滚动部件研发检测中心获批机械联合会重点实验室建设）、工业机器人研发测试与应用中心和新材料工程应用研究中心3个专业技术平台以及知识产权中心、科技创新中心和技术转移中心3个科技服务平台。研究院成功孵化江苏和腾热工装备科技有限公司、江苏瑞莱克斯自动化科技有限公司、张家港斯克斯精密机械有限公司、苏州特聚新材料科技有限公司、苏州志鼎机器人科技有限公司等6家科技型企业。

2013年1月，清华大学核能与新能源技术研究院和张家港市人民政府联合共建江苏华东锂电技术研究院。主要职能是依托清华大学锂离子电池材料、先进制造工艺以及高安全性动力电池等方面研究成果，建设国内一流的锂电特色产业创新基地和高新技术成果孵化平台。该研究院自成立至2016年，先后获批“张家港经济技术开发区博士后创新实践基地分站”“江苏省先进锂电材料产业技术创新战略联盟”等，同时被苏州市科技局评为“苏州市产学研优秀创新载体”。

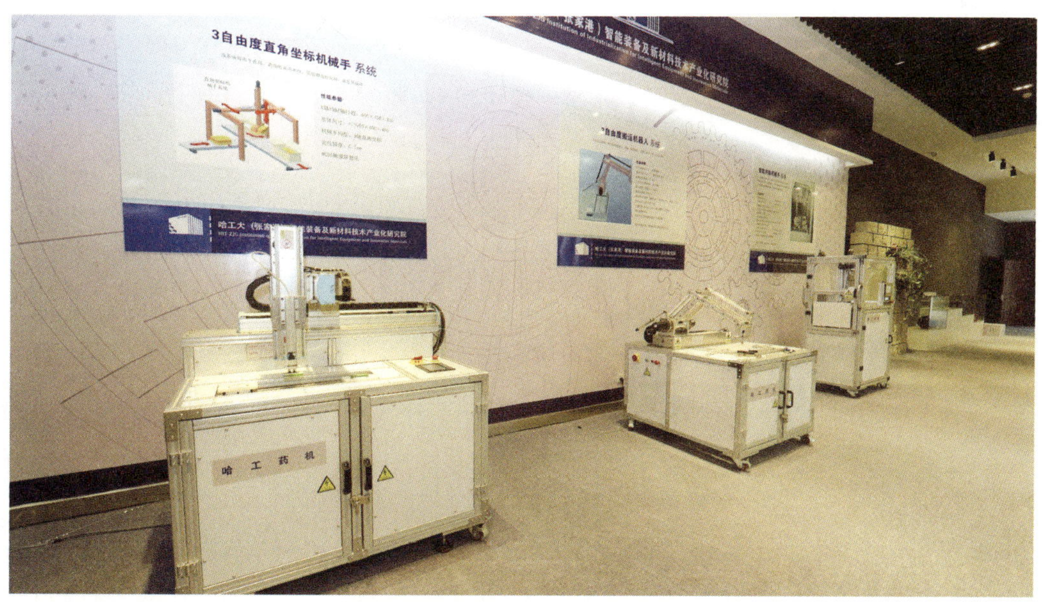

哈尔滨工业大学（张家港）智能装备及新材料技术产业化研究院项目展示　　肖湘　摄

2013 年 9 月，哈尔滨工业大学（张家港）智能装备及新材料技术产业化研究院成立。该研究院由哈尔滨工业大学和经开区联合共建。该院是工信部在张家港设立的国家新型工业化产业示范基地的重要智力和技术支撑平台。研究院依托哈尔滨工业大学在航天、智能制造装备、工业自动化、工业机器人、先进制造、新材料等领域的优势学和科研资源，建立长期稳定的科技项目合作机制，引进高新技术成果，搭建科研和中试平台，孵化相关技术与企业，加快高新技术成果本土产业化。

张家港科技创业园 2001 年 5 月经张家港市人民政府批准成立，翌年 5 月投入运营，由张家港市高新技术创业服务中心管理。主要职责是推进科技成果转化、孵化高科技企业城北科教新城、培育科技型企业家。张家港科技创业园占地面积约 6 公顷，由张家港高新技术创业服务中心、张家港留学人员创业园、张家港科技创业园三部分组成，实行“三块牌子、一套班子”的运作模式。

2003 年 6 月，张家港科技创业园被江苏省科技厅批准为省级高新技术创业服务中心，被苏州市委、市政府评为“苏州市留学人员工作先进单位”。是年 11 月，被江苏省人事厅批准为省级留学生创业园。2011 年 12 月，被苏州市知识产权局批准为“苏州市知识产权工作示范园区”。2012 年 10 月，其中的生物医药公共技术服务平台获评苏州市工程技术中心、江苏省新型工业化示范基地公共服务平台。12 月，张家港高新技术创业

张家港科技创业园外景（2016 年） 张龙法 摄

服务中心被江苏省经济和信息化委员会认定为江苏省中小企业星级（四星级）公共服务平台。2013 年 12 月，被江苏省经济和信息化委员会认定为江苏省重点培育小企业创业基地。2014 年 12 月，被江苏省经济和信息化委员会批准为江苏省五星级中小企业公共服务平台、江苏省小企业创业示范基地以及苏州市创业孵化示范基地。2015 年，被江苏省经济和信息化委员会批准为江苏省创业示范基地。2016 年 11 月，被江苏省人民政府侨务办公室认定为“华侨华人创新创业服务单位”。园区于 2013 年配套建设 3.4 万平方米的人才公寓，2014 年配套建设 2.6 万平方米的综合服务大楼。

张家港留学人员创业园占地总面积 8.67 公顷，建筑总面积 12 万平方米。产业涵盖新能源、新材料、智能装备、生物医药、节能环保、电子信息等，企业从入驻、孵化到毕业形成良性循环。先后成功培育高新技术企业 27 家，其中 3 家企业成功上市；获批省级以上高新技术产品 87 种；累计承担国家科技型中小企业技术创新基金项目 15 项、江苏省科技型企业技术创新资金项目 28 项、张家港市科技孵化项目资助计划 62 项。

至 2016 年年末，科技创业园累计孵化企业 218 家，其中在孵企业 103 家（含留学生企业 58 家）。在孵企业当年实现技工贸收入 4.5 亿元，纳税 3200 万元；创造工作岗位 1700 个，吸纳本科以上科技人员 1000 多人，其中研究生以上学历 200 多人。在 218 家孵化企业中，江苏能华微电子科技发展有限公司、苏州华博电子科技有限公司、江苏耐维思通科技股份有限公司、杰华特微电子（张家港）有限公司、苏州锴威特半导体有限公司、苏州良辰生物医药科技有限公司、江苏扬新生物医药有限公司、苏州凯祥生物科技有限公司等 8 家属骨干企业。

2010 年 10 月，海外归国人才创办江苏能华微电子科技发展有限公司。该公司主要从事氮化镓功率器件和模块开发应用，2013 年建成氮化镓功率器件生产线。公司入驻孵化后，建立了完整的氮化镓功率器件的生产线并获得 3000 万元的风险投资。通过产学研对接服务，同南京大学在氮化镓大尺寸外延片研发与规模化生产领域开展合作。2015 年 4 月，公司申报国家发改委电力电子改造专项“大功率 GaN 功率电子器件及其材料的产业化项目”，获得国家发改委 3000 万元项目资金无偿资助。

苏州华博电子科技有限公司创办于 2011 年 12 月 31 日。2012 年通过 ISO 9001: 2008 质量体系认证，2016 年 4 月通过 GJB 9001B–2009 质量管理体系认证。公司主要从事氧化铝、氮化铝、氧化铍、铁氧体、玻璃、钛酸盐等陶瓷基片上精密集成薄膜电路封装基板的研发和生产，陶瓷基薄膜电路基板及微波、毫米波无源电子元器件的研发和生产。

建立了完整的薄膜电路生产线，拥有薄膜电路研发和生产能力。至2016年，已为市场提供数十万件薄膜电路基片，并为以中电集团、中航集团为主的客户提供优质快速的产品和服务。公司先后获得江苏省高新技术企业、科技型中小企业和民营科技企业等荣誉称号。公司研发团队实力雄厚，具有专兼职博士4人、硕士2人。公司创始人先后被评为张家港市领军型创新创业人才、苏州市“姑苏创新创业领军人才”、省“双创人才”和科技部创新创业人才。公司申请6项核心技术发明专利、4项实用新型专利，其中3项发明专利、2项实用新型专利获授权。

江苏耐维思通科技股份有限公司创办于2012年3月。2013年，公司创始人被评为江苏省“双创人才”、苏州国际精英创业周张家港落户项目优秀人才；2014年被评为苏州市“姑苏创新创业领军人才”；2015年被评为苏州市三八红旗手。公司入驻孵化中心后，获得政府支持和风投资金近2000万元。先后承担多项国家科技项目和江苏省创新项目，获得“江苏省民营科技企业”“江苏省科技型中小企业”“首届张家港市十大最具发展潜力领军人才企业”等荣誉。公司先后通过“高新技术企业”认证、“软件企业”认证、“船级社CCS”认证。至2016年年末，拥有70多项专利和10多项软件著作权。

杰华特微电子（张家港）有限公司由海外留学归国人才创办于2013年5月。该公司是在2010年7月成立的智电智能芯片技术有限公司取得研发成果的基础上成立的产业化公司。公司创始人先后获评江苏省“双创人才”、苏州市“姑苏创新创业领军人才”、张家港市领军型创新创业人才，2016年1月获国家“千人计划”特聘证书。公司主要从事智能芯片的研发设计、代工生产、市场销售，为电力、通信、照明、电动汽车等行业用户提供配套的智能芯片元器件与产品售后服务。公司团队中拥有专兼职博士4人、硕士6人，并有多名海归博士、硕士。公司主要负责人均在国内外集成电路设计经营行业拥有十多年工作经验，具有集成电路设计、系统集成、跨行业协作及企业管理的丰富经验。公司拥有国内领先的电池管理、LED照明驱动、DC/DC转换器、电视机顶盒管理芯片等系列产品。公司除原有在美国申请的6项专利外，2015年又获得国内6项技术创新登记证书、2项软件著作权登记证书，且在10月被认定为江苏省高新技术企业。2016年，公司已通过ISO 9001全面质量管理认证，并获得6项技术创新登记证书。

2015年1月，张家港市领军型创新创业人才罗寅创办苏州锴威特半导体有限公司。该公司主要从事功率器件与智能功率集成芯片的研发。至2016年，累计申请专利14件，其中 7 件发明专利已获授权 3 件；申请的 5 件布图保护全部获授权。在生产代工方面，与台湾汉磊科技股份有限公司独家签订“功率器件相关技术专有协议”，得到无锡华润上华半导体有限公司限制开放工艺的使用许可。此外，与深圳深谷微电子科技有限公司签订产品销售合作协议，与无锡锐祺物联网技术有限公司签订智能功率驱动系列芯片车联网应用合作协议，与无锡同方微电子科技有限公司签订智能功率集成芯片开发的合作协议，与苏州东微半导体有限公司达成战略合作协议。2016 年，公司开发的 4 个系列 20 多种产品，进入客户认证和小批试样阶段。

苏州良辰生物医药科技有限公司由从海外归国创业人才创办于 2010 年 8 月，并于是年进入孵化中心。2012 年配备细胞培养、蛋白质分离纯化、和冻干等研发生产设备，具有完备的蛋白质分析和微生物检测能力，并取得江苏省食品药品监督管理局颁发的医疗器械生产企业许可证。在临床诊断试剂方面，初步形成以血凝产品为主的包括血凝、生化、血球的系列产品，其中血凝产品包括 7 个注册文号、3 个生化试剂的注册文号。此外，公司拥有血球仪 I 类产品 20 多种。2015 年，公司获批国家高新技术企业，并已授权发明专利 1 项，获高新技术产品 2 种。获得 2012 年度国家级科技型中小企业技术创新基金 1 项，2015 年 3 月通过国家验收，获得“天使基金投资”150 万元。公司创始人先后获评江苏省“双创人才”、苏州市“姑苏创新创业领军人才”、张家港市领军型创新创业人才、科技部“2015 年度中国创业导师”。

苏州凯祥生物科技有限公司于 2010 年 12 月注册成立。创始人、博士温尧林毕业于日本北海道大学应用生命科学系。公司拥有高素质研发团队，拥有硕士、博士 28 名，硕士、博士人数占研发团队总人数的 96%。公司主要从事天然植物活性成分开发、高端医药中间体制备及研发技术服务，并应用于药品、保健品、食品、化妆品等领域。公司拥有有效发明专利申请 37 件，其中 7 件已获授权，PCT 专利已进入实审阶段。公司先后获评“江苏省民营科技企业”“江苏省科技型中小企业”“江苏省高新技术（后备）企业”“张家港市经开区明星企业”等称号。温尧林先后获评“张家港市领军型创新创业人才”、“江苏省高层次创新创业人才”、“张家港市学术技术带头人”、“江苏省六大人才高峰”高层次人才、“张家港市十大杰出青年”。至 2016 年年末，公司累计投入 6000 多万元用于设备采购与项目开发，引进瑞士 BUCHI 和美国 Agilent、Waters、Beckman 等全球顶类仪器设备。

2013 年 5 月，留学海外科学家与杨舍当地企业家共同创办江苏扬新生物医药有限公司。公司从事肿瘤、心血管疾病国际最新生物诊断试剂技术的开发和产业化，属高科技、创新型生物标志物诊断试剂公司。公司建立免疫层析快速诊断技术平台、时间分辨免疫荧光技术平台和酶联免疫标记技术平台。在肿瘤和心血管领域研发 22 种新品种，完成 18 种新品种的中试。申请发明专利 4 项、实用新型专利 10 项、PCT 专利 1 项。具有年均研发 5 种新品种的能力。至 2016 年，已有 6 种品种获得专利授权公司授权。公司建成体外诊断试剂免疫分析技术研发中心及中试平台，配备分子生物、生物分析、抗体筛选、免疫分析等专业研发设备。先后建立抗体原料库、抗体配对筛选平台、快速诊断技术等研发平台。同时，建立并完善符合国家药监局 GMP 要求的 1000 平方米十万级净化生产车间和万级无菌检验室。公司有 9 种产品已完成注册型式检验，并在省内 2 家具备临床资质的三级甲等医院国家药物临床试验机构完成产品的临床试验，进入注册申报阶段。

特色农业

2000 年起，杨舍镇大力深化农村“三大合作”改革，农业基础设施水平不断巩固和提高，产业化水平逐年显著提升，高效园艺产业、精品果品业得到快速发展。2016 年，杨舍镇有耕地面积 52740 亩，其中高标准农田面积 33540 亩。有国家级农业龙头企业 1 家、省级农业龙头企业 2 家。城郊五个片区建成农产品质量可追溯管理体系，全镇所有农业龙头企业均按规范化建设组织生产。

截至 2016 年，全镇共有社区股份合作社 42 个，各类专业大户 185 户，办理工商注册登记、取得法人资格的家庭农场 9 家。重点培育稻麦、蔬菜、果品、花卉、农产品加工与物流、观光旅游六大产业，初步形成优质粮食产业带、绿色果蔬产业带、中高档盆花卉产业带等复合型现代特色农业的新格局。

特色种植

随着城乡一体化建设步伐的加快，杨舍镇狠抓农业产业结构调整，致力提高农业基础设施水平，提升农业产业化水平，发展特色种植。至 2016 年，杨舍镇的特色种植主要包括稻麦种植、果蔬种植和花卉种植三大类。

稻麦种植 杨舍镇重点培育南新镇级稻麦示范方和 6 个村级稻麦示范方，涉及 3 个行政村，种植总面积 19500 亩。其中核心示范方为位于杨舍镇南新村的南新稻麦示范方，面积 1060 亩。该示范方从 2012 年 8 月开始规划，翌年 5 月建成，总投入 1475.38 万元。其中，建设农田水利基础设施投入 430 万元，配套建设 1 个 2560 平方米的育秧中心（连栋棚）投入 153 万元，建设农机场库投入 607 万元，新增配套农机具投入 285.38 万元。为进一步提高统一育供秧的服务能力，2016 年 5 月再投入 6 万元扩建育秧中心操作间。

2016 年，南新稻麦示范方小麦推广种植扬麦 16、宁麦 21、镇麦 10；水稻承接苏州市水稻品比试验项目，试验种植常农粳 8 号、常优粳 6 号、武运粳 30。同时，与南京农

著名水稻专家专家凌启鸿（居中者）考察南新水稻丰产方（2015 年） 严丽华 摄

业大学合作落实水稻甬优 1540、甬优 1140 品种高产攻关示范项目；率先推广水稻钵苗移栽技术、水稻“零天施药”（插秧除草一体）技术等新农艺。基地采取分户经营，统一管理模式。推广机插秧和因种栽培技术，做到统一集中育供秧、统一耕作质量、统一栽插质量、统一肥料运筹、统一水浆管理、统一病虫草害防治，依靠专业化服务组织实行全程统防统治。

2013—2015 年，南新稻麦示范方连续三年进入省 A 级方的行列。2016 年，南新示范方在省粮食绿色高产高效创建工作中再创佳绩，平均亩产达 720.14 千克；南京农业大学主持的国家粮食丰产科技工程高产攻关项目在南新方上种植的甬优 1540 继续获得丰收，平均亩产 903 千克，最高亩产 923 千克，成为杨舍镇农业发展新的里程碑。

蔬果花卉种植

2000 年以后，杨舍镇重视农业产业结构调整，不断巩固和提高农业基础设施水平，提升农业产业化水平，高效蔬果业得到快速发展。粮食作物种植大面积减少，经济作物种植面积大幅增多。同时，致力建设经济作物高产试验示范方和农业科技试验示范方，优化结构，提高产量。全镇培育了一批蔬果、苗木花卉示范基地。其中，善港生态农业科技有限公司、神园葡萄科技有限公司、樱尚农业发展有限公司、万家乐农林科技有限公司、绿怡园艺有限公司 5 家为龙头企业。

善港生态农业科技有限公司 由善港村创办于 2012 年 5 月，专业从事农业技术开发，粮食作物、蔬菜、水果、苗木种植和销售，以及农产品加工、包装、储藏、配送等产业化经营活动。2016 年，全村 100% 的土地实行股权股化，耕地规模经营面积 2000 多亩，占全村耕地总面积的 90%。通过合作经营、引进能人和项目，增加了村级经济效益，强化了农村经济服务能力。公司注重多元化发展。2014—2016 年，在基地大棚种植秋葵、早熟蚕豆、茄子、青菜、西葫芦等几十个蔬菜品种；引进美国黑番茄、金瓜、无花果，台湾高山草莓、“8424”“特小凤”西瓜等水果品种；大力培育优质稻米、小麦，养殖生态畜禽。同时，在陕西安塞创建 500 亩有机苹果种植基地。

善港生态农业科技有限公司分别与省农业科学院、南京农业大学、扬州大学、江南大学等单位合作，引进无花果、草莓、美国金瓜等栽培和深加工技术。聘请享受国务院特殊津贴、2007 年度全国十大“三农”人物、江苏省劳动模范、全国优秀科技特派员、全国农村科普工作先进工作者赵亚夫进行业务技术指导。2014 年，新建 150 个冬暖式大棚。2015 年，投资 260 余万元建设能农业物联网应用系统，可实时远程获取温室大棚内部的空气温湿度、土壤水分温度、二氧化碳浓度、光照强度及视频图像等，通过模型分析，远程或自动控制湿帘风机、喷淋滴灌、内外遮阳、加温补光等设备，保证温室大棚内环境适宜作物生长，为作物高产、优质、高效、生态、安全创造条件。同时，该系统还可以通过手机、PDA（个人数码设备）、计算机等信息终端向管理人员发送实时监测信息、预警信息、农技知识等，实现温室大棚集约化、网络化远程管理，充分发挥互联网技术在农业设施生产中的作用。2016 年，该公司拥有无花果种植示范基地 230 亩、美国金瓜种植示范基地 150 亩、优质稻麦种植示范基地 1100 余亩、蔬菜种植示范基地 300 余亩，有新、优蔬果品种 40 多个。产品除满足上百家企事业单位餐饮需要、供游人采摘外，还与市区多家超市、农贸市场建立产销关系。

善港生态农业科技有限公司先后荣获杨舍镇“现代农业先进单位”和“苏州市农产品质量安全追溯管理示范单位”“苏州市农业龙头企业”等称号。2014 年 2 月 25 日，善港牌金瓜被中国绿色食品认证中心认定为绿色食品，许可使用绿色食品标志；2015 年 12 月 14 日，善港牌无花果和善港牌大米被中国绿色食品认证中心认定为绿色食品 A 级产品，许可使用绿色食品标志。

神园葡萄科技有限公司　成立于 1998 年，拥有江苏省最大的优质葡萄品种示范及育苗基地，被省农林厅确认为“江苏省葡萄育种中心”。1999 年 4 月，正式注册“神园”商标。公司成立以来，专注于葡萄的科研、生产、营销、服务，开发经营占地 800 亩的“神园葡萄大世界”生态农业示范园。该示范园位于杨舍镇福前村。这里土壤钙质丰富，通透含沙；水源来自于张家港饮用水保护区，周围 5 千米内无任何污染企业。“神园葡萄大世界”是一个拥有 1200 多个品种资源圃、主栽 30 多个优质品种的绿色标准化葡萄生产园，也是一个栽有桃、李、杏、梨、樱桃、薄皮核桃、苹果、石榴、枣、枇杷、蜜

善港生态农业基地（2015 年）　严子洋　摄

橘等 100 个新品种的水果园，另栽有草莓，台湾樱桃、番茄、水果、黄瓜，日本南瓜及各种时令蔬菜等。每年 6 月上旬至 12 月上旬，有 100 多种风味各异的葡萄鲜果可供游客从树上直摘品尝。

公司建有良种采穗圃 50 亩，脱毒专用砧木圃 30 亩，育苗圃 160 亩，果品生产圃 650 亩。其中钢架大棚设施栽培面积 8 万平方米，脱毒苗母本种质资源隔离网室 2000 平方米。每年繁育优良品种一级苗木 80 万株，年生产无公害优质葡萄 800 吨。建有容量 100 吨的葡萄保鲜库，葡萄果品供应期可延长到次年 5 月。公司与中国农科院、江苏省农科院、南京农业大学及日本、以色列、法国等国际行业权威机构有长期稳定的合作关系，拥有一支由行业知名专家、资深育种专家、专业技术人员组成的精英团队，50% 的成员具有 15 年以上育种及栽培技术开发经验。至 2016 年，公司承担和完成 3 项国家级星火计划项目及 5 项省级科技计划项目。神园葡萄曾多次荣获江苏省优质水果评比金奖及“江苏省优质水果”“江苏省名优水果”“江苏水果十大品牌”称号，获第三届江苏省园艺博览会二等奖等荣誉，并代表江苏省参加 1999 年昆明世博会和国庆 50 周年成果展。公司选育的“小辣椒”等 7 个新品种通过江苏省农作物鉴定委员会的鉴定。

神园葡萄果品基地分别通过江苏省无公害葡萄生产基地、无公害产地和农业部的无公害认证。是江苏省第一批获得绿色食品认证、GAP 认证的葡萄生产企业。“神园”商标多次被评为苏州市知名商标、江苏省著名商标。公司为江苏省葡萄协会会长单位，中国农学会葡萄分会常务理事单位，苏州市休闲观光农业协会会长单位，苏州市果品协会会长单位，苏州市农业龙头企业。2016 年，神园葡萄果品基地的“阳光玫瑰”和“超级女皇”两个优质新品种，获得全国首届优质冬葡萄评比金奖。这也是苏州地产葡萄首次获此殊荣。

神园葡萄（2015 年）　　庞瑞和　摄

樱尚农业发展有限公司　成立于2013年4月，是专业从事茄果类蔬菜生态种植、采摘、加工、包装、配送及销售的农业龙头企业。该公司注重多元化发展、优质化培育、产业化经营，逐步形成了规模经营优势。拥有优质蔬菜种植示范基地500亩，建有300多栋复式日光温室大棚。有新、特、优蔬菜品种20多种。产品除通过配送中心配送至订购单位外，还充分利用微信等电子平台进行销售。公司注重科技投入、品牌化运作，分别与南京农业大学、江苏省农科院园艺所等高校合作，并从中国蔬菜强县安徽和县聘请有机蔬菜专家，对整个生产过程进行技术指导。该公司有着严格的管理制度和良好的运行机制，建立了农产品追溯系统，始终坚持实施“企业＋合作社＋基地＋农户”的产业化经营模式，致力发展本土优质农产品的种植和销售。2014年9月10日，公司生产的樱尚牌甜椒、樱尚牌樱桃番茄、樱尚牌茄子和樱尚牌葫芦4种产品被中国绿色食品认证中心认定为绿色食品A级产品，许可使用绿色食品标志。2016年，公司资产总额1040万元、固定资产851万元，实现销售收入1500余万元。公司先后获得“江苏省农业科技成果转化基地”“张家港市优质蔬菜高效示范基地”等荣誉称号。

万家乐农林科技有限公司　成立于2010年1月，是从事名优果品生产、销售的农业龙头企业。万家乐果品基地拥有果品栽培园260亩，其中，翠冠梨栽培园120亩，樱桃、黄桃、日本甜柿等其他优质时令果品栽培园140亩；拥有连栋大棚3万平方米，用于翠冠梨的设施生产。基地翠冠梨栽培园是目前江苏省最大的翠冠梨设施栽培生产研发基地。基地还建有180立方米容积的冷库，用以储藏果品。2011年5月29日，翠冠梨栽培园被定为国家梨产业技术体系早熟梨设施栽培示范基地和江苏省农业科学院优质砂梨试验示范基地。

2012年，万家乐果品基地申报苏州市现代农业以奖代补项目——翠冠梨连栋大棚高效栽培技术研究与示范推广项目，总投资206万元，市财政补助50万元；申报苏州市科技计划项目——翠冠梨优质安全高效设施栽培技术研究项目，获得项目经费22.5万元。2012年、2014年，公司先后申报的江苏省农业自主创新项目分别立项，共获得项目经费100万元。

翠冠梨栽培园（2016年）　肖湘　摄

万家乐果品基地依托南京农业大学、江苏省农科院技术支撑，拥有中高级技术人员5名，并聘请翠冠梨育种师、有“翠冠梨之母”称号的胡征令担任技术顾问。基地围绕“绿色、生态、休闲、旅游、体验”的发展方向，严格按照绿色食品标准要求组织生产，确保生产出优质、安全的果品。至2016年，基地已基本建成集科技研发、成果转化、生产示范、新品推广、生态休闲、科普宣传等功能于一体的现代农业科技示范基地。

绿怡园艺有限公司 成立于2003年1月，是专业从事园林景观工程布置、高档花卉生产、花卉出租，致力于发展观赏园艺业的农业龙头企业。公司拥有生产基地600余亩，有专业技术人员15人，其中具备中高级专业技术职称人员5人。公司重点培育的中高档花卉示范基地年产红掌、一品红、仙客来等高档花卉200万盆，是江苏省最大的高档盆花种植基地。

公司依托江苏省农科院园艺所、南京农业大学、苏州农校、扬州大学农学院等高等院校，加大新品种、新技术研发力度。2008年开始进行凤梨产业化开发，每年从比利时种苗公司——爱索特植物园艺有限公司引进凤梨小苗，主要品种有丹尼斯、平头红星、牡丹红、平头紫、卡利红等，成为张家港市最大的温室生产和观赏凤梨基地。

2011年，公司基地实施扩建，从荷兰种苗公司——昆明安祖花园艺有限公司引进红掌种苗。主要品种有大哥大、阿拉巴马、皇冠、粉冠军、阿瑞博等。2014年，基地由包基村搬迁至东莱村，建成超过6万平方米的高档智能花卉温室和1万平方米的果树温室，配套全自动智能温室控制系统，设施总投入达5000万元。是年，被评为“苏州市农业产业化龙头企业”“现代农业发展先进单位”。

2016年，基地生产凤梨35万盆、红掌45万盆、竹芋8万盆、果品（葡萄、梨）2.8万千克，加上绿化苗木、高档盆景销售，年销售收入3000万元。基地坚持“精选优秀品种、确保优异品质、缔造优胜品牌、创造优雅生活”的精神，努力发展成为集种苗繁殖、新品研发、盆花生产销售、科普宣传、休闲观光为一体的农业生产基地。

绿怡园艺技术员整理红掌（2015年） 肖湘 摄

绿怡园艺的凤梨产业化基地（2015年） 肖湘 摄

农产品深加工

杨舍镇农产品深加工代表性产业有乳制品、蔬果深加工业及芽苗菜生产。

乳制品深加工 梁丰牌乳制品是梁丰食品集团有限公司的代表产品。梁丰食品集团有限公司是一家以梁丰食品为代表，涵盖奶牛养殖、乳制品深加工、糖果制造、印刷包装、商业地产等多领域的综合性企业集团，是农业产业化经营重点龙头企业、全国学生饮用奶定点生产企业。固定资产总投资 2.23 亿元。公司始终坚持“种养加一条龙、贸工农一体化”产业特色，拥有国内一流、存栏超 3000 头的机械化奶牛场及国际先进水平的瑞典利乐液态奶生产线、全自动巧克力生产线、饼干烘焙线。以古梁丰县“梁丰”二字冠名的“梁丰”商标为江苏省著名商标。以牛奶为主原料加工成的梁丰牌系列食品先后获首届中国食品博览会银奖、首届北京国际博览会铜奖、江苏省第六届轻工业优秀新产品金奖、第二届北京国际博览会银奖、1992 年上海中外食品博览会优秀新产品奖、首届全国部分市场食品卫生质量监评“年年香”金杯奖，并先后获苏州市优良产品、轻工业部优质产品、江苏省名牌产品、中国名牌产品、中国绿色食品、国际名牌食品、全国大商场推荐市场名优商品等荣誉称号。梁丰食品远销韩国、日本、新加坡、俄罗斯、加

梁丰食品集团生产的麦丽素 丁美琴 摄

梁丰食品集团液态奶无菌灌装线（2017 年） 季万兰 摄

拿大、澳大利亚、新西兰、美国等 20 余个国家和中国香港地区。梁丰牌系列液态奶以其绿色、健康的优异品质获得“中国绿色食品”称号,“金莎”榛果巧克力和“太阳花”果仁巧克力获得“中国名牌产品”“中国免检产品”等荣誉称号。

蔬果深加工 蔬果深加工是张家港金麦穗生态农业研发有限公司（生态农庄）的特色。该公司成立于 2010 年 8 月，是江苏省农业产业化龙头企业——苏州金麦穗食品有限公司的下属分支企业。占地面积 300 亩，总投资 5930 万元。

该农庄是以生态种植和农产品深加工为主的现代生态农业种植基地，实施“配送中心＋公司＋专业合作组织＋基地＋农户”的一体化经营机制。主要配套设施有种植放心果蔬的百亩连栋大棚、金麦穗特色芽苗菜生产流水线、千吨级高低温库等。配送中心配有果蔬低温运输车 6 辆，保障配菜网和金麦穗菜篮各营销点货源供应的安全性和持续性。

金麦穗生态农业研发基地（2015 年） 蔡春林 摄

2011 年，农庄建立健康安全管理体系、标准化服务体系，原料选择皆严格执行国家无公害、绿色标准，生产加工、食品包装、配送流程均达到标准化。同时，根据国家发改委《农产品冷链物流发展规划》的要求，参照冷链物流的法律法规体系进行运营，建立以 HACCP 为基础的全程质量控制体系，制定与国际接轨的冷链物流操作规范和技术标准。2015 年 3 月 12 日，农庄正式通过中国质量认证中心认证，获得国家级良好农业规范认证证书。

农庄自成立至 2016 年，先后荣获“江苏省乡村旅游四星级景区”、国家级“千吨级农产品冷链物流加工配送基地”、“苏州市巾帼就业创业实践基地”、“张家港市现代农业先进单位”、“苏州市菜篮子工程直供基地”、“张家港市现代高效农业三八示范基地”等荣誉称号。

金麦穗生态农庄（2015 年） 严子洋 摄

农民动迁安置小区——金塘社区（2016年） 严子洋 摄

全国文明城市“五连冠”创建主阵地

中共十一届三中全会以后，中共中央提出“要在建设高度物质文明的同时，建设高度的社会主义精神文明”“要坚定地确立两个文明一起抓的指导思想”。遵照中共中央的指示精神和上级党委的部署要求，杨舍镇自 1981 年 10 月起，在全镇范围内开展群众性精神文明创建活动。1981 年 10 月，全镇开展“五讲四美三热爱”活动；11 月，开展创建文明新村、文明集镇、文明工厂、文明学校、文明医院、文明街道、文明商店（摊位）、文明车间和五好文明家庭活动。1989 年 1 月，把开展评选“新风户”活动列入为民办好事办实事的内容。1990 年 6 月起，在参加苏州市和张家港市“新风杯”夺杯竞赛活动的同时，全镇 87 个单位开展镇级“新风杯”夺杯竞赛活动，形成全方位、多层次、系列化的精神文明建设新格局。其间，杨舍人创造了“杨舍精神”。1992 年，“杨舍精神”经提炼后升华为张家港精神。1997 年 3 月 24 日，中宣部确定张家港市为全国创建文明城市的示范点。杨舍镇作为张家港市创建全国文明城市的主阵地，掀起创建全国文明城市的热潮。

从 1981 年到 2016 年，杨舍镇经济建设快速发展、群众性精神文明建设健康持久深入开展，走出一条两个文明协调发展的成功之路。1984 年至 2016 年，杨舍镇连续 15 次被评为江苏省文明镇或江苏省文明镇标兵。

张家港精神

张家港精神的发源地是杨舍镇。张家港精神的前身是“振华精神”，又称“杨舍精神”。1999 年 9 月，张家港市被中央精神文明建设指导委员会命名为首批全国文明城市创建工作先进城市，并获江苏省文明城市称号。2005 年、2008 年、2011 年、2014 年、2017 年，张家港市成功实现全国文明城市五连冠，成为全国唯一取得如此优异成绩的县级市。在此过程中，杨舍镇为张家港精神的形成，为张家港市全国文明城市创建做出了重要贡献。

张家港精神发源地 1986 年张家港建市之初，市府所在地杨舍镇各项主要经济指标位列苏州六县（市）6 个城关镇倒数第一。为迅速改变落后面貌，杨舍镇党委书记秦振华及镇党委一班人带领全镇党员、干部群众顽强拼搏，艰苦创业，两个文明一起抓，杨舍镇发生了巨大变化。1988 年，杨舍镇获苏州市乡镇国民生产总值、人均国民生产总值、建办外资及港澳台资企业三个第一，一跃成为苏州六县（市）乡镇的“排头兵”。是年，秦振华被苏州市委树为先进典型。同时，苏州市委发出“南学盛泽，北学杨舍”的号召。杨舍镇在创业过程中形成的“为官一任、造福一方，顾全大局、乐于奉献，扶正祛邪、敢于碰硬，雷厉风行、脚踏实地，严于律己、以身作则，自加压力、永不满足”的工作标准和工作作风，被当时苏州市委书记高德正誉为“振华精神”，不久改称“杨舍精神”。

1992 年 1 月，秦振华任张家港市委书记，他将“杨舍精神”推向全市，并对“杨舍精神”作进一步概括、提炼、升华，形成“团结拼搏、负重奋进、自加压力、敢于争先”的张家港精神。2 月，在全市宣传思想工作会议上提出“张家港市要有张家港精神”，并对张家港精神的内涵进行阐释：“团结拼搏”，即团结起来，齐心协力，艰苦奋斗，开创大业；“负重奋进”，即肩负重任，迎难而上，勇挑重担，奋勇前进；“自加压力”，即自立自强，自我加压，不留后路；“敢于争先”，即心想长远，永不满足，敢闯敢冒，敢争第一。团结拼搏是基础，负重奋进是要求，自加压力是动力，敢于争先是目标。张家港精神在全市创业实践中不断被赋予新的思想内涵。1992 年，张家港精神突出体现在“拼搏、进位”上。是年年末，张家港市全面实现工业超常熟、外贸超吴江、城建超昆山、样样工作争第一的“三超一争”目标。

1995 年 5 月 13 日，中共中央总书记江泽民考察张家港市时指出，张家港的成就是“干出来的，不是喊出来的”，并亲笔为张家港精神题词。是年 10 月 31 日，《光明日报》刊发的《论张家港精神》一文中记述：“张家港精神是邓小平建设有中国特色社会主义的理论与实践相结合的生动体现”“张家港精神属于张家港人，也属于全国人民”。11 月 23 日《人民日报》刊发的《弘扬“张家港精神”》一文中记述：“归结起来看，‘张家港精神’是一种抓住机遇、加快发展、勇创大业的精神，是一种敢于竞争、敢创一流、永不满足的精神，是一种雷厉风行、脚踏实地、真抓实干的精神，也是一种共产党人实践全心全意为人民服务宗旨、对人民高度负责、严于律己、自觉奉献的精神。”“张家港精神不是凭空产生的，它是建设有中国特色社会主义的理论与实践相结合的产物，是张家港人民在推进改革开放和现代化建设过程中的伟大创造。”1995—2000 年，在工业化、城市化的潮流面前，张家港以强烈的进取精神和竞争意识抢抓机遇，突破传统观念和发展模式，激发体制和机制活力，按客观规律办事，把提高人民生活水平作为工作的出发点和落脚点，实现了张家港的大开发、大开放。

2000 年后，张家港精神融入科学发展观思想，突出体现“创新、统筹”，讲求质量，协调发展。2001 年 12 月，中共江苏省委集体调研时提出在新形势下弘扬张家港精

中宣部、国务院办公厅在张家港市召开全国精神文明建设经验交流会（1995 年） 张龙法 摄

神，就是要有“敢于争先”的锐气、“自加压力”的勇气、“负重奋进”的志气、“团结拼搏”的士气。2002 年 9 月，中宣部常务副部长刘云山为《腾飞的张家港》一书所作的序言中称：“‘张家港精神’只有 4 句话 16 个字，但内涵丰富，寓意深刻。它反映的是一种知难而进、艰苦奋斗的精神，一种勇于进取、敢于争先的精神，一种高度自觉的社会主义主人翁精神，是中国人民传统美德与改革开放时代精神的完美结合，是江泽民同志倡导的新时期伟大创业精神的生动体现。”“张家港精神体现了张家港人努力实践邓小平理论，为建设洁美、文明、开放、繁荣的社会主义新城而奋斗的决心、勇气和追求，体现了张家港人大力弘扬总书记江泽民倡导的新时期创业精神的热情、干劲和拼搏。”2005 年起，张家港精神又被赋予“率先、创新、和谐”的新内涵。

1992 年至 2016 年间，张家港精神在推动苏州、江苏乃至全国的发展中起到了重要作用，影响深远。2005 年 5 月 12 日，在江泽民为张家港精神题词 10 周年之际，张家港市召开“弘扬张家港精神，再创张家港辉煌”座谈会。会议指出，“张家港精神是张家港创业之魂、力量之源，也是全市人民共同的精神财富”。从重大理论与时代实践相结合的高度赋予张家港精神新内涵，形成了张家港精神是江苏“三创”（艰苦创业、勇于创新、争先创优）精神一个生动典型的共识。5 月 13 日，《新华日报》在《弘扬张家港精神，投身“三创”新实践》一文中记述：“‘团结拼搏、负重奋进、自加压力、敢于争先’的张家港精神中，蕴含着‘三创’精神的内核。可以说，张家港是江苏人创业、创新、创优的一面先锋旗帜，张家港精神是江苏‘三创’精神的一个生动典型。”

自 1992 年到 2017 年这 25 年时间里，在张家港精神激励下，张家港市荣膺首批全国文明城市，成为江苏省首批全面小康达标县（市）。2017 年，荣膺“全国文明城市”五连冠。至 2016 年年末，张家港市先后获 206 项国家级荣誉、208 项省级荣誉。杨舍镇作为活动“主战场”，为这些荣誉的获得做出了杰出贡献。

张家港精神教育 1992 年，“杨舍精神”上升为张家港精神后，杨舍人民倍受鼓舞。25 年来，杨舍镇党委、政府采取一系列措施，深入学习和广泛宣传张家港精神，使它在全镇广大干部群众中扎根，成为全镇人民的力量源泉和推动社会发展的精神动力。1992 年起，全镇机关、街道、各企事业单位、学校、行政村，充分利用广播自办节目、板报、宣传橱窗、文艺演出、悬挂横幅标语等各种形式广泛宣传。各单位组织学唱、传唱《张家港精神之歌》。各级党团组织运用党课、团课、政治学习等形式，深入持久地对广大干部群众进行张家港精神教育。各中小学把宣传学习张家港精神作为学生政治思想教育的重要内容。全镇每年都组织开展以弘扬张家港精神为核心的主题教育活动，使张家港精神教育在杨舍镇实现全覆盖。

1995 年 5 月，中共中央总书记、国家主席江泽民亲笔为张家港精神题词鼓舞了杨舍人民，全镇兴起张家港精神的再教育热潮。是年 10 月，由江苏省委组织部、张家港市委组织部联合摄制（杨舍镇协助拍摄）反映张家港精神的专题片《秦振华》（3 集）、《狂飙》（4 集）在中央电视台综合频道播出，杨舍镇组织机关和各单位认真学习，接受张家港精神再教育。

1996 年张家港市成为全国学习的先进典型后，杨舍镇按照市委安排，深入开展了“全国学习张家港，张家港怎么办”大讨论，引导和教育党员、干部群众永不满足，查找差距，奋发进取。1997 年 8 月，江苏电视台、扬子江文化中心联合摄制反映张家港人精神风貌的大型纪实电视剧《张家港人》（11 集），并在江苏电视台首播，杨舍全镇再次受到张家港精神的直观教育。2001 年 12 月，江苏省委、省人大、省政府、省政协领导到张家港市调研后，在所作的调研报告中指出：“张家港精神所包含的蓬勃向上的朝气、敢为人先的勇气、追求卓越的志气，是时代精神的集中体现”，并提出要在新形势下大力弘扬张家港精神。此后，杨舍镇每年都会根据全市统一制订的主题，组织开展张家港精神再学习、再教育。

为进一步宣传和弘扬张家港精神，杨舍镇党委、政府十分重视发现和培育先进典型，使张家港精神有血有肉、丰满充实，让人们看得见、摸得着，充分发挥典型的示范作用。在张家港精神激励下，杨舍镇先后涌现了骏马集团、澳洋集团、城西村、农联村等一批敢创大业、勇攀高峰的先进集体典型及许多先进个人典型。

2004 年，全镇开展“弘扬张家港精神，全面建设小康社会、争当‘两个率先’排头兵”的主题教育活动。同时，结合“六镇合一”后新杨舍面临的新形势和干部群众的思想实际，在全镇集中开展“弘扬张家港精神，展示新杨舍形象”主题宣传活动。2005 年，全镇开展“服务中心争贡献，求真务实树形象”和“万众谋率先、勇当排头兵”等主题教育活动。全镇各单位、部门经常性地召开各类弘扬张家港精神的座谈会、报告会和研讨会，深化干部群众对张家港精神的认识，使张家港精神家喻户晓、妇孺皆知、传承光大。2006 年至 2016 年，全镇反复深入开展张家港精神“再教育、再弘扬、再实践”活动，扎实推进社会主义核心价值体系建设，推进“以张家港精神为第一要义、以实干创业为核心内涵、以永争一流为鲜明导向、以文明进步为显著特征”的张家港特色文化建设，并使之成为全镇人民的精神内核和价值追求。

文明创建

文明村镇创建 1983 年，杨舍镇被评为苏州市文明镇。1986 年 6 月，杨舍镇首次被省委、省政府授予“1984—1985 年度文明镇”荣誉称号。1996 年，杨舍镇以提高农民素质奔小康和建设社会主义新农村为目标，按照经济国际化、农村城市化、城市现代化、社会文明化、城乡一体化的发展思路，认真开展创建文明村镇活动。创建文明村镇活动的工作重点是在村（居）民中进行思想道德和法治观念教育，以提高村（居）民素质。是年，全镇在组织开展“三五”普法教育初期，连续 2 次召开千人动员大会，举办各类培训班 20 余期，发放法治教育宣传材料 30 余万份、法律书籍 4000 余册、法治宣传图片千余张，进行法治板报联展 5 次、法律咨询 50 余次，受教育群众 8 万余人次。1997 年，创建工作的着力点放在解决农村环境卫生存在的薄弱环节上。是年，全镇最后一批 9 个村全部通过省级卫生村考核验收，实现省级卫生村“满堂红”。1998 年年末，镇党委根据市文明委决定，将创建文明村镇与创建村级文明单位、镇级“新风杯”竞赛活动并轨。1998—1999 年度，城西村、城东村、前溪巷村、小河坝村被评为苏州市文明村，杨舍镇被评为苏州市文明镇。

2000 年 7 月，泗港、塘市、乘航三镇并入杨舍镇以后，全镇将文明村镇的创建纳入城乡一体文明的创建工作之中。创建工作的重点是农村道路硬化、环境洁化、改水改厕等。2001 年，全镇按照“坚持标准、规范管理、落实良效、整体推进”的创建工作思路，加强农村大环境整治，全镇 90% 的村完成道路硬化和改水改厕。年内有 3 个村跨入省级卫生村行列。2002 年以后，全镇农村基本完成道路硬化和农户改厕，做到垃圾定点收集、及时清运。2004 年，全镇广泛开展以“清洁家园、清洁村庄、清洁河道”为主题的村镇大环境整治。各行政村把创建省级卫生村作为创建文明村的重要内容，并列入为民办实事工程。是年年末，全镇 51 个行政村实现省级卫生村“满堂红”。

1997—2005年，城西村、前溪巷村（2003年撤村建居）、小河坝村（2003年并入城南村）、赵庄村、河北村、田垛里村、农联村均曾被评为江苏省文明村。城东村、城西村、前溪巷村、小河坝村、赵庄村、范庄村、七里庙村、河北村、农联村、李巷村、田垛里村、乘航村、福前村、闸上村、旺西村均曾被评为苏州市文明村。2005年，全镇有26个村被评为张家港市文明村，占行政村总数的51%；有3个村被评为江苏省文明村。2008年，杨舍镇被评为江苏省文明镇标兵，七里庙村被评为江苏省文明村，农联村、田垛里村被评为江苏省创建文明村工作先进村。

2009年以来，杨舍镇紧紧围绕创建江苏省文明村镇的目标，深入学习贯彻中共中央一系列重要指示精神，以培育和践行社会主义核心价值观为主心骨，不断提升公民思想道德素质和社会文明程度，始终把惠民利民作为文明村镇创建的出发点和落脚点，以城带乡，培育文明创建工作特色。坚持“以城市的标准建农村、以市民的理念育农民”，不断放大城乡协调发展特色；城乡文明有效联动与无缝对接；营造健康向上的人文环境，营造安居乐业的生活环境；深入推进“平安杨舍”“法治杨舍”建设，普法教育经常化、制度化，健全大排查、大接访、大调解、大技防、大巡防机制，公众安全感和法治满意度保持在90%以上；深入开展“推进十大整治、共建美丽港城”大环境专项综合整治活动，营造碧水蓝天的生态环境。至2013年年末，全镇363个自然村庄全部达到省级“康居乡村”星级标准。

2014年10月13日，全国县级文明城市创建工作现场会在杨舍镇召开，这是继1995年全国精神文明建设经验交流会以来，在杨舍镇召开的又一次精神文明建设重要会议。

赵庄社区居民群众阅读居民公约（2015年）　　肖湘　摄

杨舍镇以此为契机，以“紧扣强富美高，全面提升品质”为总抓手，坚持育人塑人，提升城乡文明程度和居民文明素质。用社会主义核心价值观引领社会思潮，规范道德行为，树立新风正气；加强中国特色社会主义和中国梦宣传教育；深入开展诚信建设主题教育、企业诚信论坛、“质量第一”创建、诚信志愿服务等活动，倡导诚信做人做事、诚信依法生产经营；运用网络新媒体、文化墙、宣传栏、广告牌等载体，广泛开展社会主义核心价值观宣传教育，推动核心价值观融入人们日常生活。

在文明镇村创建实践中，杨舍镇把创建工作全面纳入经济社会发展总体规划，纳入工作考核体系，建立健全了创建工作例会制、创建工作专题会议制、创建工作联席会议制、创建工作财政投入机制等，保证了文明村镇创建工作的人力、财力、物力。全镇各村（社区）普遍建有由主要领导负总责的精神文明建设组织机构，上下各级齐抓共管，各方齐心协力抓文明村镇创建工作。2009 年至 2016 年，农联村、田垛里村、李巷村均 2 次获“江苏省文明村”称号，其中农联村还 2 次获“苏州市文明村标兵”称号；晨新村、乘航村、城南村、城西村、李巷村、徐丰村、河北村获“苏州市建设社会主义新农村示范村”称号。1984 年至 2016 年，杨舍镇连年分别被评为江苏省文明镇或江苏省文明镇标兵、苏州市文明镇或苏州市文明镇标兵、张家港市文明镇或张家港市文明镇标兵，其中连续 15 次被评为江苏省文明镇或江苏省文明镇标兵。

文明社区创建

杨舍镇文明社区创建是在 20 世纪 90 年代初开展的文明小区创建活动基础上发展起来的。1999 年，城市社区概念开始引入农村，探索建立农村社区。2002 年 5 月，城镇居委会改建成社区居委会。随后，相关行政村建立农村社区居委会，同时兼挂行政村牌子。是年起，全镇以行政村为单位，根据各村综合实力，开展创建农村文明社区（含未挂社区居委会牌子的行政村）活动。经过半年时间的筹备，51 个行政村全部建立社区服务站。年末，经镇党委、政府组织考核，有 15 个村创建成一类文明社区，14 个村创建成二类文明社区，22 个村创建成三类文明社区。

2003 年，杨舍镇认真执行《张家港市文明社区创建管理办法》所提出的文明社区六条标准，即创建工作扎实、环境整洁优美、治安秩序良好、社区服务完善、社区教育深入、文体活动丰富。城区 26 个社区与辖区内 70 余个市级机关、企事业单位建立同创共建关系。共建单位给予各个社区在人力、物力、财力上的大力支持。在开展“除陋习、讲文明、树新风”和道路交通大整治活动中，共建单位分别与相关社区联手组成

8支文明督导队，深入大街小巷巡逻督导。在全镇开展大环境整治活动中，共建单位帮助社区实施部分重要整治工程。全镇各社区以“人无我有、人有我优、人优我特”为目标，因地制宜开展特色社区创建，做到“一区一品”。先后成功创建成“敬老社区”“科普社区”“双拥社区”“健康社区”“生态社区”“交通安全社区”“平安社区”“学习型社区”“民间艺术社区”等特色社区。2002—2005年，暨阳社区被授予江苏省文明社区称号，旺西社区、东渡社区被评为江苏省民主法治示范社区，万红、前溪、阳光、龙潭、通运、锦绣等社区被评为江苏省绿色社区，前溪社区被评为江苏省科普文明社区。2003—2005年，花园社区、万红社区被授予苏州市文明社区称号，万红、新城、园林、邵巷、阳光5个社区成为苏州市示范社区，龙潭、暨阳、长安、阳光、新城、东苑、花园、锦绣、通运9个社区建成苏州市级绿色社区。2005年，花园社区被团中央命名为全国青年文明社区，万红社区被国家环保总局授予“全国绿色社区”称号。全镇84个社区（其中36个为未挂社区居委会牌子的行政村）中33个被评为张家港市文明社区，占总数的39.29%，2个社区被评为江苏省文明社区。2006年至2016年，全镇涌现出东湖苑社区等6个江苏省文明社区或江苏省文明社区标兵、金塘社区等12个（次）苏州市文明社区或苏州市文明社区标兵。杨舍镇在创建文明社区过程中，培育了许多精神文明“小盆景”，金塘社区的“和合金塘”和梁丰社区的“文明驿站”便是其中的代表。

金塘社区“和合金塘”　“和合金塘”是金塘社区的特色。金塘社区成立于2012年，是规模较大的动迁安置社区。该居民区占地面积26.67公顷，建筑面积约44万平方米，共有2682套住房，总投资12亿元。至2016年，入住人口4400余人。该社区是杨舍镇在城乡一体化进程中，按照“管理服务完善、治安秩序良好、生态环境优美、人际关系和睦、社会风尚文明、群众安居乐业”的标准进行建设的农民动迁安置社区。社区以“和合”（和谐团结）为发展理念，设立了党员服务社、道德讲堂、和合书场、情暖夕阳服务站、志愿服务站、红领巾驿站、民生安全科普馆、卫生服务站、五位一体综治中心、24小时自助图书馆等“一站式”服务中心，建立了全市首家社区管理服务虚拟平台——“金塘论坛”，设立了“和合金塘”公众微信平台，组建了拥有308名志愿者的“好人帮”服务团队。探索研究了党员和志愿者积分管理办法，对每个党员和志愿者进行积分管理，并开展积分兑换服务，充分调动了志愿者实现公益服务的积极性和主动性。社区长期开展“女性手工创益”、“金帆”爱心美发服务、“保您满意”家电维修服务、“鑫隆帮你忙”代购助行服务、“幸福来敲门”免费房屋中介服务、“塘宝当家”青少年文明养成志愿服务、“情暖夕阳”居家养老用餐服务等16项与居民生活息息相关的志愿服务项目。开展了“新家园、新乡邻、新面貌、新风尚、新气象”新五星家庭评比、和合广场文化、社区邻里节、全民阅读等系列活动，极大地满足了社区居民的生活需求和精神需求。金塘社区始终坚持以中华传统文化为核心，为动迁群众精心打造了一个“和美、和孝、和善、和乐、和融”的文明幸福“和合金塘”新家园。

梁丰社区“文明驿站”　梁丰社区建于2002年5月。2016年，共有住宅楼135幢，常住居民1998户、5443人。

为满足社区群众精神文化需求，2010年，梁丰社区以高压线入地（埋设于地下）改造为契机，投资200万元，建设了建筑总面积600多平方米的17座小木屋，作为社区“文明驿站”，打造“文明驿站”服务品牌。“文明驿站”定制了志愿服务、文化休闲、便民服务、社会管理四大服务功能。设有志愿服务站、24小时自助图书馆、侨之家、健身、舞蹈、棋牌、青少年课外辅导、公益托管、便民理发、老娘舅调解、“城市e管家”等19个具有特色与个性化的服务项目。“文明驿站”由社区、居民和志愿者共同参与管理，建立了“文化特长”巾帼、“法律维权”青少年等志愿者服务队伍，广泛开展社区邻里守望和关爱空巢老人、留守儿童、残疾人、侨胞眷属等形式多样的服务活动。按照“办好小事情，实现大管理”的理念，用专业素养成就金牌服务，为居民打造文明社区的典范、幸福宜居的家园。

梁丰社区不断挖掘群众服务需求与社区服务资源，在小木屋“文明驿站”的平台进行交会对接，使自我管理、自我服务、自我监督的社区治理模式不断成熟，弘扬雷锋精神，践行社会主义核心价值观的文明新风得到传承，是一个集居民休闲娱乐、参与志愿服务、参与自我管理为一体的崭新平台，也是杨舍镇和张家港市文明志愿服务活动的前沿窗口之一。

（新）五星文明家庭创评　1989年1月，杨舍镇率先开展文明新风户创建活动。之后不久，市委、市政府召开文明新风户活动试点工作经验交流会，推广杨舍镇的做法，并下发《关于广泛深入开展创建文明新风户活动的通知》，决定在全市开展创建文明新风户活动。1990年6月，苏州市委在张家港市召开苏州市农村开展文明新风户活动经验交流会，肯定了张家港市的做法。

1990年以后，杨舍镇党委、政府统一制订文明新风户、文明职工、文明学生、文明个体工商户的基本标准，各单位根据各自实际情况进行调整、充实、完善、提高，评选活动全方位、多层次开展。农村和街道分别以村和居委会为单位，评选新风户、五好家庭、五好家庭标兵户。至1994年，全镇共有19.65万户农户被评为新风户，占参评户的94.35%。

1996年，为进一步规范每季度一次的新风户评选活动，杨舍镇在18个行政村和28个居委会的所有参评家庭中建立新风户评选家庭档案手册，每户1册，用于记录每个家庭的特长、爱好、奖惩及新风户评议情况。

2004年12月起，杨舍镇首创五星文明家庭评选，并与评选五星文明职工、五星文明学生结合起来。“五星”包括遵纪守法星、勤劳致富（义务奉献）星、文明卫生星、友善和睦星、诚实守信星。在试点工作取得经验的基础上，杨舍地区精神文明建设委员会下发《关于在杨舍地区开展“五星文明家庭”评选活动的指导意见》。2005年4月，五星文明家庭评选活动在全镇农村、社区全面展开，杨舍镇根据公民基本道德规范，制订完善了张家港市统一的“五星”中每颗“星”的评比条件及考核细则，以及每季自评、互评、审评规定，建立了为“五星户”张榜公示、“五星户”上门挂牌、动态摘星等制度。

杨舍镇将镇属各村、社区的张家港籍人员和居住满1年的新市民，以家庭为单位，全部纳入参评范围，并运用多种方式，提高创评活动的知晓率、参与率。在电视台、电台、《张家港日报》等新闻媒体开设每周2期的“乡风文明”专题专栏，向市民宣传“五星文明家庭”创评活动的目的和意义。引导市民参加“五星文明大家说”系列访谈活动，累计举办访谈活动206期，营造了浓厚的活动氛围。组织文化志愿者创作《五星文明之歌》，各社区、村组建百人合唱团，在全镇广泛开展“欢歌五星”万人咏唱《五星

暨阳社区“文明家庭”评比（2015年）　　肖湘　摄

文明之歌》活动。精心编排以“创建五星文明家庭”为主题内容的“家家五星，乡风文明”文艺表演，走遍城乡每个角落。组织登门入户宣传，累计发放《争创五星文明家庭倡议书》35 万余份。其中乘航办事处还将“五星文明家庭”评比的内容及标准制作成宣传挂历，发到每家每户，使之家喻户晓。

2006 年，杨舍镇首创的“五星文明家庭创评”活动在张家港市推行。

2015 年至 2016 年，杨舍镇将原“五星文明家庭”评选发展成“新五星文明家庭”评选。同时，围绕“新五星文明家庭”的评比要求，在全镇开展“文明家庭”“文明标兵家庭”“党员文明示范家庭”系列创评活动，从社会的“最小单元”入手，让文明深入到每一个家庭、每一个人的心里。“社区评选的文明家庭都在我们身边，和这些眼前的模范聊聊天，受益良多”，不少居民表示，会一直关注评选工作，希望能够有更多文明家庭、暖心故事感动邻里。

争当文明市民 1985 年起，杨舍镇开展“四有”新人教育活动。通过组织讲座、新闻媒体宣传、树立典型、总结交流等方法扩大教育面。对共产党员和干部的教育，突出树立共产主义理想、增强改革开放意识和廉洁奉公、改进工作作风、全心全意为人民服务等内容；对群众的教育，注重热爱祖国、热爱社会主义、热爱中国共产党的“三热爱”，以及学文化科技、爱岗敬业、勤劳致富、移风易俗、计划生育、服务社会、保护生态环境等多方面内容。

1992 年起，全镇各村、各街道居委会相继开设市民学校，组织市民学习《张家港市文明市民读本》。镇文明办举办骨干培训班，举行知识竞赛、演讲比赛；镇文化站组织创作、排练文艺节目，深入农村、企业演出；镇广电站采用播放专题内容等形式，广泛

“五星文明家庭创评”周年庆（2005 年） 严丽华 摄

开展文明市民教育。1993年，镇文明办组织全镇45所市民学校开展学习《张家港市文明市民守则》和《张家港市民行为规范》。《张家港市文明市民守则》的内容为“六要”（要热爱祖国，建设港城，同心奋斗，勇于争先；要团结友爱，助人为乐，言行文明，自尊自重；要家庭和睦，邻里相亲，计划生育，拥军优属；要尊师重教，敬老爱幼，相信科学，移风易俗；要讲究卫生，美化环境，义务植树，爱护花木；要遵纪守法，维护公德，诚实守信，优质服务）、“十不准”（不准粗言秽语，相骂吵架；不准随地吐痰，乱扔果壳、烟蒂、纸屑；不准闯红灯，妨碍交通；不准乱停车辆，挤占道路；不准乱设摊点，无证经营；不准乱搭乱建，影响市容；不准乱倒垃圾，乱堆杂物；不准乱涂乱贴，私设广告、标语；不准损坏绿化，侵占绿地；不准擅自挖掘，破坏设施）。《张家港市民行为规范》的内容为“五讲十不”（讲文明、讲礼貌、讲卫生、讲道德、讲秩序，不随地吐痰、不乱丢杂物、不损坏绿化、不损坏公物、不乱贴乱画、不吸游烟、不骑车带人、不乱停车辆、不燃放烟花爆竹、不说粗话脏话）。

1999年，以“争做文明人，共建文明城”为主题，开展文明市民守则、文明市民公约以及“三德（社会公德、职业道德、家庭美德）、三礼（礼貌、礼仪、礼节）”常识教育。

2001年，杨舍镇将文明市民教育纳入公民基本道德教育同步实施。2006年，全面落实张家港市制定的《市民素质提升工程实施计划》，贯彻落实《公民道德建设实施纲要》、广泛开展“做文明张家港人”大讨论活动、强化市民交通秩序意识、深入开展诚信礼仪宣传教育、积极倡导社会关爱风尚、深入开展法律知识普及教育、提升市民科学文化素养、加强社区文化设施建设、提高市民身心健康水平、深化文明系列创建活动十大工作重点。通过一年的实施，扎实推进了城市精神塑造、文明素养提升、发展能力增强、未成年人思想道德建设、新市民文明素质提高、文明育人环境建设、文化服务、文明创建示范、社会诚信建设、城乡一体文明十大工程。

2009年4月，杨舍镇开展“我推荐、我评议身边好市民”主题活动，多名敬业奉献、助人为乐、孝老爱亲、诚实守信、见义勇为的先进典型被发现和宣传。是年9月，以纪念全国第七个公民道德宣传日为契机，开展“文明出行、拒绝违章”为主题的“9·20文明交通日”宣传教育活动。以出租车、公交车、私家车为重点，对驾驶人员普遍进行一次“文明出行、拒绝违章”的再教育。

2010年，杨舍镇落实市文明委《关于评选表彰张家港市首届道德模范的通知》精神，进行道德模范选评。发动各部门推荐助人为乐模范、见义勇为模范、诚实守信模

万红社区“新五星文明家庭”评选（2014年） 肖湘 摄

老宅社区“百家乐”越剧团送戏进社区（2015年） 严子洋 摄

范、敬业奉献模范、孝老爱亲模范人。经评委初审、媒体公示、公众投票和评委会评定，郭秦等10人被授予市道德模范称号，张惠良等9人被授予市道德模范提名奖。全镇分别设立机关道德讲堂、行业道德讲堂、学校道德讲堂、村（社区）道德讲堂、企业道德讲堂以及新市民道德讲堂等，通过一个个“小课堂”，传递社会正能量，同时借助看道德故事、听道德讲座、访道德模范、诵道德经典、议道德人物、评道德现象、唱道德歌曲、谈道德感悟等活动载体，激活道德教育，传扬文明新风。各新闻媒体均开设专栏，宣传道德模范和身边好人，营造浓厚的学习先进、争当先进氛围。举行先进模范和“美德好少年”事迹报告会、“先进模范人物、美德好少年网上系列访谈活动”以及道德模范进电台演播室与听众交流活动，2000多名网友在网上发表感言。组织举行“孝老爱亲模范事迹报告会”、道德模范和身边好人事迹巡讲活动，宣讲17位模范人物的先进事迹，近3万名观众参加听讲。2011年，张惠良等13人获2010年度苏州市“百名文明市民标兵”称号。

2012年，深入开展“寻访身边好人张闻明”道德风尚行动，举行道德讲堂现场观摩活动、“中国好人”和道德模范先进事迹巡回演讲。2014年，全镇中小学举行中小学生“中国梦·我爱我家”公民道德实践征文大赛，把公民道德教育深入到中小学生群体。

2015年，杨舍镇先后举办“我们的节日·元宵”暨好人文化“六进”、优秀家训认领活动；举办道德模范与身边好人交流会和“践行核心价值观·寻找平凡中的感动”主题活动。是年，汪明如荣获第五届全国道德模范提名奖、当选第五届江苏省道德模范、入选“中国好人榜”，徐光等7人入选“苏州好人·百名文明市民标兵”。

此外，杨舍镇还在全市率先成立“杨舍故事汇”，制定“‘杨舍故事汇’三年行动计划”。通过汇编《杨舍故事集》和定期开展采风创作、基层巡讲等活动，将优秀人物故事送到百姓家门口，打造“杨舍故事汇”品牌。

为了推动社会主义核心价值观落细、落小、落实，把好人树起来，让好事晒出来，杨舍镇建立健全村、社区议事会和道德评议会制度，设立善行义举榜，持续推进“道德模范”“身边好人”“榜样教育”等凡人善举评选，使百姓生活中的身边好人、最美人物、道德模范不断涌现。2015 年，杨舍镇入选全国道德模范提名奖 1 人；“中国好人”榜 1 人，累计 6 人；“江苏好人”2 人，累计 8 人；“苏州好人”3 人，累计 9 人；江苏省道德模范 1 人，张家港市道德模范 2 人、提名 1 人；张家港市身边好人 42 人，累计 255 人。另有 100 名“优秀园丁”“教坛名师”“最美职工”“教坛新星”受到表彰。

杨舍镇充分发挥先进典型在推动社会文明进步中的示范引领作用，着力打造培育和践行社会主义核心价值观的品牌活动。2015 年 1 月，全镇启动“杨舍榜样”推选活动。组委会对全镇 246 名被提名者进行审核和遴选，推选出“杨舍榜样”候选人，再经过市民代表团、专业评审团和 379750 名市民投票三个环节，最终评选出“杨舍榜样”和“杨舍榜样提名奖”。“杨舍榜样”分别是学生科技之旅“领航员”朱成、无偿献血 6 万毫升的热血“辣哥”赵海、孝老爱亲传递正能量的朱祥素、和病魔抗争自强不息的好少年钱佳、一心为民的村书记汪明如、招商能人陈晓娴、二十年如一日敬业奉献的环卫女工董元清、编织爱心的公益大姐蒋静芳、痴心于再制造产业的发明达人朱云峰、让爱心永续传递的澳洋志工团队。刘建荣、花和平、陈伟、杨建青、金响梅、罗云秋、赵伟东、唐海娣、詹玉良获得“杨舍榜样提名奖”。3 月 13 日，在市保利大剧院举办了“杨舍榜样”颁奖仪式，“中国好人”侯静叶、全国公安机关爱民模范陈晓军、江苏省“十佳好妈妈”朱镁等先进典型为“杨舍榜样”颁奖。

附：先进典型选录

“杨舍榜样”汪明如 汪明如生前是赵庄村党总支书记。2004 年，他放弃了年收入近百万元的水产生意，回到村级领导力量比较薄弱的赵庄村担任村书记。仅用 2 年时间，他就使村财政扭亏为赢。在他担任村书记的 10 年里，赵庄村无一人上访，未发生一次聚众闹事事件，赵庄村成为省级

“杨舍榜样”颁奖仪式（2015 年） 庞瑞和 摄

文明村。2014 年，村农民人均纯收入达 28763 元，60 岁以上老年人的福利达 2500 元／人，村（居）民合作医疗享受全额补贴。是年 3 月，汪明如被确诊为胃癌晚期。他说：“与其躺着等死，不如用余下的生命做些新的尝试。”他病重住院期间，在病床上完成了《赵庄村未来十年发展规划》。手术后仅 20 天，就瞒着家人和村干部去察看村建设工地。直到去世前一天，他还在为第二天的村年终总结大会做准备。

“中国好人”侯静叶 侯静叶是一名普通的环卫女工，年收入不足 3 万元。2015 年 11 月 8 日，她在捡到面额 10 万元的承兑汇票后，非但没有动心，还积极寻找失主。在多方联系下，终于在两天后将承兑汇票交还到粗心失主的手里。

“五福”杨舍

2015 年，杨舍镇以“精神民生”为抓手，着力打造幸福阅读、幸福家庭、幸福守望、幸福网格、幸福成长的“五福”杨舍文明品牌。

幸福阅读 为培育全民读书的风气，杨舍镇投入500多万元用于阅读设施的更新、升级、改造。企业普遍建立阅读联盟，青少年道德基地推出阅读课，社区开设快乐小书房，农村设立农家书屋。围绕“人文杨舍，幸福阅读”主题，杨舍镇重点打造“全民阅读节”特色品牌，推出100个阅读项目。其中，“益家园”亲子悦读项目、“益宝贝”公益课堂、老年读报小组、“快乐小书房”、锦绣育心读书会、心灵之“阅”读书俱乐部、新市民子女“梦想学堂”等阅读品牌受到省、市级媒体的关注与推广。

2015年，杨舍镇承办张家港市全民读书节精品阅读项目现场展示活动以及“手书国学经典”“晒读会”“我与作家面对面”等系列活动，组织区镇4家爱心企业为4个重点阅读志愿服务项目提供赞助3.5万元。通过开展一系列阅读项目，促进了全民阅读活动的蓬勃开展。

在深化全民阅读的同时，杨舍镇突出主题宣教活动，充分利用“杨舍大讲堂”“沧江市民大讲堂”“暨阳大学堂”等学习途径与平台，推进学习型组织建设。同时，杨舍镇挑选25名机关中层干部组成理论宣讲小组，开展131场“百堂党课进基层”系列宣讲活动，以“你点我讲”的“菜单式宣讲”方式为基层党员群众送去理论大餐。

幸福家庭 杨舍镇创新开展“文明家庭”“文明标兵家庭”“党员文明示范家庭”系列创评活动，力争从社会的“最小单元”入手，让文明深入每一个家庭、每一个人的心里。“社区评选的文明家庭都在我们身边，和这些眼前的模范聊聊天，受益良多”，不少居民如是说。

杨舍镇还通过实施“益家园”守护亲情和“益家园”手作持家项目、开展“小沟通、大和谐”——社区家庭主题游戏体验、组建“幸福使者”家庭服务队等形式，引导广大家庭用心守护、感恩亲情，提升家庭幸福指数。把文明家庭创评和丰富多彩的邻里

全民阅读节宣传活动（2015年）
肖湘 摄

著名艺人濮存昕（前右）为书友沙龙揭牌
严丽华 摄

节活动相结合，以楼幢互动交流为载体，促进家庭和谐、邻里和善、社区和美。以万红社区为例，该社区已经连续十年举办社区邻里节活动，通过全社区创建，评比出“文化楼”“睦邻楼”“幸福楼”“厚德楼”等文明楼幢。

幸福守望 从2012年开始，杨舍镇精心组织实施“学雷锋·情暖万家——大杨舍志愿者在行动”系列活动，以项目整合资源、带动多方合作的方式推进志愿服务常态化。通过志愿服务合作伙伴计划，使服务项目服务社会发展更有针对性，企业担负起更多社会责任，志愿者的专业服务能力也得到了提升，实现了志愿服务从“搞活动”到“常态化”的转变。“远方的家，乡音传千里”志愿项目是由杨舍镇“109公益小分队”开创于2012年。他们以城西街道新市民为服务对象，由志愿者前往新市民家乡，拍摄新市民家乡的风貌和亲人的祝福，并制作成专题片播出，为投入港城建设的新市民传递乡音、留住乡愁。至2016年，志愿者们已累计跋涉1.8万千米，远赴安徽、浙江、江西、湖南等8省。该公益项目作为全市唯一项目入围第二届江苏青年志愿服务项目大赛。

除此之外，杨舍镇还深入开展“幸福守望·亲如一家”为主题的邻里互助志愿服务。通过“社工+志愿者”的方式，实施“啄木鸟”公共文明巡查引导、“情暖职工，欢聚杨舍——接咱爸妈过大年”、“温暖过渡房——三月春风进社区志愿者在行动”、“幸福种子”环保增绿、“海卫在线”等特色志愿服务项目，打造暖人心、聚民心的特色文明品牌。

2016年，杨舍镇“幸福杨舍”志愿者协会有直属服务队4支、法人团体分会6个。在张家港市“友爱港城”网注册的杨舍镇志愿者服务队多达177支，人数超过5000人。志愿者建立了与低保户、低保边缘户、贫困职工、残疾家庭等弱势群体结对的“一对一”服务机制，通过志愿活动传播志愿者精神，用志愿者精神去感召更多的人。

幸福网格 2015年，杨舍镇大胆尝试政府购买服务，创新实践“政府+志愿者+

志愿者骑公共自行车宣传低碳出行 严子洋 摄

志愿者给新市民父母播放其子女在港城生活的视频 严丽华 摄

“幸福网格乐翻天”才艺PK赛（2013年） 严子洋 摄

社会组织”的合作模式。以城区 4 个街道的文化大网格为试点单位，向社会公开招募尚舞文化艺术传播中心、金色童年培训中心、少儿图书馆培训中心、领舞艺术培训中心 4 家在文化网格指导方面相对专业的社会组织，搭成“1 个文化网格 +1 个伙伴”的伙伴，以此提升“幸福网格乐翻天”的品牌内涵和影响力。组织暨阳群众文化艺术团编排优秀节目，走进老年过渡房、敬老院、环卫所、企业及建筑工地，为特殊人群送去温暖与关怀，全年共巡演 90 场次。围绕“自治谱新篇 · 幸福在杨舍”，编排村（居）自治专题文艺节目，并进行巡演，全年共编排新节目 78 个，其中京剧小品《招聘》获得张家港市小戏小品比赛金奖。

幸福成长　2012 年，为了让病困儿童感受社会大家庭的温暖，帮助孩子们实现心中的梦想，杨舍镇妇联开展了“我和妈妈有个约会”主题活动。通过网络报名，招募“社会妈妈”，与病困儿童完成结对，提供爱心扶助。活动安排“社会妈妈”和孩子们开展爱心午餐、爱的邀约、爱的传递等活动。经过多年的宣传和活动，越来越多的爱心人士加入到“社会妈妈”队伍，与区镇病困儿童结对，共同关爱弱势学生，帮助孩子们幸福成长，极大地改善了病困儿童所处环境。

2015 年，杨舍镇在广大青少年中深入开展社会主义核心价值观宣传教育和实践活动，使青少年在核心价值观的沐浴中幸福成长。通过实施拆迁安置小区“青春家园”服务项目，持续开展“七里庙青少年之家”、“金塘小管家”、“青春创益客厅”、“青少年社工站”、“四点半课堂”、“有声有色”新媒体阅读等青少年服务项目，增强对拆迁安置小区青少年的思想引导和爱心服务。杨舍镇与澳洋志工协会联合举办“守护天使 · 情暖港城”帮扶病困儿童活动，服务全镇 46 位病困儿童。同时，实施青少年“公益营”志愿服务项目，举办“益动六一 · 快乐同行”欢乐会、“品幸福 · 话团圆 · 送温暖”等活动，为新市民子女送去社会的关心和慰问。

新市民子女梦想学堂开学典礼（2014 年）　　严丽华　摄

暨阳风物

杨舍历史悠久，现存及已经消亡的诸多古遗址和出土文物等，见证了它悠久的文化底蕴。杨舍民间文化繁荣，20 世纪 90 年代起，为弘扬民族文化，通过调查、发掘和扶持民间文化艺术，杨舍镇培育了一批富有民俗传统特色的民间艺术团队和民间艺人，广泛开展民间文化艺术活动。1999 年，苏州市文化局授予杨舍镇“民间艺术之乡”荣誉称号。

本地先民们在生产和生活中形成许多绚丽多彩、寓意深刻的民间风俗。新中国成立后，随着生产力的发展、科学文化水平的逐步提高，历史沿袭下来的民俗，有的被革除、消失，也有许多民俗被保留下来，并得到传承、更新和发展。

杨舍因其独特的地理位置，形成了虞（常熟）西话、澄（江阴）东话、老沙话和崇明话等富有地方特点的方言。

杨舍有着优越的自然环境和地理条件。长期以来，杨舍人民在利用当地资源发展生产的过程中，逐步形成了具有浓郁乡土风味的特产名产和美食小吃。

遗址

西新村新石器时代文化遗址 位于杨舍镇泗港片区西新村西，其西、南与江阴相邻。是高约 1.5 米至 2.5 米，南北、东西各长约 400 米，总面积约 16 万平方米的一处高地，当地民众称之为“大坟里”。

2006 年 12 月，文物管理部门联合苏州博物馆，对该地区进行考古调查。通过对“大坟里”的实地勘探、地层剖面分析以及大范围的钻探调查，调查组在现场发掘和采集到良渚时期的灰陶凹弦纹器盖，饰凹弦纹和镂孔、夹砂鼎口，夹砂锥形鼎足，灰陶高领罐口，马桥时期的凹环底红陶片，东周时期的印麻布纹硬陶片、席纹硬陶片、灰硬陶腹片、印斜梯格纹腹片、灰陶梯格纹罐口，战国时期的褐陶腹片、原始瓷碗底、印斜纹附加菱形纹硬陶腹片，印曲折回形纹腹片等物。

西新村新石器时代遗址的文化内涵涵盖了良渚、马桥、东周直至宋、明、清等不同时期，年代最早的可追溯到新石器时代的良渚文化时期。

戴巷村战国时期冶铁遗址 1984 年，杨舍镇戴巷村（今斜桥村东区）某地平整一块高地时，发现一个地方出现大量经焚烧后的木炭。木炭均呈块状，层层堆放，四周是大面积的红烧土。当时的沙洲县文化馆工作人员赶赴现场，经仔细发掘，又发现一炉口遗存。炉口旁边还出土了大量的铁矿渣，其中大的一块有几十千克重。周围还凌乱地分布着一些战国时期的印纹硬陶残片。经分析鉴定，该铁矿渣为战国时期冶铁遗存。戴巷村在战国时期尚处于东海之滨，由此推断该处为一战国时期东海之滨的冶铁遗址。戴巷村发现的战国时期冶铁遗址，对于考证当时境内及周边地区的科技、经济发展状况，有着重要的考古研究价值。

古黄泗浦遗址 位于杨舍镇庆安村与塘桥镇滩里村交界处。面积约 2.21 平方千米，史载为鉴真第六次成功东渡之地。2008 年 11 月开始发掘，勘探出 3 处总面积约

2.4万平方米的遗迹密集区，涉及水系、港口、寺庙和当时人们的生活状况等内容。发掘出土陶器、瓷器、铁器、铜器、木器、骨器等文物1500多件。古黄泗浦遗址出土的文物以瓷器最为突出，数量密集，且窑口种类相当丰富。其中，南朝至隋唐五代时期的瓷器以越窑系产品为主，间有长沙窑、寿州窑和邢窑产品。器形以碗、盏、碟、罐、壶、钵等为主，出土的各类瓷器产地众多。北宋以后，除越窑系的瓷器外，新出现湖州窑、钧窑、磁州窑、建窑、吉州窑、龙泉窑等各窑口的瓷器。另有定窑所产的银箔碗和刻花碗、湖田窑所产的划花碗等。除瓷器外，遗址中还出土大量的陶、铁、木、铜、牙、骨、石等其他材质的生活器皿。一口井中出土了具有典型唐代风格的瑞兽葡萄纹铜镜，另一井中出土了兽背猴釉陶塑，在一兽上骑一大猴，大猴背上伏一小猴。在遗址的地层和遗迹单位内还出土一些与佛教有关的器物：南朝地层内出土有莲花纹瓦当和石佛像背光残片，宋代井内出土的文字砖上刻有“祝延皇帝……释迦如来……民捨钱施……”“阿弥陀佛”“释☐”“国泰民安”等字，地层内还出土刻有莲花座的陶狮像等。经考古专家对器物的年代分析，寺庙建筑年代应为南朝时期，与史书上记载的尊胜禅院的建筑年代一致。史料和实物资料相结合，证明该处遗址很可能就是史书记载的尊胜禅院所在地。日本真人元开所著《唐大和尚东征传》记载：鉴真大和尚于唐天宝十二年（753）十月二十九日戌时，从龙兴寺出，至江头乘船下，于十月三十日傍晚到达苏州黄泗浦。于是年十一月十六日，由“苏州黄泗浦”出海。前后在黄泗浦停留半月之久。考古专家分析，寺庙遗址的发现，为寻找当年鉴真一行在黄泗浦的下榻之地提供了合乎情理的推断。根据鉴真历次东渡前后都选择寺庙作为落脚点的惯例，加之当时距离黄泗浦

故宫博物院原院长张忠培（左三）考察古黄泗浦遗址（2013年） 肖湘 摄

古黄泗浦遗址探方一角 肖湘 摄

口最近的庙宇就是尊胜禅院，其自然是鉴真一行下榻的首选之地。

该遗址不但为唐宋时期考古学研究提供了新资料，同时还为中外文化交流、陆路和海运交通路线以及海岸线变迁等诸多课题的研究开辟了新视野。作为唐宋时期的港口型遗址，其遗址范围之大、时间跨度之长，在全国同时期遗址中较为罕见，在历史学、考古学研究方面具有独特的作用和意义。古黄泗浦遗址于 2010 年入选“江苏省全国第三次文物普查十大新发现”，并被列为苏州地区唯一入选的首批“江苏大遗址”之一。2011 年 12 月，被列为第七批江苏省文物保护单位。

2013 年 5 月，被国务院核定公布为第七批全国重点文物保护单位。

文物

陶罐（春秋） 1974 年冬开挖长丰河时，杨舍公社十一大队（今斜桥村东区原戴巷村）出土古陶罐 1 件。该陶罐上口略有破损，大体完好。罐呈柿圆形，鼓腹短颈、矮足平底。颈底周围领边微仰，圆浑安详。遍体刻灵尾纹，连绵不绝，自然构成图案。唯

陶罐（春秋）

领、颈光板无花。体形稳重，造型古朴。经初步考证，此罐系距今 2500 ~ 3000 年前（春秋时期）陶器。后由苏州博物馆收藏。

竹胎包银雕漆碗（宋） 1974 年 12 月，杨舍公社十一大队（今斜桥村东区原戴巷村）东横泾北侧约百米处一宋墓中出土雕漆碗 2 只，其中 1 只完整、1 只破损。口径 13.8 厘米，通高 6.8 厘米，底径 7.1 厘米，内高 6 厘米，壁厚 0.29 厘米，重 153 克。银胎，银圈足，圈足下有一衬托。银圈足与银胎没有焊接，浑然一体。碗呈黫红色，色泽乌亮，外面雕刻如意纹，内壁包镶银箔。断面堆漆层中显露出有规律的色层，制作工艺精细，在银胎上施夹纻灰胎，灰胎夹以 3 毫米宽的薄篾片为筋骨，一道道整齐地盘绕在银胎上，竹片外面涂灰，层层上漆，用刀雕刻成大如意云纹，刀法圆斜，刀锋流畅，形态华美。随葬于宋大观元年（1107），是当时全国范围内出土较早的雕漆工艺品。同时还出土镇墓铁牛 4 只。竹胎包银雕漆碗为国家一家文物，由张家港博物馆收藏，是张家港博物馆镇馆之宝。

青白釉莲瓣高足杯（宋） 杨舍镇小河坝一宋墓中出土。莲瓣形高足杯口径 12.24 厘米，底径 10.67 厘米，高 13.89 厘米，底部孔径 2.8 厘米，重 561.9 克，侈口，腹较深，通体饰莲瓣纹，杯壁下半部饰雕刻的仰莲瓣纹，杯把手装饰三层覆莲瓣纹，把手中空，底及把手内部均无釉。胎体洁白致密，敲之有清脆的金属声，釉色清亮润泽、白中闪青。该高足杯在器形上一大特点就是以莲瓣纹作为主纹饰，占了整个器身的五分之四强。

青白釉莲瓣纹高足杯系北宋年间的典型器物，其遍布器身的莲瓣纹饰，是佛教文化在艺术品中的体现，有着重要的艺术欣赏和研究价值。江苏省文物局珍贵文物鉴定组专家认定该文物为国家二级文物，由张家港博物馆收藏。

成套冥器（明） 1989 年 10 月 10 日出土于杨舍镇塘市芦庄村窑场明代砖室墓。冥器又叫明器，为古人随葬器物，一般用陶、木、石、竹等制成。南宋开始逐渐使用锡、铅合制的冥器，到了明代开始大量流行。仿制各种日常生活用具，就是将实用的器具按 1∶10 ~ 15 的比例进行缩小。冥器制作非常逼真，从中可以看到当时的生活习俗、风土人情及高超的手工业制作技术。

出土的这套冥器一共有 38 件，其中锡戴盖锅 4 件、锡烛台 2 件、锡香炉 1 件、锡签筒 1 件、锡玉壶春瓶 2 件、锡壶托 2 件、锡酒壶 1 件、锡酒杯 1 件、锡洗盆 1 件、锡盆大小各 8 件、锡筷 1 双、锡灯盏 2 件、木饭桶 1 件、竹浴盆 1 件、木桶 2 件。这套冥器制作精良，浇铸技术高超，可以视为精美工艺品。材质有铅、锡、木、竹，说明了明代冥器制作的原材料已呈多元化，不再是统一地用铅、锡作为原料。这种用多种材料制作的随葬冥器十分少见，因而显得十分珍贵。现陈列于张家港博物馆。

银元宝（清） 1986年出土于杨舍西街原邮电大楼施工工地上，共三锭外形近似的银元宝。经江苏省人民银行钱币专家鉴定，确认为清代银元宝。其中，两锭为山西汾阳铸造，一锭为江西瑞昌铸造。山西汾阳铸造的一锭存于省人民银行，以做进一步研究之用。另外两锭陈列于张家港博物馆。陈列于张家港博物馆的两锭元宝一锭长11.55厘米、宽6.6厘米、高7.55厘米、重1867.2克，铸于清道光年间（1821—1850），内竖向分别镌刻“道光三十年月”“汾阳县匠王炳”两行字，底部可见一玉米粒大小的方形孔，深1厘米左右；另一锭长10.85厘米、宽6.5厘米、高6.75厘米、重1863.5克，铸于清咸丰年间（1851—1861），内竖向分别镌刻“咸丰年月”“瑞昌县匠广利”两行字，外侧各有2个玉米粒大小的方形孔，深亦为11厘米左右。银元宝的侧面和底部，均密布着深浅及大小不一的气孔。从外观上看，两锭元宝颜色发黑，两端高高翘起，中间凹陷，侧看像一顶和尚帽，俯视则中间束腰，都是属于俗称“马蹄银”的元宝。按古代计量换算，应为清库银50两。苏州市钱币学会会员、著名钱币鉴定专家邹志谅亲自察看这两枚银元宝后，感叹道：“清50两纹银，历代融化者甚多，完整者已不多见，具有重要的保管与研究价值”。

竹胎包银雕漆碗（宋）

青白釉莲瓣纹高足杯（宋）

成套冥器（明）

银元宝（清）

方言、谚语与俗语

方言 杨舍地区因其独特的地理位置和复杂的人口来源，加之历史上长期分属常熟、江阴两县，形成几种富有地方特点的方言，地区之间各不相同。主要方言有虞（常熟）西话、澄（江阴）东话和老沙话。20 世纪 90 年代以后，北部乡镇许多居民迁居杨舍城区，又增加崇明话。各类方言的词义、词素和语音各不相同，都有其自身的特点，但均归属吴地方言。

境内方言分区大致以南横套为界，分南北两部分。南部俗称“江南”，其方言统称“江南话”；北部俗称“沙上”，其方言统称“沙上话”。南部“江南话”又以界泾河、新沙河为界分为东西两片，东片为虞西话，西片为澄东话。

东莱片的农联村、黎明村、徐丰村，乘航片全部及塘市片新沙河以东地区居民大部分讲虞西话；杨舍片、泗港片及塘市片新沙河以西地区居民大都讲澄东话；东莱片的东莱村、西闸村、福前村大部分居民讲沙上话；晨阳片居民全部讲沙上话。90 年代以后，杨舍城市建设发展迅速，全市各乡镇部分居民纷纷迁居城区，打破了杨舍城区原来澄东话一统天下的格局，又增加虞西话、老沙话、崇明话等方言。

谚语

船到桥，直苗苗。

三分种，七分管。

老大一多要翻船。

卖嘴郎中吮好药。

只有懒人，没有懒地。

六月盖被，田中无米。

六月勿热，五谷勿结。

稻熟要养，麦熟要抢。

干断麦根，挑断担绳。
烂耕烂种，减产祖宗。
冬至栽竹，立春栽木。
吃一趟亏，学一趟乖。
人老筋出，树老根出。
稻熟三朝，麦熟一夜。
宁除草芽，不除草爷。
开店独行，种田合帮。
深耕一寸，等于浇粪。
积少成多，积米成箩。
坐吃三餐，海也要干。
敲锣卖糖，各熟一行。
小洞勿补，大洞吃苦。
满饭好吃，满话难说。
一日早，十日赶勿到。
三九、四九，沿河插柳。
火到猪头烂（功夫到家）。
种子年年选，产量节节高。
要得秧苗好，隔年先坌好。
若要秧苗精，落谷要稀疏。
削尽田边草，病虫能减少。
宁莳隔夜地，不栽隔夜秧。
插秧要抢先，割麦要抢天。
秋前不搁稻，秋后要懊恼。
好种出好稻，稗子出稗草。
麦秀风来摆，稻秀雨来淋。
三月沟底白，青草变成麦。
寒露无青稻，霜降一齐倒。
棉花不整枝，光长空架子。

种田无取巧，只要功夫到。

人勤地生宝，人懒地生草。

万物土中生，高产先养根。

肥是农家宝，施好产量高。

养猪勿赚钱，回头看看田。

基肥看田底，追肥看苗势。

刀在石上磨，人在苦中练。

买的便宜货，烧的夹底锅。

树大根深，只怕小斧常锛。

有麝自然香，不必当风扬。

一只碗勿响，两只碗叮当。

臭戏多锣鼓，臭人多说话。

树活靠层皮，人要争口气。

雨笃飘山纸，小麦像蝗虫屎。

浑水勿落外浜（好处不外流）。

冷粥冷饭好吃，冷言冷语难受。

四月芒种开镰，五月芒种完田。

水停百日生毒，人停百日生病。

人情急如债，掮得镬子沿门卖。

黄根保命，黑根送命，白根长命。

稻耥三遍谷满仓，棉锄七遍白如霜。

清明谷雨两相连，浸种耕田莫迟延。

人在岸上热得跳，稻在田里哈哈笑。

十月麦，请人踏；踏一脚，收一石。

三月清明麦勿秀，二月清明麦秀齐。

冬垩金，春垩银，春施腊肥银变金。

生意人不离店头，种田人不离田头。

有钱常记无钱用，无钱常记大荒年。

见人挑担勿吃力，自家挑担常常歇。

行得春风有夏雨，行得好心有好报。

俗语

几化——多少

搞作——浪费

那哼——如何

晦气——背运

买嗲——撒娇

猴急——心急

一味——一门心思

险关——危险得很

泼辣——办事干练

啥个——何事、何物

呒啥——还好；没有

着港——事情得到落实

触心——使人反胃、难过

坍台、坍充——丢脸、出丑、羞愧

交关、海还、航尽——很多、好多

洋盘——衣着言谈洋里洋气；充内行

结毒——积怨

上火——点灯

识相——知趣

眼热——羡慕

做亲——结婚

腾空——无根据

打棚——乱搭腔

穿棚——事情败露

缠账——纠缠不清

违拗——违背、否定

巴（读“布”）家——会当家

门头——亲友之间的人情往来

饶头——买东西时卖方的额外赠送

豁铃子——暗示

轻骨头——轻浮

夹屎硬——充好汉

弗连牵——不像样

弗作兴——不可以

书读头——书呆子

呒趣相——自讨没趣

巴望——盼望、指望

小扇子——讨好拍马

呒道成——没有出息

吃不住——承受不了

沫沫头——泡沫

弗来个——不行的

搞鼻子——瞎胡闹

拆家败——败家子

一歇歇——一会儿

做人家——生活节俭

卸肩胛——推卸责任

看人头——看人办事

青茄皮——厉害角色

发汗热——身体发烧

搭弗够——力不能及

撴地光——在地上打滚
鸭屎臭——丢脸、出丑
掉弗落——心里丢不下
呒介事——不当一回事
沃儿经——有手腕、办法
大脚胖——有权势的靠山
靠牌头——依仗靠山、后台
眼眼调（交）——刚巧、正好
呒清头——不懂事；数量很多
夹手账——经别人转手的事或账
窝传传——随便搞搞；不尽人意
呒讲头——没有共同语言；把话讲绝了
横戳枪——节外生枝
小乐惠——小小的享受
寻吼斯——滋事、闹事
呒话头——好得无可挑剔
吃素饭——到死者家吊丧
冷板凳——被人冷淡、搁置
讨惹厌——惹人讨厌、麻烦
朝南话——打官腔，说空话
弗识相——看不出苗头、做蠢事
别苗头——跟人比高低；看苗头
塌台戏——事情没办成；行为出轨

一塌刮子——总共
老里老早——很早
火烫屁股——坐不定
七老八十——年纪大
七勿老牵——不合常规
七中八到——恰到好处
七横八竖——杂乱无章
口轻飘飘——不知轻重
少出少有——难得看见
眼巴望望——极为企盼
古里古怪——极其古怪
汗出白部——出汗很多
刹生头里——突然之间
奸刁促狭——奸猾损人
吃饭家生——干活的工具
哭出乌拉——想哭的样子
木知木觉——迟钝、麻木
大约模脚——大概
毛头后生——小青年
天下世界——全世界
软子烂糟——不坚硬
虚头霍脑——说谎骗人
七死八活——吃尽苦头
七颠八倒——事物混乱
千人百眼——大庭广众
牛牵马浜——行动缓慢
半二勿三——犹豫不决
血淋带滴——鲜血直流
死蟹一只——毫无办法
呒头答脑——不懂道理
萎靡倒灶——萎靡不振
开场锣鼓——工作的开头
地头脚跟——地址、住址
千脚万步——走了许多次

七勿搭八——瞎说，瞎搞
陌里陌生——不熟悉情况
老 K 失匹——精明人失误
倒急夜壶——说话快而不清
小吉伶伶——女人小巧玲珑
嚼大头蛆——比喻乱说乱话
面撅嘴翘——面色难看、不情愿
胎里毛病——原来就存在的毛病
乌拉不出——说不出的苦恼、后悔
朝南闲话——冠冕堂皇的敷衍之词
书话腾腾——说话文绉绉且滔滔不绝
拣佛烧香——不一视同仁，喻人势利
捉猪捉狗——干活笨手笨脚，很勉强
七搭八搭——说话没有层次；交友不当
气鼓老老——极为气恼，也作气膨肚皮
死样怪气——有气无力、不死不活的样子
扭头额颈——摇头晃脑，不安心、不严肃
敲钉转脚——事情办得十分妥当周详，不留破绽
巴搭不够——自己和人家差距大，也指符合心意，十分希望
青肚皮活狲——没有记性的人
痴狗等羊头——空等、白费功夫
上轿穿耳朵——事到临头才做准备
袋袋碰着布——口袋里空，没有钱
杀嘴杀鼻头——比喻时间紧，正好够得上
三只鸭子六道游——人多不聚心
和尚道士夜来忙——白天不出力，晚上装着忙
夹忙头里膀牵筋——百忙当中突然又发生麻烦事情
立勒河里等潮来——等待、观望，任其自然，不主动想办法
死鳑鲏跟着鲤鱼游——弱者硬与强者攀比
七七八八——接近，差不多
恶客念头——指计谋很刁钻
性命交关——比喻关系重大
呒天野地——形容多、大、广
疙里疙瘩——比喻事情很复杂
阴间秀才——在背后算计人的人
假面光鲜——弄虚作假，装装门面
七更八调——行为多变，难合心意

岁时习俗

春节　农历正月初一，古称元旦、岁朝，也称年初一和新年，民国初年始定名春节。是日凌晨，千家万户燃放爆竹（杨舍地区称爆竹为爆仗、炮仗或高升），称“开门爆仗”，祝新岁开门喜庆。早上，合家吃糯米粉圆子，象征团圆亲密；中午，吃面或馄饨，意为长寿、兴旺。是日，男女老幼穿戴一新，走亲访友，相互庆贺，小辈向长辈请安，称“拜年”。此外，还有贴春联、供饭山、讨百家粮、吃“百岁圆”（年初一）和“接路头”（年初五）等传统习俗。新中国成立后，政府机关和工厂企事业单位组织集体“拜年”，称“团拜”。有客造访，一般都以清茶（亦有糖茶、橄榄茶）、香烟、花生、葵花子、糖果等相待。旧时敬天地、祭鬼神等迷信活动已基本破除，代之以拥军优属、走访慰问贫困人家和举行各界人士新春茶话会、联欢会等活动。90 年代以后，由于杨舍城市建设日臻完美，人口居住稠密，市委、市政府为了确保人民生命财产安全和城市清洁卫生，决定春节期间城区范围内不得燃放烟花爆竹。多年来，境内镇民已养成不在城区内燃放烟花爆竹的良好习惯。杨舍地区传统意义上的春节活动一般指正月初一至初五期间的节日活动，农村一般延续到正月十五。

元宵节　农历正月十五，古代为上元天官赐福之辰，称“上元节”。上元之夜称“元夜”，也称“元夕”“元宵”。因历代这一节日有观灯习俗，故又称灯节。杨舍地区元宵节的主要传统习俗有吃元宵、接灶君、照田财和闹灯会。

元宵节晚上，杨舍地区家家要吃元宵（糯米粉做成、内包馅的汤圆，也称圆子和团子）。按照旧习，闺女新出嫁的，娘家要向女儿家送圆子，名为“上圆子”。据说灶君自从十二月二十四日被送上天庭后，到元宵节便要从天宫下界了。因此，杨舍地区从正月十三起，家家都在灶前挂起荷花形灯盏，以表示对灶君的敬意。按习俗，每年元宵，家家要将灶神接回家，农历十二月二十四日将其送上天庭，灶君会向玉皇大帝汇报这家人的所作所为，积善人家有善报，作恶人家遭惩罚。元宵节晚上，农村各户用乱柴在自家场角田头焚烧，或用枯竹竿、旧扫帚扎上稻草点上火到自家田头挥舞，称“照田财”。“照田财”意在祈求丰收。每年元宵节，杨舍镇及周边小集镇上张灯结彩，燃放鞭炮烟花，敲锣打鼓，城乡男女老少普遍上街观灯，观调龙灯、调狮子等。尤其是杨舍镇上元宵灯会更是壮观热闹，成为灯的海洋，最壮观、最吸引人们眼球的当数调（舞）龙灯和狮子。

新中国成立后，杨舍地区闹元宵之风依旧。接灶神、照田财、调龙灯、调狮子、观灯等传统习俗依然盛行。近十年来，张家港市人民政府禁止在城区燃放烟花爆竹。但每年元宵节，市政府都责成有关部门严密组织，先后在杨舍城区的张家港公园、暨阳湖畔等指定地点燃放半个小时烟花。届时，城乡人民群众纷纷前往观赏。近者步行，远者或骑自行车、电动车，或驾驶汽车而至。城区各条路上，车流如织，人流如潮。在大批交警和城管队员的指挥疏导下，秩序井然。

清明节 清明是一年二十四节气之一，也是我国传统习俗中的重要节日之一。在一年二十四个节气中，清明节是唯一以节气演变为节日的民俗大节。杨舍地区民众在清明前后以祭祀与怀念先人为主题，唤起人们对已去世亲人的思念。

清明前一日为寒食，禁烟火。每年一到清明，人们就忙着张罗上坟祭扫。杨舍人把扫墓也叫作“堆坟”，祭扫的时间并不限定在清明当天，有“前十日，后十日”之说，在这范围内任何一天均可。不过，这仅适合于老坟，对于第一年去堆的新坟来说，则必须在清明当天祭扫。为祖先扫墓是人们心目中的一件大事，因此，即使是老坟，通常也争取在清明之前完成。

扫墓时，先将带去的酒、饭以及荤素菜肴在坟前上供祭祀；接下来便焚香点烛烧纸钱；然后按辈分长幼，在墓碑前磕头、鞠躬，以寄托哀思；最后为坟墓芟除荒草，并培土修坟，称为“浇坟”，有的还在离去前绕墓辞行。

杨舍人把在家中为祖先设供祭奠称为“作飨”。按照旧习，清明堆坟前要是不作飨，称之为“堆空坟”，即被视作对祖宗心不诚。作飨时，要焚香点烛，供上酒、菜、饭，并焚化纸钱，合家叩头礼拜，以示缅怀先人之诚。

立夏 立夏是一年二十四节气之一，这一天，杨舍地区有尝三鲜、称人、防疰夏和食草头面衣等富含地方特色的传统习俗。立夏时即将进入夏季，气温骤升，万物竞发，各种时鲜蔬果水产相继应市，杨舍民间素有立夏尝三鲜的习俗，但在三鲜的种类上说法不一。立夏三鲜，通常分为地上、树上、水中三类，其中地上三鲜为苋菜、青蚕豆、元麦仁（也称“麦蚕”）或苋菜、青蚕豆、蒜苗；树上三鲜为樱桃、杨梅、枇杷或樱桃、杨梅、香椿头；水中三鲜为银鱼、海白虾、子鲚或鲥鱼、银鱼、白虾，但水中三鲜之一的鲥鱼现已变得异常稀少而珍贵。立夏这一天，杨舍地区有称人吃咸鸭蛋的传统习俗，小孩胸前还要挂彩色丝线结成的网袋。称人就是称体重，现在已经不流行；吃咸鸭蛋的习俗沿袭至今。

斋灶神 六月二十四，是荷花生日，也是雷公生日。这一天，杨舍地区老百姓有吃团子、斋灶和拜天神的传统习俗。家家户户用事先准备好的糯米粉做团子斋灶。在灶上焚香点烛，并供上丰富的祭品。祭品除芝麻心、豆沙心、黄豆心等甜心团子外，还有豆腐干、百页、红菱和瓜果等。然后在灶前地上放一蒲团或坐垫之类的物品，主人跪在其上拜祭灶神，祈求灶神保佑阖家平安、秋熟丰收。

夏至 夏至吃馄饨的习俗，跟端午吃粽子、重阳吃糕处于同等重要地位，有“端阳勿吃粽，死后无人送；重阳勿吃糕，死后无人扛；夏至勿吃馄饨，死后呒不（没有）坟墩”的谚语。旧时，人死后都是土葬。活着的人十分看重坟墩，都希望死后有一个高大的坟墩。据说坟墩堆得高大，死者的后代就会兴旺发达。因而每到清明节，死者的后辈们必定会去死者的坟上添土、重新掘坟“帽子”，称“挑坟”或“堆坟”。“夏至吃馄饨，死后有坟墩”的说法由来已久，夏至吃馄饨的传统习俗沿袭至今。

重阳节 古人以“六”为阴数，“九”为阳数，九月九日有两个“九”字，因此名为重阳，也称重九。重阳节又称“登高节。”“九”与“久”为谐音，“九九”重阳更有天长地久人长寿的寓意，故1989年中国将重阳节定为法定老年节。杨舍地区在重阳节有吃重阳糕、佩戴茱萸饮菊花酒、登高等习俗。每逢重阳节，杨舍地区家家户户都要吃重阳糕。由于“糕”与“高”为谐音，因此人们用重阳糕寄托万事俱高的心愿，将其看作生长、向上、进步、高升的象征。另有一种说法，那些重阳节不能登高的人，可以通过吃重阳糕代替登高。

除夕 是农历年中的最后一天，又称“大年夜”“年三十”。是日，杨舍地区有年祭，烧年夜饭，贴喜字、福字和发压岁钱等习俗。年祭也称“腊祭”“作飨”，借以祭缅三代祖先及恩人。年祭时，在中堂置一八仙桌，放上酒盅、筷子，斟上黄酒或农家自酿米酒，摆上八样菜。菜为鸡、鱼、肉、油豆腐、蛋饼等“老八样”。在八仙桌靠门口的一方点上香烛，即开始祭祀，家里按辈分大小进行参拜。一般男为先，女为后，参拜两到三次。酒过三巡，等香烛燃尽，祭祀便告结束。所用的祭品都要拿回到灶上，再行烧制后才能食用。这是因为阴阳两隔，作飨用过的物品，沾染了太多的阴煞气，上灶重新烧过后即回阳了。贴春联、贴喜字和发压岁钱，也都是人们寄愿望、表祈求、装门面的举措，简单易行，因此长盛不衰。

除夕，杨舍地区家家要烧年夜饭。年夜饭的烧制也有讲究，有的人家用全大米，也有的还要掺一些五谷杂粮，如大豆、赤豆、花生、绿豆、玉米等，意为五谷丰登，到年还吃不完。年夜饭也称“守岁酒”，这是一年中最为丰盛的一顿家宴，素为杨舍民间所重视。届时，全家团聚，同桌共餐。长期在外的家人，也要想方设法如期赶回家中，吃这顿年夜饭。吃年夜饭时，老一辈的杨舍人，总会关照孩童讨吉利口彩，谓吃点青菜“有清有头（懂事）”，吃点豆芽“如如意意”（豆芽菜又名“如意菜”），吃点菠菜“有巴有望”，吃点芹菜“勤勤俭俭”，吃点萝卜“兴隆发财”。年夜饭要烧出锅巴，数量上要多烧一点，特意留有剩饭，取“年年有余”之意。米饭盛入筲箕后，将整块锅巴反扣其上，呈馒头状，再盖以红纸剪的如意，上插松柏、冬青、芝麻秆和手提秤等，以示吉利。

大年夜搓团圆是无论富贵之家还是贫穷之户都有的习俗。用上好的糯米粉，加水揉团，然后搓成直径 1 厘米左右大小的丸子。考究的人家还用血糯粉搓紫色的团圆，以求吉利和喜色。团圆一般在大年初一清早食用，成为年朝一家人喜庆团圆的美餐，也是开门大吉之兆。近年，也有怕麻烦、图省事，直接到商店商场买现成的团圆。

杨舍地区历来有除夕夜合家老小守岁（也称“守年”）的习俗。全家老少围坐，欢庆娱乐，彻夜不眠，辞旧迎新，以求在新的一年里大吉大顺，谓之“一夜连双岁，五更分二年”。

民间工艺

金属抬凿錾刻工艺 金属錾刻是利用金、银、铜等金属材料延展性的一门传统工

抬凿錾刻传承人蔡玉娟（前右）参加首届“港城绝技”大赛　严丽华　摄

阿联酋皇室举办“巨型食盒发布会”（2013 年）　严丽华　摄

艺，至今已有数千年的发展历史。杨舍镇“幸运金属”抬凿錾刻工艺集绘画、雕塑等传统美术技法于一身，工艺精湛，器型与色彩美观，具有较高的工艺美学价值与经济价值。2013 年 4 月 21 日，杨舍镇金属錾刻传承人蔡玉娟参加首届“港城绝技”张家港市非物质文化遗产技艺传承大赛，其作品“枫桥夜泊”咖啡杯获得金奖。阿联酋皇室用品十分讲究，其中有不少用品都出自蔡玉娟之手。2013 年，她为阿联酋皇室创作的巨型食盒创吉尼斯纪录，为此，阿联酋皇室专门举办“巨型食盒发布会”。2016 年，她为阿联酋创作的“迪拜精致点心盒（镀金）”荣获年度苏州优秀版权奖一等奖。

丁浩清的风筝作品（2000 年）　严丽华　摄

沙洲花边　杨舍镇沙洲花边是在提线花边的基础上，将民间的棒针编织应用到抽纱上，再结合钩针工艺，从而形成具有地域特色的花边。沙洲花边产品具有整洁、雅静、纤巧柔和的特点，具有多种功能，主要用作室内软装饰品。它艺术性较高，主要体现在花边图案的设计、钩结技艺的高超、镂空疏密的对比上，具有较高的艺术观赏价值。作为家居装饰品的沙洲花边，曾远销海外。2007 年，沙洲花边入选张家港市第一批非物质文化遗产代表作名录，传承人为曹亚娟。

丁氏风筝　杨舍丁氏风筝制作技艺始于清同治至光绪年间（1862—1908），现以享誉苏州地

西门社区老年剪纸艺术队“廉政”剪纸志愿服务项目（2016 年）

肖湘　摄

区的“苏州民间工艺家”、杨舍镇城东社区丁浩清为代表性传承人。丁氏风筝用材讲究，制作技艺精湛，绘图精美，体型多样，是杨舍地区民间工艺中的一朵奇葩。丁氏风筝于 2011 年入选张家港市第一批非物质文化遗产代表作名录。1992 年 3 月，丁浩清制作的 152 节、长 120 米的七彩“中国巨龙”风筝，在上海“大世界”设擂，被公认为世界风筝第一擂主，获得上海“大世界”吉尼斯世界纪录，载入《大世界吉尼斯之最》一书。该巨龙风筝被国家体育博物馆收藏。

剪纸　境内剪纸在明清时期就已流行，尤其是在婚嫁、祝寿、春节等各种喜庆场合备受人们推崇。人们常在门窗等处剪贴“福、禄、寿、喜”等字样，以表吉祥如意，对未来寄予无限希望。剪纸主要以“剪、刻、贴、裱、糊、描、画、誊”为八字要诀，在单色、双色、彩色的纸品上以手工的方法剪刻出各种图案。

杨舍镇城西街道剪纸艺人钱坤和，专注剪纸艺术 30 余年，主要作品有各色蝴蝶、十二生肖、龙凤呈祥、梅花图等。他在市老年大学开设剪纸艺术课，并牵头组建西门社区老年剪纸艺术队。

根雕　根雕艺术是境内新兴的民间工艺。它取材于自然界各式异形树根，经巧夺天工的艺术再造，变废为宝。根雕艺术的基础是木雕技艺，主要以卡钳、刮刀、各式塑刀、锯、泥锤、木槌、铁锤、各类凿具、竹簪、拖钻，配以雕塑架、泥塑盒等工具，对各种异形树根经过勾画草图、塑制泥稿、制作粗坯、镂雕实坯、精心细修、细刻发纹、擦砂磨光、打蜡上光、配制底盘等工艺流程制成成品。根雕作品大部分是动物造型，有熊猫、鳄鱼、长颈鹿、金鱼、狮、虎以及各种鸟雀等。

城西社区根雕艺人许彪，潜心根雕 30 余年，雕制作品 260 余件。其家中收藏作品百余件，代表作品有“高山流水”“忍凤”“浮云”“山鸡报喜”等。作品曾在张家港市、苏州市及上海崇明等地展出。江苏电视台、《苏州日报》曾对许彪及其作品作过宣传报道。

麦秸画 麦秆画是中国独有的特色工艺品之一，中国民间剪贴画的一种。麦秆画虽来自民间，却十分稀罕，因其曾作为给皇家的贡品。麦秆画始于隋唐时代。它和剪纸、布贴一样是一种剪贴艺术。麦秆要经过熏、蒸、漂、刮、推、烫以及剪、刻、编、绘等多道工序。一般不着色，依麦秆本身的光泽、纹彩和质感，根据需要进行剪裁和粘贴而成。麦秆画具有光泽透亮、装饰效果好、艺术感染力强等优点。制作出的人物、花鸟、动物栩栩如生，活灵活现，给人以古朴自然、高贵典雅之美。李正楚是杨舍镇麦秆画制作爱好者，通过 20 多年的潜心摸索，麦秆画艺术在他手里呈现出别样的光彩。

地方特产

汤联芹菜 为汤联村特产，享誉苏、锡、沪。该村村民早在明代就开始种植芹菜（水芹），一直传承至今。20 世纪 80 年代至 2012 年，全村每年都要种植芹菜 250 亩左右，占全村耕地总面积的 25%左右。2013 年后，因土地被大量征用，芹菜种植面积逐年减少。汤联芹菜具有白头长、叶柄青、质地脆、香味浓等特点。芹菜可清炒，也可与豆制品素炒、与肉类混炒，还可经沸水稍作烫煮后凉拌，凉拌后的味道鲜美爽口，并能去腻、舒胃。

梁丰乳制品 系江苏梁丰食品集团公司系列产品中的主导产品。“梁丰”商标为江苏省著名商标。梁丰牌乳制品先后获首届中国食品博览会银奖、首届北京国际博览会铜奖、江苏省第六届轻工业优秀新产品金奖、第二届北京国际博览会银奖、1992 年上海中外食品博览会优秀新产品奖、首届全国部分市场食品卫生质量监评“年年香”金杯奖，并先后获“苏州市优良产品”“轻工业部优质产品”“江苏省名牌产品”“中国名牌产品”“绿色食品”“国际名牌食品”“全国大商场推荐市场名优商品”等荣誉称号。其中“金莎”“太阳花”果仁夹心巧克力曾作为国家领导人出访时的国宾礼品。梁丰食品远销韩国、日本、新加坡、俄罗斯、加拿大、澳大利亚、新西兰、美国等20余个国家和中国香港地区。江苏梁丰食品集团公司机械化奶牛场起步于1968年，2002年2月，经中宣部、农业部、教育部、财政部、卫生部、国家税务总局、国家技术监督总局以及国家发改委联合批准，成为全国学生饮用奶定点生产企业。早在2004年，梁丰牛奶就被评为中国绿色食品。

梁丰食品集团生产的牛奶饮品
丁美琴　摄

金鼠塑料地砖　是杨舍镇易华塑料有限公司的专利产品。易华塑料有限公司始建于1989年，是国内规模最大的PVC塑料地砖片材生产厂家之一，月生产能力400万平方米。产品销往中国、欧美、中东、亚太等30多个国家和地区。该公司是美国“家得宝”、英国“百安居”、法国“乐花梅兰”、中国香港地区“伟德仕”等国际知名建材公司的金牌供应商。公司拥有多项国家专利。“金鼠”商标被评为“江苏省著名商标”，“金鼠”品牌连续多年上榜“中国塑胶地板十大品牌”。金鼠塑料地砖荣获“轻工业部A级产品”及“国家建材行业优质产品”称号。金鼠牌系列产品被评为“江苏省名牌产品”“江苏省质量和信用产品”“江苏重点培育和扶持出口名牌”“中国弹性地板行业十大品牌”。2013年，公司年销售超10亿元人民币，出口创汇超1亿美元。2016年，该公司利税总额位列张家港市工业企业50强第25名。

神园葡萄　产自张家港市神园葡萄科技有限公司。该公司是江苏省最大的优质葡萄品种示范及育苗基地。神园葡萄起源于1987年，由泗港镇杨港村（今杨舍镇杨港村）徐卫东种植发展而成。时种植面积2亩，品种3个。1993年，引进美国、日本等国家10余个葡萄新品种。

1998年上半年，张家港市神园葡萄科技有限公司成立，种植面积50亩，葡萄品种80余种，被省农林厅确认为省葡萄育种中心。1999年4月，正式注册“神园”商标。是年，神园葡萄获江苏省优质水果评比金奖，并代表江苏省参加1999年昆明世博会和国庆50周年农业成果展。2000—2002年，神园葡萄连续3年获江苏省优质水果称号。2002年10月和2003年12月，公司基地先后通过江苏省无公害葡萄生产基地、无公害产地和农业部的无公害认证。2003年，神园葡萄获第三届江苏省园艺博览会二等

万家乐翠冠梨采摘（2016 年） 肖湘 摄

奖。2000—2003 年，连续两次获江苏省名优水果称号。2016 年，神园葡萄系列共有“巨峰”“红富士”“美人指”等国内外优良品种 160 余种。

万家乐翠冠梨 翠冠梨称“六月雪”。翠冠梨属沙梨系，果实近圆形，黄绿色，果皮细薄、果肉雪白色，肉脆汁多、味浓鲜嫩，可溶性固形物含量 12% ~ 14%，品质极佳。单果重 0.2 千克左右，最大者超 0.5 千克，果实可食率 96%，享有“百果之宗”的美誉。杨舍镇万家乐果品基地翠冠梨栽培园出产的翠冠梨品质最佳。基地聘请翠冠梨育种者、有“翠冠梨之母”称号的胡征令担任技术顾问，并与南京农业大学、江苏省农科院保持紧密联系，建立合作关系。一般梨树要 4 年才能进入盛产期，为了保证即时有产出，提前打响品牌，万家乐采用“自培＋套搬”模式。“自培”是指引进小苗培育，“套搬”是指基地 2010 年引进 900 多棵六七年树龄的大树，直接住进大棚。从树木开花到挂果，技术人员均严密监控。严格的种植流程和管理，使所产翠冠梨质量上乘、远近闻名。

美食小吃

周家桥羊肉 为杨舍镇晨新村特产，在张家港市乃至周边县市都小有名气。周家桥羊肉烹制手艺独特，烹制过程中，在除去羊肉膻味的同时，保留羊肉本身鲜美的味道。

周家桥白切羊肉　肖湘　摄

拖炉饼　肖湘　摄

红烧羊肉色泽红润、香气浓郁、汤鲜肉美、营养丰富。白切羊肉不仅营养丰富、味道鲜美，而且清淡爽口。周家桥羊肉始于20世纪60年代。至90年代初，五六家个体户把周家桥羊肉做出名气。1996年，晨新村干部带领羊肉店店主赴苏州藏书镇学成“藏书羊肉”的烹制工艺。是年，晨新村在国家工商行政管理总局注册正式的商标——“周家桥羊肉”，免费提供给当地的羊肉经营户共同使用。现在周家桥羊肉四季飘香，打破了20世纪只有冬季才经营羊肉的常规，出现淡季不淡、旺季更旺的好势头。每天到周家桥品尝羊肉的食客络绎不绝，不少外地人远道而去，只为吃上正宗的周家桥羊肉。

拖炉饼　为杨舍特有的传统风味小吃，始创于清道光年间（1821—1850）。拖炉饼制作工艺独特，烘烤时需用上下两只炉、锅，下面一只为平底锅，上面一只为倒扣着的锥形锅。烘烤时，先将做好的圆饼排放在平底锅内，然后点燃平底锅下炉子（用木炭作燃料），文火烘烤；再将放在火炉上预先加热的锥形锅覆盖在平底锅上，上下热量同时烘烤平底锅内的圆饼。三四分钟后，将锥形锅拖移开，两面金黄、香气四溢的圆饼即可出锅食用。拖炉饼采用上等白面粉、白糖、净板油（加工过的生猪油）、荠菜、芝麻、桂花等为原辅料。口味油而不腻，甜而不黏，清香可口，集酥、甜、松、香于一体，外形饱满，色泽金黄，酥层清晰。因其特别酥松，食用时需将其置于器皿内。1983年，杨舍拖炉饼被评为苏州市优质食品。

梅花糕　为江南著名的风味特色小吃。源于明朝，发展到清朝时就成为江南地区最著名的传统特色糕类小吃。相传乾隆皇帝下江南时见其形如梅花、色泽诱人，故作品尝，入口甜而不腻、软脆适中、回味无穷，胜过宫廷御点，遂拍手称快。因其形如梅花，便赐名梅花糕，流传至今。梅花糕是杨舍镇著名小吃，尤以乘航办事处施姓店家所制口味最佳。制作使用工具是传统的煤炉、紫铜壶、正六边形的铜制模具。制作时选用上等面粉、酵粉和水拌成浆状，注入烤热的梅花形模具，按比例放入豆沙、鲜肉、菜猪油、玫瑰等各种馅心，再注上面浆，撒上白糖、红绿瓜丝，用灼热的铁板盖在糕模上烤熟即成。梅花糕呈金黄色，形如梅花，松软可口，老少皆宜。

制作梅花糕　　王兴亮　摄

刚出炉的梅花糕　　王兴亮　摄

名人与名镇

杨舍历史悠久，自古人文荟萃，涌现出众多名士俊杰。历代曾出有探花、进士，官至将军、翰林院检讨侍讲学士等。暨阳章卿赵氏家族，自宋至清共出了37名进士，可谓簪缨不绝；塘市棋杆村（明代为东兴里）缪昌期家族，自明至今，文人、学者辈出。另外，还涌现出许多造福桑梓的文人侠士、抗倭英雄等。

民国以后，杨舍地区涌现出一批革命英烈、民族企业家、党政军高中级干部，以及音乐、书法、美术等艺术家。中华人民共和国成立以后，更有院士、学者、教授等大量人才。这些社会精英工作、生活在全国各地，活跃于政治、军事、经济、文化、教育、艺术、医学等领域，做出了杰出贡献。

杨舍为水陆辐辏之地，经济发达，社会活跃，历代有不少名人与杨舍结缘，并留下佳话，供世人传诵。

历史名人

陆绾（约 1010—约 1070） 字权叔，本名绛，字伯厚，今杨舍镇乘航庆安人。北宋宝元元年（1038）登进士第，提举江淮茶税官，充淮南路制置发运司运盐公事，官终尚书职方郎中，卒后赠中散大夫。陆绾自幼读书勤奋刻苦，其阅读儒家经典著作，务求明晰书中深刻道理，并融会贯通，著书立说，对圣贤古训作出进一步的深刻阐述。唐宋八大家之一、北宋著名文学家苏洵看到陆绾的著作后大加赞赏，称其文思“涌如水”“知君足才思”。存世著作有《春秋新解》《易学杂说》《听琴歌》。陆绾在家乡曾建有待潮馆，开江南私家园林之风气。

许政德（生卒年不详） 南宋河南灵宝县斜草桥人。原为国子监上舍生，因研习诗书礼仪有造诣，后被推荐参加科考中进士，初任朝奉大夫，后任崇德殿侍讲学士。南宋建炎三年（1129），许政德随宋高宗赵构渡江南下，后定居在杨舍北郊，成为杨舍斜桥许氏始迁祖。定居后，为方便当地百姓通行，独资在家旁谷渎港上建造一座木桥。因时刻怀念故乡，故将该桥取名为斜桥。后来，他看到东横河壅塞，即上奏朝廷建议疏浚，此议被朝廷采纳。东横河经疏浚后，两岸大量农田得以灌溉，当地百姓为此十分感激他。卒后，许政德葬于斜桥西北积庆庵旁。今废。

郭真（1320—1377） 字以宁，号得名，杨舍人，南宋进士郭庭坚裔孙。他幼承家学，刻苦研习儒家学说，明洪武四年（1371）中进士。洪武七年（1374）任陕西巩昌府（今甘肃陇西、定西地区）知府。时巩昌历经兵燹，盗贼出没，百姓流散。郭真到任后，不施苛政武备，以仁政施治，使得人心大安、盗贼归正。之后，郭真在府、县两级修建文庙书院，倡导崇文兴学，民俗民心、社会风气大为好转。郭真在巩昌府任职

郭真画像

三年期满，朝廷准备升调其官职。可当地士绅百姓专门向朝廷恳请挽留。朝廷采纳民意，将他提升为中宪大夫，保留知府之职继续镇守巩昌。他恪尽职守，鞠躬尽瘁。洪武十年（1377），郭真于巩昌府病逝。卒后，留葬巩昌，列为地方名宦，每年接受地方官员祭祀。

许庄（1378—1447） 字叔正，号梅谷，杨舍斜桥人，斜桥许氏始迁祖许政德的第十世孙。许庄自幼读书勤奋、礼让孝友、仁义好客，富有远见卓识。明正统年间（1436—1449），他在斜桥建造杨舍地区历史上著名的私家园林——沧江别墅。园中建有叚山浮翠、令节乔林、月浦渔歌、烟村牧笛、谷渎潮声、海门帆影、斜桥鹤唳、沙渚鸥眠八景，还建有沧江书舍、鸣鹤轩、香雪窝等亭台楼阁，种植梅花300余株。许庄常邀许氏同族兄弟和四方名士在春秋之季到园中游玩赏景，并以景命题吟诗作赋，相互酬唱。经常应邀到园的名士有南海王子伦、常熟程式、余姚胡盈以及族人许铗、许錩等。

黄昭（1466—1523） 字明甫，号小江，杨舍人。他自小聪慧，幼时即能口占五七言诗。明弘治八年（1495）中乡试第二，第二年高中进士，授刑部主事衔，后改授兵部主事职。他为官清廉，执法公正，从不徇以私情。正德元年（1506），宦官刘瑾擅权，把持朝政。黄昭和同科中举、同榜中进士的贡安甫等人，多次上书直言阉党祸害，尽揭刘瑾罪状。刘瑾得知后，怀恨在心，于正德二年（1507）三月矫传诏旨，将黄昭等62名朝臣诬为奸党，全部削职还籍。黄昭被下诏狱，遭受酷刑。正德五年（1510），刘瑾阉党遭诛，黄昭获平反。正德七年（1512），黄昭被重新起用，任广东按察司佥事，正德十二年（1517）擢升为福建按察副使。在广东和福建两地任地方官时，黄昭始终都能秉公执法，为民办事，深受当地军民的爱戴。黄昭于明嘉靖二年（1523）暴疾身亡。葬于杨舍西门外，乡人张简撰写墓志铭。黄昭卒后，因“丹心同日月，芳名播海内”而被

许庄谱像 黄昭谱像

列入乡贤祠。嘉靖《江阴县志》记黄昭“喜文墨”“诗尚清新”，有《题破屋》《饮刘氏怡老堂》等10首诗传于世。

许蓉（约1500—约1570） 字子城，号近川，杨舍斜桥人，豪侠而有智略，在杨舍一带颇有名望。明嘉靖三十三年（1554）农历四月二十八日，倭寇从黄泗浦港登陆，窜向斜桥。许蓉奉知县令，率乡民千余驻守杨舍镇，堵塞港口，严阵以待。倭寇侦知许蓉率众据守斜桥，急行赴港，见斜桥港口已堵，即从原路仓皇逃遁。另有一股倭寇从杨舍南面向北进犯，许蓉率众迎战于杨舍三官堂北，由于乡民伤亡较大，许蓉只得率众转移。倭寇大肆劫掠，村舍尽为灰烬。次日，许蓉会同全县兵丁杀回杨舍，倭寇仓皇逃遁。次年六月，倭寇再次进犯斜桥，疯狂烧杀抢掠，许蓉所住村宅被烧毁九十余间。许蓉率众赶到，寇已离去。他目睹惨境，悲愤难言，抗倭之志更坚。嘉靖三十七年（1558），监察御史尚维持下文，责成江阴知县杜华负责建造杨舍堡城，许蓉应杜华之请，具体督造堡城。他制定筑城规划，招收民工，率许乾、许艮、许巽、许兑、许观、许晋六子上工地，并捐献家中资财，其他富户亦相感捐款。许蓉筑城有功，知县令其领兵二千守城御寇。是年，许蓉遭人嫉恨中伤，蒙冤入狱。出狱后不再过问世事，建许氏前园，逍遥余生。许蓉平素仗义疏财，救济穷人。族人欲耕而无田者，便赠予土地而不计报酬。他嗜好书画，收藏许多宋、元名画。晚年喜爱种植菊花和牡丹。并自撰墓志铭，记述生平。著有《近川诗集》。

赵用贤（1535—1596） 字汝师，号定宇，章卿赵氏始迁祖赵不违十六世孙，明隆庆五年（1571）进士，选翰苑，官至吏部侍郎，著名藏书家，并以本官兼教习庶吉士。赵用贤为虞山镇南赵弄脉望馆主。因能得见皇家秘阁藏书，凡秘书、善本，假抄无虚日。据《赵定宇书目》所载，赵用贤藏书2000余种、上万册，如《稗统》正编约千种，

许蓉谱像　　赵用贤谱像

续编约500种，为稀世孤本。定宇负正气，于利国利民之事无不慷慨谏争。明万历五年（1577），宰相张居正父死夺情，台谏噤若寒蝉，任检讨的赵用贤和编修吴中行上疏纠劾张居正，结果反遭廷杖谪戍，遂成为称誉海内的名臣。著有《松石斋集》《三吴文献志》《国朝典章》等。明天启初赠礼部尚书，谥文毅。

赵琦美（1563—1624） 字仲朗，一字如自，号玄度，一作元度，自号清常道人，章卿赵氏始迁祖赵不违十七世孙，赵用贤之子，官至刑部郎中，好古有父风，勤于校雠和刻印图书，成绩卓著。并精于抄校，曾得《洛阳伽蓝记》，所刻版本较差，便从陈锡元、秦酉岩、顾宁宇、孙兰公处购得4家抄本，改正刻本中4888处错字和320个衍入或脱漏的字。几年后，又于燕山龙骧邸中再改正50余个错字，前后历八载，始为完书。又曾购得李诫《营造法式》残帙，缺18卷，经过20余年的搜集，终于补齐全书，并不惜以高价请绘图师重新绘制插图。据其所编的《脉望馆书目》，他藏书5000种、2万余册。今北京图书馆收藏的赵氏脉望馆抄校本《古今杂剧》242种，为赵琦美亲手校、抄的元明两代的剧本，是研究戏曲的一大宝库。此书先后经钱谦益、钱曾、季振宜、何煌、顾珊、黄丕烈、汪士钟、赵宗建、丁祖荫等藏书家辗转收藏。抗日战争中，为郑振铎购得，归入国库。赵琦美亦专刻书，他往往以其父校勘之本为母本，再加校订后刊刻，至今能见到的有《新唐书纠谬》《周髀算经》《酉阳杂俎》《仇池笔记》《东坡志林》等。著有《洪武圣政记》《容台小草》《伪吴杂记》《脉望馆和禅集》《网珊瑚》等。

缪昌期（1562—1626） 字当时，号西溪，今杨舍镇塘市棋杆村（古称东兴里）人，明万历四十一年（1613）进士。万历四十三年（1615）五月，明廷后宫发生一件震惊朝廷的“梃击案”。事件发生后，朝廷追查幕后主凶。因事涉郑贵妃，巡城御史刘廷元草草结案。时任翰林院检讨的缪昌期在大庭广众之下直言揭露刘廷元等人的险恶用心，引起刘廷元及其同党的嫉恨与不满，并招致其诬陷与诋毁，缪昌期因此托病返回故里。至天启元年（1621）熹宗皇帝继位后，缪昌期复职还朝。时东林党人杨涟、左光斗、高攀龙等均在朝为官，缪昌期与他们志同道合，常以名节自励，力主除弊图新。

缪昌期谱像

明天启四年（1624），东林党人对阉党专权极度不满，交章弹劾。尤其是左副都御史杨涟的参劾奏疏，列举魏忠贤二十四大罪状，引得朝野鼎沸，京城盛传此文出自缪昌期手笔。魏忠贤恼羞成怒，依仗手中倾天权力，大肆清除名贤之士，东林党人纷纷被逐出京。不久，杨涟、左光斗先后被捕入狱，遭迫害致死。缪昌期也被削职，返回塘市东兴里老家。天启六年（1626）二月，魏忠贤矫旨令东厂缇骑逮捕缪昌期。初五日，江阴县令岑之豹派衙役至从野堂逮捕缪昌期，押解至京，下北镇抚司狱。狱吏严施酷刑，缪昌期体无完肤，十指全脱，仍大义凛然。四月二十九日惨死狱中。崇祯皇帝即位后，惩处阉党，缪昌期得以平反昭雪，被赠为詹事府詹事兼翰林院侍读学士，追谥文贞。缪昌期被捕后在狱中写下示儿诗："诸儿初了了，长大竟无成。世事浑如梦，贻经累后生。覆巢宁有卵？刈草岂留根？幸得收吾骨，还须隐姓名。"诗意告诫儿女须隐姓埋名，隐居他乡，以防奸党斩草除根。

缪昌期生有五子七女，后长子虚白迁居江阴北澜，次子纯白，四子太白，五子坚白迁居江阴长泾，唯有三子贞白留居老宅东兴里。缪昌期著有《从野堂存稿》《周易九鼎》《四书九鼎》等传世。

叶廷甲（1754—1832） 字保堂，号梅江，别号云樵，杨舍人。叶廷甲侍母至孝，无微不至。入江阴暨阳书院求学，拜经学大师卢文弨为师。清乾隆四十二年（1777）被选为贡生，但他无意仕途，而潜心研究儒家经典，力主汉、宋经学大师之学说主张。在研究经学之余，还多方搜集流散于民间的珍贵典籍。家有藏书五万余卷，并在叶氏支祠内修建了时为江阴之冠的专门藏书楼——静观楼，远近文人墨客争相造访。

叶廷甲画像

清同治元年（1862），静观楼连同五万卷藏书全部毁于太平天国战火。叶廷甲在不断搜集珍贵典籍的同时，特别重视文献的校勘、刊刻，尤其是名臣遗老没有流传的著述。在他一生校勘、刊刻的众多典籍中，尤以《徐霞客游记》最为著名。叶廷甲热心社会公益，凡对乡里有益之事，都大力倡导。明代，杨舍修建堡城，为纪念建城御史尚维持和县令杜华，乡民修建尚公祠和杜公祠。尚、杜二公祠历经多次水、火灾害，时已荒废。堡城西门外有乡贤、明代大臣黄昭墓，因子孙不继，无人供扫，时已荒废很久。叶廷甲为了伸张道义，感怀先贤，出资修复尚、杜二公祠和黄昭墓，并立碑记述。中年之后，叶廷甲谢绝应举，酷爱游历，曾登黄山、泛太湖、访林屋洞天、游杭州、涉曹娥、探禹陵，放情山水之间，所到之处，吟诗作文，时有佳作。著有《保堂诗抄》《水心斋札记》《历代年表》《叶氏得姓考》《叶氏进士考》《历代名臣谥法考》《舆图指掌天下沿海形势考》等。

叶长龄（1819—约1895）　字眉生，杨舍镇人，杨舍名儒叶廷甲之孙。清同治三年（1864）贡生，就职训导，加内阁中书衔。叶长龄学识渊博，广搜金石，考证源流，鉴别真伪，更正谬误，著有《宝瓠集》《古今体赋敛音集》《虞椒鹃语词》等若干卷。光绪二年（1876），叶长龄继承曾祖父叶凤冈、祖父叶廷甲、叔父叶天庆的遗愿，开始整理在战火中散失于民间的《杨舍堡城志稿》残稿。光绪八年（1882），他又命儿子叶钟敏协助，广泛查阅、搜集各类志书、丛书、杂说中关于杨舍地情和名人诗词的文稿，对残稿再次增添资料，并加以整合编排。光绪九年（1883），凝聚叶氏五代人的智慧和心血，编纂时间长达150余年，共15卷约13万字的《杨舍堡城志稿》终于问世，为千年杨舍古镇留存了珍贵的历史资料。

叶长龄画像

张宿辉（1864—1928）　今杨舍镇塘市李巷（原刘市）村人。自幼天资聪颖，过目成诵。年轻时拜长泾镇江南名医包昭兹为师，专攻岐黄之道。悉心研读研读《黄帝内经》《难经》《素问》等传统医书，经常向老师学习疑难病症的诊治方法，“日夕讨论，寝食具废”。数年后医术大进。张宿辉20岁时回刘墅悬壶行医。由于医术精湛，医德高尚，求医者络绎不绝。凡上门求医者，无论身份高低贵贱，张宿辉均悉心诊治，数十年如一日，救治了无数危重病人。到了近古稀之年，如有病人因行走不便而请他上门诊治，也从不推辞，带上学生一同出诊。在行医时，遇到家境困难的患者，常常减免药费。地方百姓对张宿辉有“一路福星、万家生佛”之誉。张宿辉一生行医40余载，先后收徒300余人。他在传授医术的同时，经常教育学生学习医术要认真细心，千万不可粗心大意；遇有贫苦患者，只可略收小钱，救人最为重要。到了晚年，还对学医的族人再三告诫：“尔等从医，一为公道不嫌贫，二为心善方便人，三为行医一生须谨慎”。学生们在他的教诲之下，均学有所成。“得其一鳞一爪而去，无不卓然成家。”张宿辉以中医外科著名，著有《僭修医案》《应用方》等医书传世。

张宿辉

郭镇藩（1865—1928） 字漱芬，清末贡生，杨舍镇人。清代末年，科举被废，杨舍镇举人缪抡俊倡议兴办学校，得到全镇各界人士的支持。郭镇藩和叶立庵、郭聘之、郭惟仁等秀才被选送到传习所（即速成师范）学习，毕业后回梁丰书院任教。清光绪三十一年（1905）正月，梁丰书院改名为梁丰两等小学堂，郭镇藩被举为校长。他主校初期，悉心规划，增设校舍，添置设备，聘请品学兼优、勇于负责的教师为骨干，使学校不断发展。至1925年，学校从小学发展到初中，声誉日盛。当时东至鹿苑，南至顾山，西至周庄，北至江边一带都有学生前往入学。他举止谨严、端方，对学生慈祥可亲，关心爱护。狂风暴雨之日，学生难以回家，他便着工友买来烧饼、油条，发给学生。教师缺席，则亲自代课。任职21载，廉洁奉公，告退之时两袖清风。

赵石（1874—1933） 字石农，号古泥，别署泥道人、慧僧，今杨舍镇塘市东街人。著名篆刻家。其父赵少游系药农，在塘市设小药肆。赵石仅读三年私塾，即在药铺习业。后又往金村药店当学徒。三年后，奔苏州寒山寺出家，未被收纳。后由在金村开药店的吴中名医金兰升将其领回金村。从此，他白天依药柜读书习字，入晚学习治印。赵石初师金兰升和常熟李钟，窥篆刻门径。后被李钟高师吴昌硕荐至收藏家沈石友处深造，在书文诗画、治印方面都打下很好的基础。论者谓其治印，苍劲古朴，雄厚奔放，章法精当，用力刚劲，自具面目。后从学者很多，称为“赵派”。他治印40余年，所作万计，自钤《拜缶庐印存》40卷，著有《泥道人诗草》2卷。其书法筑基颜体，骨力遒健，雄浑开张，神似翁同龢。曾为翁同龢代笔，以应四方求书者。翁同龢暮年以所用印赠赵石，说：“只有你可继我”。赵石为人亢直，疾恶如仇，素敦信重义，乐意助人。其弟早亡，遗下妻室及5个子女，赵石抚育20年。病危时对妻子说：我是乡间一个小人物，跟随士大夫一起，得到了一点名望。现在活到60岁，老天总算没有亏待我。他立下遗嘱，不立后嗣，死后俭丧薄葬，并自己题墓名为“金石龛”。

赵石

钱育仁（1880—1958） 字安伯，号南铁，又名汉民，今杨舍镇乘航新民（原新联）村汤家桥人。他幼读私塾，有扎实古文功底，早年所作骈体文，为时人称赞。1912年加入国民党。“二次革命”爆发，于《新常熟报》《自由报》发表文章声讨袁世凯，遭江苏督军张勋、上海镇守使郑汝成通缉。1924年任新庄乡乡董。翌年，任常熟县水利工程局副主任。1928年始，主编《虞社》（常熟诗文社）月刊。抗战胜利后，任常熟图书馆馆长、常熟县志编纂委员。新中国成立后，以古稀之年列席县政协会议。1958年病逝。著有《荔圆楼骈文》《荔圆楼集》《同姓名录》《虞山方言考》等。钱育仁有五子（人麟、克新、人俊、定一、人元）一女（慧芝）。钱定一为中国一级民间工艺美术家；钱人元为著名高分子物理、有机固体电导学家，中国科学院院士。

钱育仁

郭琦元（1891—1964） 杨舍镇人。著名医学教授，东南医学院（今安徽医科大学前身）创办人。早年毕业于日本千叶医学院，回国后任上海亚东医科大学教授。1926年5月与汤蠡舟、陈卓人等创办东南医科大学。东南医科大学于1930年更名为私立东南医学院，1949年迁往安徽，1952年后先后更名为安徽医学院、安徽医科大学，郭琦元担任校长。1930年又创办东南高级药科职业学校。1932年1月淞沪抗战爆发，宋庆龄、何香凝等知名人士慰问英勇抗战的十九路军，郭琦元带领师生积极参加战地救护，由此引起反动派嫉恨，遭到逮捕，后经社会贤达多方呼吁获释。1937年日军侵华，上海军民奋起抵抗，郭琦元再次带领200余名师生员工以“中国红十字会战地服务团”名义，开赴闸北前线，冒着枪林弹雨抢救伤病员。是年11月，郭琦元被任命为中国红十字总会战地救护总队负责人，跟随抗战部队奔赴抗日前线，转辗苏、浙、皖、云、贵、川等地。抗日战争胜利后，郭琦元受国民政府委派接收南京伪中央医院。1946年10月，回杨舍镇创办乡村医院，任院长。新中国成立初期，任乡村医院业务院长。1950年春，调苏南行政区专员公署卫生处负责医卫工作。1964年逝世。

郭琦元

朱肇锡（1899—1965） 又名朱兆雪，今杨舍镇乘航老宅村朱家老宅人。幼时读书勤奋，成绩优异。1917年考入上海复旦大学。1919年11月赴法国留学，1923年毕业于巴黎大学理学院，获数学硕士学位。后又留学比利时，攻读土木工程专业。1926年毕业于岗城大学水陆建筑工程系。次年2月回国。1930年8月起，先后任北平大学建筑系教授、中法大学理学

朱肇锡

院教授、北平大学土木建筑系教授、北平师范大学数学系教授、北洋大学北平部建筑系主任、北平大学工学院建筑系主任。新中国成立后，先后任中国建筑学会常务理事、北京大学工学院建筑工程系主任、北京师范大学数学系教授、北京建筑公司经理兼总工程师、北京建筑设计院及北京市规划局主任总工程师、北京工业大学校长和教授等职。曾当选第一届、第二届全国人民代表大会代表，北京市第一届、第二届人民委员会委员、人民代表。20 世纪 50 年代，朱肇锡曾负责和主持全国政协礼堂、北京人民大会堂、北京清河毛纺厂等重大建筑的结构设计。1961 年加入中国共产党。撰有《高等数学》《图解力学》《材料耐力学》等著作，行刊于世。1965 年 5 月 30 日在北京病逝。

孙宗慰（1912—1979） 今杨舍镇东莱黎明村孙家堂人。1933 年考入南京中央大学艺术系，得到名师张大千、徐悲鸿的赏识和指导。1938 年，他在抗日救亡爱国热情驱使下，加入战地写生团，与吴作人、陈晓南、文金扬等开赴第五战区前线宣传抗日。沿途，他画了大量速写，揭露日军侵华暴行。是年 10 月，到重庆中央大学艺术系任教，后被聘为副研究员、中华全国美术协会理事。1941 年，他随张大千西行考察敦煌、榆林窟、西千佛洞和青海塔尔寺等古迹，临摹和研究古代壁画。后又随徐悲鸿赴四川写生，协助徐悲鸿筹办中国美术展览，同时举办个人画展。

孙宗慰

新中国成立后，孙宗慰任中央美术学院副教授。1955 年调任中央戏剧学院教授。1979 年 5 月 26 日去世。尝作《北京十二景组画》《船坞》等，画风写实、朴厚。传世作品有油画《塞上行》，图录于《1947 年中国美术年鉴》。他创作的《蒙古族妇女舞蹈》《塔尔寺庙会》《藏族歌舞》《梵王赴会图》曾参加全国美术作品展览并被选送出国巡回展览，其中《藏族妇女舞蹈》在英国艺术杂志发表，广受欧美艺术界好评。孙宗慰去世后，其作品分别由人民美术出版社和台北雅逸艺术中心结集出版。中央美术学院等单位曾联合举办孙宗慰绘画艺术研讨会，对他作出高度评价。

吴景略（1907—1987） 名韬，字景略，晚号缦叟，杨舍镇塘市人。少年时代曾从周少梅、吴梦非、赵剑侯等著名江南民间音乐家学习琵琶、筝、三弦、笙、箫等乐器。1930 年开始学古琴，博采众长，艺业大进。1936 年 4 月，参加苏州今虞琴社。1939 年后担任今虞琴社的司社，主持社务，兼理上海今虞琴社，并在上海、常熟等地教授古琴。1953 年，被聘为中央音乐学院民族音乐研究所通讯研究员。1956 年，到天津任中

吴景略

央音乐学院民乐系弹拨教研室主任。1979 年，任民乐系教授，当选为中国文联委员、中国音学家协会民族音乐委员会委员。1980 年 3 月，担任北京古琴研究会会长。吴景略毕生潜心研究古琴艺术，融会理解民族音乐及中国传统文化艺术，形成独特的艺术风貌，在古琴流派中独树一帜，被称为“虞山吴派”“琴坛一代宗师”。他演奏的《潇湘水云》《渔樵问答》《胡笳十八拍》《秋塞吟》等曲，早在 20 世纪 50 年代至 60 年代就被录制成唱片，流传海内外。吴景略开创音乐学院古琴专业，编著古琴教材，培养了大量学生，其中许多人已成为当代闻名的古琴演奏家、专业教师及理论研究者。他还发掘整理近 40 首古代琴曲，并创作《胜利操》，移植改编《新疆好》等古琴新作品。著有《广陵散》《阳春》《白雪》《高山》《流水》《雉朝飞》《墨子悲丝》等作品及《七弦琴教材》《虞山琴话》等琴学论著。在鉴别、修复古琴方面有很丰富的经验，并致力于古琴的改革。吴景略毕生致力于民族音乐事业，且善书法和国画。晚年患病，仍坚持教学，深研古琴艺术。1987 年 8 月 16 日病逝于北京。

郭斌龢

郭斌龢（1900—1987） 字洽周，杨舍镇人。早年就读于梁丰小学。1917 年入南京高等师范学堂。1922 年，以优异成绩毕业于香港大学，获文学学士学位。1927 年，留学美国哈佛大学研究院，获文学硕士学位。1930 年，赴英国牛津大学研究拉丁文。翌年回国，先后在东北大学、青岛大学、清华大学、中山大学任教授或教授兼系主任。1937 年起，历任浙江大学中文系主任、英文系主任、文学院代理院长和代理校长等职。1947 年，任中央大学教授、外文系主任。新中国成立后，任南京大学外语系教授。他毕生从事教育事业，精通英语，熟悉拉丁语、希腊语、法语、德语。1947 年出版《柏拉图五大对话集》，去世前出版柏拉图的名著《理想国》，均从希腊语译出。曾参加编写《简明英汉成语词典》和翻译《摩纳哥史》下册。发表的作品有《章实斋在清代学术史上之地位》《严几道》《孔子与亚里士多德》《莎士比亚与希腊拉丁文学》《现代生活与希腊理想》《谈儒行》《柏拉图之生平及其教育思想》等。1987 年 9 月 14 日病逝。

孙望（1912—1990） 原名自强，字止畺，也称子强，杨舍镇东莱人。祖父孙立瀛为清末秀才，父孙祖乐（字绍伯），以教书为业，曾留学日本。孙望幼年在家乡读完初小，后随父到上海，入爱国女校就读。后在家乡虞西初中、上海湖州旅沪公学、苏州中学和南京中学读完中学课程。1932年，考入金陵大学中文系。1934年，和同学程千帆及校外友人汪铭竹、常任侠、滕刚等组织土星笔会，从事新诗创作，出版期刊《诗帆》。与程千帆等人组织春风文艺社，借报纸副刊编写周刊，曾以盖郁金、河上雄为笔名，开展对文艺的讨论和争论。利用课余著作《元次山年谱》《全唐诗补逸初稿》。1937年7月大学毕业，正值抗日战争爆发，经钱昌照推介，9月去长沙，在资源委员会所属的一锑矿管理机关当职员。不久，田汉到长沙办《抗战日报》，孙望被邀业余为该报编写周刊《诗歌战线》。随后，成立中国诗艺社，出版《中国诗艺》。1940年，孙望调至重庆，在资源委员会秘书处工作，住在职工宿舍，晚间常和工人们一起，了解社会。他把抗战前及抗战初写的小诗编印成《小春集》，把抗战后两年中写的诗稿编印成《煤矿夫》，同时和常任侠合编出版《中国现代新诗选》。

孙望

1942年9月，孙望受金陵大学之邀到母校中文系任教，出版《战前中国新诗选》，1950年升为教授。1952年后，孙望先后任南京师范学院（1984年改为南京师范大学）中文系主任、名誉主任。他虽截去6根肋骨，身体瘦弱，但在担任南京师范学院中文系主任期间，事必躬亲。1976年恢复职位时，将历年不断辑录的唐诗，增入《全唐诗补逸》之中，将所写的单篇考证论文辑成《蜗叟杂稿》，还着手整理古典文学方面的许多重要资料。1990年6月1日，于南京病逝。

梅行（1919—2000） 今杨舍镇泗港人。中央书记处研究室原副主任，第六届全国人大常委会委员，第七届全国政协常委。他先后就读于泗港小学、梁丰中学和江阴征存中学。1935年考进苏州工业专科学校。1937年日军进攻上海后辍学，在江阴县夏港镇小学教书。翌年2月，赴安徽六安，经介绍，到望江县动员委员会任总干事。5月，进入冀察游击司令部教导大队训练班学习。一个月余后，由革命先辈李锡九介绍去延安，在抗日军政大学四大队学习，11月加入中国共产党。1939年年初，入鲁迅艺术学院文学系学习。3月中旬，参加延安文艺工作团，赴太行山八路

梅行

军总部所在地帮助部队开展文艺工作，并进行抗日宣传。1952 年冬，在刚成立的国家计划委员会任办公厅副主任，随后任研究室主任。1961 年 9 月，调中共中央办公厅任财经组组长。1957 年至 1964 年，兼任国务院总理周恩来秘书。1965 年年初，调国家经济委员会任研究室主任。曾参与编制第一个五年计划和第二个五年计划，参加起草中共八大文件和刘少奇在 1962 年“七千人大会”上的报告。“文化大革命”期间，受到冲击、迫害。1978 年 4 月，任国务院政策研究室研究员。翌年 1 月，任中央办公厅研究室副主任，后调中共中央书记处研究室任副主任等职。1980 年，负责选编陈云经济文稿，后主持《陈云文选》《李先念文选》编辑工作。1983 年 6 月，当选第六届全国人大代表、常委和财经委员会委员。1988 年 4 月，当选第七届全国政协委员和常委。1990 年夏，开始负责《真理的追求》杂志的编辑工作。1995 年，在中共中央组织部办理离休手续，享受中组部副部级待遇。2000 年 9 月 24 日，病逝于北京。

李瑞兴（1936—2001） 杨舍镇人。福建电视台原高级编辑，全国十大杰出制片人，国务院特殊津贴获得者。1936 年 12 月，李瑞兴出生于杨舍镇北门。1948 年从杨舍小学毕业后考入梁丰中学，却因家境贫困被迫辍学，被父亲送到河西路姓宋的一家米行当学徒。1953 年，他进梁丰中学初中部学习。1955 年，他考入南菁中学高中部学习，高三毕业时加入中国共产党。1958 年 9 月，他考入南京大学中文系新闻专业。学习期间，曾在《雨花》杂志、《新华日报》发表报告文学 20 余篇。大学毕业后被分配到福建日报社，从事编辑工作，先后撰写时事述评、国际随笔等文稿 200 余篇。1975 年，他被调到福建电视台，先后担任编剧、导演、制片主任、制片人等工作。从 1980 年到 1996 年，他先后主持拍摄了《何日彩云归》《杨乃武与小白菜》《走向天堂》《陈嘉庚》《林祥谦》等电视片 138 部（集），并多次在全国获得大奖。其中，《何日彩云归》《向昨天告别》《杨乃武与小白菜》获飞天奖，《赤魂》《走向天堂》《陈嘉庚》《林祥谦》获中宣部颁发的“五个一工程奖”。《陈嘉庚》剧组在 1995 年被评为全国十佳摄制组，他本人被评为全国十大杰出制片人。李瑞兴在福建电视台工作 20 余年，其编导制作的电视剧连续 7 届（从 1982 年开始每两年一届）获福建省优秀电视剧最高奖，荣获七连冠。作品分别是《乡土》《海盗》《第七个是逃兵》《杨乃武与小白菜》《赤魂》《陈嘉庚》《林祥谦》。另有

李瑞兴

《走向天堂》等 4 部电视剧获省政府颁发的第一、第二届百花文艺最高奖。在获奖的电视剧中，他亲自执笔撰写的剧本有 6 部、30 集。此外，他还发表《电视剧创作杂谈》《写历史剧要下功夫》等 40 余篇理论文章。由于工作勤奋、业绩卓著，他从 1993 年起享受国务院颁发的政府特殊津贴，2000 年荣获中国“百佳老电视艺术工作者”称号，受到中共中央宣传部表彰。1964 年 10 月，他在《福建日报》工作时给中共中央主席毛泽东写信，请求毛泽东为《福建日报》题写报头。12 月 7 日，福建日报社负责同志收到一份中共中央办公厅寄来的信函，里面是一份毛泽东亲笔题写的《福建日报》报头。李瑞兴写给毛泽东的原信和毛泽东为《福建日报》题词的原件至今一并存于中央档案馆。2001 年 8 月，李瑞兴病逝。

钱人元

钱人元（1917—2003） 今杨舍镇乘航新民村汤家桥人。中国科学院化学研究所原所长，高分子物理、有机固体电导学家，中国科学院院士。1939 年毕业于浙江大学化学系。1943年赴美留学，先后在加州理工大学、威斯康星大学和阿华州立大学化学系进修，兼学物理学和数学。1948 年回国后，曾任西南联大教员、厦门大学教授级讲席、浙江大学副教授、中国科学院物理化学研究所研究员、中国科学院有机化学研究所研究员、中国科学院化学研究所研究员、所长，以及 IUPAC 高分子部第二委员会委员、太平洋高分子联合会理事、国际理论与应用化学联合会东亚会议主席。1980 年当选为中科院院上，1999 年当选为亚太材料科学院院士。后任中国科学院高分子物理开放实验室名誉学术委员。钱人元是中国高分子物理、有机固体电导研究的开创人，曾任王淦昌教授的助教，并随张青莲教授进行重水密度研究，长期从事高分子物理化学的研究，为中国聚丙烯纤维的开发奠定了基础。70 年代成为中国高分子物理学和有机固体的电子性质两个领域的开拓者。90 年代致力于高分子凝聚态的几个基本物理问题的研究，被国家任命为该项目的首席科学家。在国内外学术刊物发表论文 260 余篇，综述和书籍专章 50 余篇。著有《高聚物的分子量测定》《有机晶体中的电子过程》等。相关研究成果曾获中国科学院科学奖金三等奖、国家自然科学二等奖、中国科学院自然科学一等奖和二等奖、国家发明三等奖、中国石油化工总公司科技进步一等奖、求是基金会求是奖、日本高分子学会国际奖。2003 年 12 月病逝。

江风

江风（1917—2005）原名郭君瑞，杨舍镇人。早年就读于梁丰中学。抗日战争开始后，流亡于武汉、山西等地。1938年2月，随八路军115师西北战地服务团深入敌后，先后在晋察冀抗日根据地任抗日县政府秘书、科员等职。翌年4月入“抗大”二分校学习，8月加入中国共产党。毕业后调任晋察冀军区第一军分区文化教员、宣传干事。后调任一分区三团干部教育干事以及雁北支队宣传干事。他参加过历次反扫荡战斗以及百团大战。后调晋察冀中央局党校学习。抗战胜利后进军东北，后奉命停止前进，就地组织军队抵抗国民党。先后任热西军分区宣传科副科长，冀热军区宣传部宣传科科长。平津战役后，在察哈尔省军区任报社副总编。南下渡江后，任皖南军区宣传部副部长。新中国成立后，调任华东军区理论政策研究室主任，华东军区政治学校主任教员。1958年，调北京高等军事学院任教12年之久。1970年，任陕西省军区国防工业办公室训练班主任。后调沈阳军区白城军分区任副政委。1977年，调京任解放军政治学院教研室副主任（副军级）。1983年9月离休。1988年8月，获中央军委颁发的“独立功勋”荣誉章。2005年1月，因病逝世。

徐钟珮（1917—2006）女，字晋凤，杨舍镇塘市东街人。著名女作家、新闻记者。早年先后在塘市新庄小学、江阴县中和南菁中学就读，后以优异成绩破例考入国民党中央政治学校。抗战开始后随校辗转庐山、湖南、重庆等地。1944年毕业后，先到国民党中央宣传部国际宣传处做战时新闻检查工作，后到中央日报社任编辑。1945年，被派往英国任中央日报驻英特派员，1947年回国。1948年去台湾。1956年起，随丈夫朱抚松先后去美国、加拿大、西班牙、巴西及韩国，在海外生活22年。1978年回台湾定居。著有散文特写集10部，小说2部。其中，《多少英伦旧事》《追忆西班牙》《余音》《我在台北》《观光和观光客》等书，在海内外有较大影响。所作《父亲》《失去的幼苗》等作品，曾被列入中国台湾教科书。大陆改革开放后，与家乡亲人保持联系。1989年，徐钟珮到美国旧金山探亲，她托侄女徐以芳专程送去一包家乡故土。徐以芳为此写了一篇纪实散文——《大红纸包的泥土》。

徐钟珮

名人与杨舍

赵翼诗咏杨舍 赵翼（1727—1814），字云崧，号瓯北，常州阳湖人。清乾隆十五年（1750），应顺天乡试，考中举人；乾隆二十六年（1761）殿试获一甲三名探花。入仕之后，任广东镇安知府，又随军协办军事，然未得重用，于是归隐田园，以读书、著述自娱。他83岁时逢嘉庆帝设鹿鸣宴招待年过花甲的官员，这年又是他中举60周年，皇帝得悉后封赏他三品顶戴。

赵翼虽是读书人，却善于经营。辞官回乡后，除了读书著述，还开设书局和商铺典当，以改善生计。他在杨舍开有一家典当铺，因此经常往返于常州和杨舍之间。他在杨舍所写诗文不下百篇，其中收录在《瓯北集》中的诗文有30首之多，内容涉及杨舍的古迹园林、人文景观、江海风貌、海港鱼市以及百姓疾苦、风土民情等，抒发了诗人热爱家乡、热爱自然、探究历史、观察社会和关注百姓疾苦的思想感情和旷达胸怀。

在赵翼的诗文中，最值得注意的是对暨阳古城的描述。当时在杨舍城北，建有一座气势雄伟、可登高远眺的望海楼。在挚友叶廷甲的陪同下，赵翼曾数次出城，登上望海楼，眺望万里长江滚滚东流，写下了气势恢宏的动人诗篇。诗中生动描述了他登楼远眺所观赏到的江海美景，抒发了置身江尾海头而心旷神怡的兴奋心情，给后人留下了关于杨舍地区的珍贵历史资料。

清嘉庆十九年（1814），赵翼在常州家乡去世。史学界称其“福、禄、寿三者俱全”。他在杨舍的典当延续了好多年，杨舍赵姓中有一支便是赵翼之后，生息繁衍至今。

国民党开明镇长夏一之 夏一之（1895—1991），女，浙江绍兴人。东吴大学毕业。清光绪三十二年（1906）在绍兴大通学堂女子班读书时曾追随秋瑾，受其影响，积极追随孙中山先生的三民主义，并在东吴大学读书时加入中国国民党。1939年7月，夏一之被中国战时儿童保育会理事长宋美龄任命为中国战时儿童保育院直属七院首任院长，收养抗战牺牲将士无家可归的后代，并在南川县建院，其工作很得宋美龄赏识。翌年冬，夏一之调任儿童保育院贵州桐梓三院任院长。

1947年6月，夏一之随丈夫郭调元（杨舍镇人，时任国民党后塍区少将特派员）回家乡，被国民党江阴县政府任命为杨舍镇镇长。夏一之担任镇长后，强硬开展禁赌、禁娼、禁毒（鸦片）运动，提倡卫生文明。是月，杨舍镇被国民党江阴县政府授予“自治示范镇”称号。1948年9月9日，因叛徒告密，中共沙洲工委8人被捕。中共地下党组织通过关系找到夏一之，经反复沟通及磋商，夏一之最终答应并通过上层关系通融，分两次将被捕人员全部保释出狱。1949年4月20日，人民解放军渡江南下前夕，夏一之随其夫郭调元撤往台湾。在台湾期间，夏一之赋闲在家。20世纪70年代，夏一之随女儿郭杭君、郭巧君赴美国旧金山定居，1991年去世。

钱伟长帮助创办全国第一所县办大学 钱伟长（1912—2010），江苏无锡人，著名科学家、教育家、社会活动家。1931年考入清华大学，1942年获多伦多大学博士学位。1946年5月回国，应聘为清华大学机械系教授，兼北京大学、燕京大学教授。钱伟长招收中国解放后的第一批力学研究生，出版中国第一本《弹性力学》专著，开设中国第一个力学研究班和力学师资培养班。他创建上海市应用数学与力学研究所，发起全国现代数学与力学系列学术会议，开创了理论力学的研究方向和非线性力学的学术方向，为中国的机械工业、土木建筑、航空航天和军工事业做出了卓越贡献，被誉为中国“力学之父”“应用数学之父”。

钱伟长曾连任中国人民政治协商会议第六至第九届全国委员会副主席，中国民主同盟第五届、六届、七届中央委员会副主席，第七届、八届、九届名誉主席。他非常重视社会民生，长期进行社会调查，尤其对基层地方经济社会给予了高度关注。

1984年11月，钱伟长与社会学家费孝通率领全国政协调查组到苏南调查乡镇企业发展。当时沙洲县（今张家港市前身）的乡镇企业发展很快，引起他们注意，遂成为调查组调研的重点。它的发展模式有何特点，能否作为一种模式在其他地区推广，政协调查组对此进行了深入调查。在钱伟长的《八十自述》中，他这样回忆当时的这段经历：“在农村发展工业企业可以逐步消灭城乡差别、工农差别，并使富裕的农民重视文化科技水平，发展农村教育，从而逐步消灭脑力劳动和体力劳动的差别。所以发展乡镇企业，不仅是提高农村经济生活的水平，而且也为农村中建设社会主义提供基本条件。像

1994 年，钱伟长（中）到沙洲职业工学院考察工作　严丽华　摄

1996 年 9 月，钱伟长（右）为上海大学张家港工学院揭牌　张龙法　摄

长江三角洲这些农业区域，普遍都在发展农村中、小学教育，由于生产和销售产品的需要，都很重视自己举办高等教育，像沙洲原来很穷，连中、小学教育都很不普及，1985 年居然自己要办工学院，院址设在杨舍镇上，我们支持他们，我还接受他们的邀请，亲自兼任了沙洲工学院的名誉院长，胡耀邦总书记在 1985 年秋到沙洲视察时，曾为该校题词：‘沙工犹如扬子水，不尽人才滚滚来’，说出了农民的心里话。党中央中国共产党七十周年纪念画上，把‘沙工’收入集内，代表中国的高等教育，冠之以题词‘农民办大学’，肯定了农民办高等教育的社会主义道路。从此以后，我每年都到各省农村调查视察，宣传沙洲经验”。

在钱伟长的直接帮助下，沙洲职业工学院这所全国第一所县办大学于 1984 年在杨舍镇顺利建成，并在他的长期关注下健康发展。钱伟长曾指导学校说：“一个县办了一所高等学校，这在我们国家是首创。沙工的诞生是改革开放的产物，是农村经济发展的结果，你们要为全国创造出经验来，要靠你们的实践不断完善办学，眼睛要向下，目标要明确，就是为了建设好张家港市，这样，你们的办学不是水平浅了，而是要求更广更深了。”“要推倒学校与社会之间的墙，密切高校与社会的联系，依靠社会开放办学。”

钱伟长兼任沙洲工学院的名誉院长二十余年。他不只是挂名而已，自 1984 年沙洲工学院办学起，平均每年要到院考察一次，总计到沙洲工学院考察 17 次之多。每次到校，他都和师生亲切交谈，为学校作报告；在专业设置、师资力量、招生和就业等方面，亲自谋划并做具体帮助，为沙工的发展奔走呼号，为沙工办学指明方向。沙洲工学院为张家港全市的经济腾飞提供了源源不断的管理人才和技术人才，为全市的经济社会发展做出了重要贡献。这一切，与钱伟长的努力是无法分开的。

费孝通心系杨舍建设 费孝通（1910—2005），江苏吴江人，著名社会学家、人类学家、民族学家、社会活动家，曾任民盟中央主席和第七、第八届全国人大常委会副委员长。他曾多次到杨舍镇考察，一直关心和支持杨舍镇及张家港的经济发展和改革开放。他不仅是张家港市人民的老朋友，还是张家港市的女婿，夫人孟吟是鹿苑泾西村许家巷人。费孝通和钱伟长是挚友，他被钱伟长聘为上海大学社会学研究中心主任，共同推动上海大学文科的发展。费孝通生前为探索苏南经济模式，曾到张家港考察十余次。1997 年 5 月 3 日，费孝通挥笔写下《夜游张家港》:“昔日荒凉人稀一沙洲，今朝路阔港深耸高楼。乡镇富埒市，企业起家十有九。人人称道秦大哥（中共杨舍镇委原书记，时任中共张家港市委书记），感君改革开放敢当先。为赏小香港，无车市里夜半伴我漫步游。多情姻亲土，张家港水浓似酒。劝君痛饮不须忧，为民立功名永留。滚滚长江水，到此也要折腰才东流。”

艺文杂记

杨舍文化悠久，文学创作历史源远流长。清代叶长龄编纂的《杨舍堡城志稿》以十几万字的篇幅记述杨舍一镇之历史，为后人研究杨舍历史提供了珍贵资料。该志稿“艺文”卷详细记录了杨舍人的撰述情况，揭示了杨舍镇深厚的历史文化底蕴。

1978年以后，随着经济社会的发展，杨舍镇境内文学创作出现空前繁荣局面。1985年开始，逐渐形成带有地方特色的文艺创作群体，年龄段呈梯级分布。作品以散文、诗歌、戏剧、小说和纪实文学为主，屡屡在国家级、省级报刊上发表、出版和获奖，并形成了具有明显特色的儿童文学创作群体。钱欣葆创作的寓言集被新加坡教育部列入推荐书目，多部著作发行量在10万册以上，其本人获“中国当代寓言家”殊荣。徐玲的作品获得陈伯吹儿童文学奖、冰心儿童文学奖，其创作的校园励志长篇小说《流动的花朵》荣获中宣部主办的全国第11届（2007—2009）精神文明建设“五个一工程”文艺类图书奖，其本人入选为江苏省宣传文化系统第六期“五个一批”人才。

另外，本地大量的科技、人文社科、体育医卫专家学者也创作出版了大量有学术价值的作品与专著，共同构成了全镇欣欣向荣的创作局面。

诗文选录

游胜法寺兼简深公

〔宋〕陆绾

道旁有古寺，岿然耸梅林。
迩来衣褐徒，包祸岁月深。
埋伏狡兔穴，啸聚恶木阴。
安得智慧剑，力斩奸邪心。
吾师曹溪流，所在人依钦。
郡邑两交疏，来发云雷音。
初如碎瓦砾，乃见真球琳。
瞽者破其瞽，瘖者破其瘖。
有若鸾凤巢，无复鸱鸮禽。
嗟予困吏役，海岸宜投簪。
扁舟扣禅户，清风满衣襟。
高论松桂间，为师挥玉琴。

暨阳居四首（选三）

〔宋〕王令

（一）

出无王事牵，入不治居舍。
蒿藜入墙屋，尘垢变几架。
糟糠苟无忧，智力取自暇。

逢诗即废日，得客辄忘夜。
积懒遂成性，习勤反如诈。
几不类怠傲，愧耻将何谢。

（二）

身非爵与官，车马久不谋。
家无田仓储，雀鼠非我仇。
朝出从入居，诗书讲前修。
暮从儿子嬉，欢笑何所忧。
闲将筋力疲，懒使志虑收。
斗糈尚烦送，谁谓能无求。

（三）

自吾暨阳居，已见月四周。
流年不我谋，寒暑忽已遒。
老来何足叹，苟死固可羞。
子今用力薄，暮齿将何收。

视涝[①]

〔宋〕陈刚中

暨阳古泽中，今岁仍大水。
舟行民田中，一浪四十里。
农夫相对泣，父子饥欲死。
酷吏亦何心，诛求殊未已。
岂繄竭膏血，直欲剥肤髓。
哀此无告民，有生皆赤子。
天灾自流行，助虐亦何理。
我愧才术疏，陆陆佐小垒。
熟视不能救，有泪空如洒。

---

① 录自〔明〕张衮《江阴县志》卷二十一。

皇心念下民，恻怛形诏旨。
丁宁既谆复，象魏几黄纸。
要须尽蠲除，仰称德意美。
人微言或弃，归休从此始。

暨阳湖[①]

〔元〕陈樵

白浪浮天雪作堆，羞将俗客洗尘埃。
月从水底沉钩去，船似鸥边泛叶来。
野屋有篱编白荻，渔矶无席藉苍苔。
功曹吟苦多诗渴，拟借平湖作酒杯。

家训[②]

〔明〕许庄

每亩田租减五升，要同诸佃庆丰登。
黄齑淡饭随时过，莫学豪华势利凭。

沧江书舍[③]

〔明〕王子伦

闻君幽隐远尘寰，家住澄江第几湾?
诗思遥连洲渚外，书声常在水云间。
鸥群鹭侣时相狎，蜗角蝇头意不关。
我忆旧庐三万轴，别来清梦绕湖山。

---

① 录自〔元〕陈樵《鹿皮子集》卷四。
② 录自〔清〕叶长龄等编《杨舍堡城志稿》卷二，清光绪九年（1883）活字木刻本。
③ 录自〔清〕叶长龄等编《杨舍堡城志稿》卷十二，清光绪九年（1883）活字木刻本。

沧江书舍[①]

〔明〕程式

大江茫茫几千里，江山书斋枕江渚。
潮声夜报海门秋，山色遥连五峰雨。
斋中幽人好读书，书声入水惊龙鱼。
放舟我欲相从去，采苹江上为何如?

沧江八景（八首取三）[②]

〔明〕许铁

谷渎潮声

海上潮生万马来，江东金鼓震楼台。
柴门喜听无风浪，平地常闻不雨雷。
鸿雁惊翎天外渡，桃花笑口谷中开。
凭栏遥想源头意，敢是鱼龙喷雪堆。

斜桥鹤唳

秋风淅瑟思迢迢，白鹤长鸣江上桥。
闻彻书帷惊晓梦，独凭天籁振青霄。
无庸高跨追仙侣，自尔昂藏远俗嚣。
起诵黄庭相唱和，恍疑弄玉共吹箫。

沙渚鸥眠

红蓼滩头芳草芊，群鸥日日宿前川。
渔歌未许惊酣寝，雁唳如将唤醉眠。
魂梦已飞尘世外，机情都付大江边。
我生相对成宾主，不道闲禽也学禅。

---

① 录自〔清〕叶长龄等编《杨舍堡城志稿》卷十二，清光绪九年（1883）活字木刻本。
② 录自〔清〕叶长龄等编《杨舍堡城志稿》卷十二，清光绪九年（1883）活字木刻本。

令节桥[1]

〔明〕许镬

谷渎河疏令节湮，吾宗自此别亨屯。
逝梁犹幸留先迹，愁仆奔涛叹隔津。

令节港[2]

〔明〕许镬

古港逶迤数里遥，而今一曲不容舠。
眷怀杨楚功湮灭，吸尽长江恨未消。

渡江见段山有感

〔明〕许镬

海气漫漫蔽远山，古来浮翠已难攀。
茂林汩入千层浪，令节空留二里湾。
注念前人怀壮志，含情故里却颓颜。
不殊风景当年画，行到斜桥泪自潸。

筑城乐[3]

〔明〕许蓉

筑城乐，因增保障无惊愕。
昔年寇乱无可逃，今鱼有水鸟有巢。
昔年接淅犹自弃，今日仓箱皆有寄。
吁嗟乎，城之高兮尚可量，公之德泽垂无疆。
隍之深兮犹可测，公之功业垂无极。
古言民意即天心，愿公子孙世世腰横金。

---

① 录自〔清〕叶长龄等编《杨舍堡城志稿》卷二，清光绪九年（1883）活字木刻本。
② 录自〔清〕叶长龄等编《杨舍堡城志稿》卷三，清光绪九年（1883）活字木刻本。
③ 录自〔清〕叶长龄等编《杨舍堡城志稿》卷一，清光绪九年（1883）活字木刻本。

儿女欢[①]

〔明〕许蓉

儿女欢，昔离乱，今平安。城同虎踞隍龙蟠，
倭奴见此心自寒，屹然保障垂江干。
工复役，民力田，商贾纷纷集市廛。
室家相保乐有年，非复往日愁眉攒。儿女欢。

公建尚公杜侯生祠勒石颂德[②]

〔明〕许蓉

将府兵营两落成，运筹堂下晚风清。
参差书阁连云耸，飘闪旌旗照日明。
剑气上横星斗灿，岛氛永净海江平。
从今四境民安堵，祠石还存万古名。

海潮受灾记

〔明〕许蓉

拍岸奔腾万里号，桑田今已变波涛。
浮骸飘泊同萍梗，废宇荒凉尽莽蒿。
狡兔已知投窟远，良禽独幸托枝高。
坐看月影轩窗外，无异江湖夜泊舠。

喜杨舍城新成[③]

〔明〕沈天麟

万杵登登百雉新，崇沟巨垒插江滨。
桑麻自昔归田畯，锁钥于今属帅臣。
虎负石堂无狡兔，鸡鸣茅屋有闲人。

---

① 录自〔清〕叶长龄等编《杨舍堡城志稿》卷一，清光绪九年（1883）活字木刻本。
② 录自〔清〕叶长龄等编《杨舍堡城志稿》卷十三，清光绪九年（1883）活字木刻本。
③ 录自〔清〕叶长龄等编《杨舍堡城志稿》卷一，清光绪九年（1883）活字木刻本。

城邢城楚俱麟笔，银管应标八尺珉。

五日忆江南竞渡[①]

〔明〕缪昌期

蕤宾调玉律，膏雨泻银河。
遥忆江流胜，因思彩鹢多。
影翻鲸骇肆，标扬锦腾波。
仿佛青莎畔，飞花湿绮罗。

就逮诗（十首选五）[②]

〔明〕缪昌期

入槛

尝读膺滂传，潸然涕不禁。
而今车槛里，始悟夙根深。
一死无余事，三朝未报心！
南枝应北指，视我实园阴。

痛亲

生来气体弱，父母倍情怜。
妖梦频纷若，慈颜意惨然。
无心逃密网，有恨负重泉。
赤岸松杉邈，诸孙好护旃。

慰内

闺房偏盛德，死矣愧吾妻。
百顺承姑舅，千辛啜藿藜。
荣华悲短促，风雨泣低迷。
忍死提诸子，毋徒叹噬脐。

① 录自〔明〕缪昌期《从野堂存稿》卷七，上海古籍出版社。
② 录自〔明〕缪昌期《从野堂存稿》卷七，上海古籍出版社。

慰女

五女儒生妇，年来礼法王。
祗今逢末劫，正合忏余殃。
稍足无盈橐，长贫可厌糠。
缇萦何处诉，软语慰而孃。

寄友

生平肝胆热，掇出在人前。
为友常分谤，推贤必让先。
我心无曲折，人性有狷便。
生死交应在，肯为异己怜！

寄缪采星（二首取一）[①]

〔明〕李应昇

士当贫贱时，俯仰愿易足。
一溪可垂钓，环堵数竿竹。
负郭百亩田，妻子饱饘粥。
良朋挈壶过，清月枕书读。
及其志已盈，望奢天地促。
耻言忠厚名，喜逐浇漓俗。
回视昔年人，邈若山与谷。
嗟哉止足难，古道不可复！

暨阳

〔清〕魏允楠

烽火遥天接大荒，高城凭眺晚苍苍。
薜萝乍长新官舍，磷火宵明古战场。
秋雨远来江气白，夕阳斜坠海云黄。

---

① 录自〔明〕李应昇《落落斋遗集》卷三。四库禁毁书丛刊，集部。北京出版社，1997 年。

二吴事业残碑在，矫首云台思渺茫。

夜宿杨舍堡城①

〔清〕於式

疲马南沙路，秋原草树凋。
人归烟市雨，风响海门潮。
吹角严城暮，闻钟古寺遥。
藤床眠未得，双鬓感萧骚。

杨舍城北登望海楼②

〔清〕赵翼

暨阳城北皆洪流，尚是江尾已海头。
何人好事欲穷览，傍涯筑起凌霄楼。
我来拾级快登望，六十里沙为外障。
障外即是沧波涵，果然一豁心目旷。
曾披载籍征典故，阴火阳水莫名状。
横为摩竭竖难陀，鼓鬣扬鬐动千丈。
幻影楼台蜃市观，宝光珠贝龙宫藏。
方壶员峤仙往来，奇肱飞车不粘浪。
书生薄相那遇之，健笔韩苏枉摩荡。
是时卓午悬曦轮，潮气上逼白日昏。
不知是天是水还是云，混茫一色无区分。
偶然万斛舟如墨一点，滓入寥廓微留痕。
欲驾鼍梁渺何际，江湖比作蹄涔细。
中原水皆地所包，至此始信水包地。
不识此水又用何物包，六合以外真难议。

① 录自〔清〕叶长龄等编《杨舍堡城志稿》卷二，清光绪九年（1883）活字木刻本。
② 录自〔清〕叶长龄等编《杨舍堡城志稿》卷二，清光绪九年（1883）活字木刻本。

颇闻近日萑苻萌，连艅结队纷纵横。
劫财贾舶略无忌，渐恐登岸残村氓。
安得三千水犀弩，鲸鲵戮尽常澄清。

自杨舍检校质库回郡 ①

〔清〕赵翼

暨阳城下小舟开，正值村村放早梅。
潮落沙痕搀水出，日斜山影渡河来。
有田二顷宁求益，每字三缣亦论财。
却愧沧江渔父好，夜深只载月明回。

暨阳望海 ②

〔清〕赵翼

决眦真教目力穷，凭高一览大瀛东。
五更红涌扶桑日，万里青排舶趠风。
势绝中休无过鸟，气能横跨只垂虹。
正当海不扬波世，何物萑苻敢逞雄！

登杨舍城楼望海 ③

〔清〕赵翼

设险前朝筑，地传古暨阳。
江完刚接海，城僻只如乡。
旭日扶桑影，长风舶趠樯。
朝朝沙户集，午市最喧忙。

---

① 录自〔清〕叶长龄等编《杨舍堡城志稿》卷二，清光绪九年（1883）活字木刻本。
② 录自〔清〕赵翼《瓯北集》卷四十三，上海古籍出版社，1997 年 4 月。
③ 录自〔清〕赵翼《瓯北集》卷四十六，上海古籍出版社，1997 年 4 月。

偕叶保堂秀才游杨舍城外顾氏废园[1]

〔清〕赵翼

平壤无山水，为园仗树多。
喜兹三亩地，竟有百年柯。
矮柏臂旁攫，高藤尾倒拖。
稍芟芜秽去，亦足寄清哦。

暨阳野望[2]

〔清〕赵翼

客居恬适渐忘家，小憩郊原依杖斜。
江上无风三尺浪，山中有历四时花。
勤更单夹暄凉服，预识阴晴晓暮霞。
又是秋成黄落候，相从野老话篝车。

归舟[3]

〔清〕赵翼

杨舍城南一叶舟，满途黄叶已深秋。
西风自是无情物，催我遄归不少留。

杨舍道中[4]

〔清〕赵翼

心斋长日守东皋，偶泛轻桡散郁陶。
野簖过船搔背痒，矮墙取果等身高。
翠微得雨山新沐，黄茂登场地不毛。
九月授衣吾已具，岂烦人赠旧绨袍。

---

① 录自〔清〕赵翼《瓯北集》卷四十六，上海古籍出版社，1997 年 4 月。
② 录自〔清〕赵翼《瓯北集》卷五十，上海古籍出版社，1997 年 4 月。
③ 录自〔清〕赵翼《瓯北集》卷五十，上海古籍出版社，1997 年 4 月。
④ 录自〔清〕赵翼《瓯北集》卷五十三，上海古籍出版社，1997 年 4 月。

题叶氏静观楼（六首取一）[①]

〔清〕朱耀

霞客游踪遍海邦，幽探鸡足渡岷江。
奇编尺许新剞劂，添给骚人话夜窗。

谒缪李二公双忠祠[②]

〔清〕徐桐

建忠靖国诏改元，同文狱起朝野喧。
东林党祸更惨烈，甘陵洛蜀俱烦冤。
吾乡铮铮缪与李，劲节鸿文振南纪。
握手欷歔送逐臣，此言可斩良有以。
呈秀款门拒勿纳，广微倚窟怒切齿。
媚奄构难诬坐赃，身填牢户酷掠死。
白发青颜两丈夫，浩气磅礴凌云衢。
君山峨峨江水阔，英灵仿佛生髭须。

过缪西溪先生实园有感[③]

〔清〕刘巽

一代忠贞里，经过沃泪痕。
清流还绕宅，乔木自当门。
父老怀芳躅，林亭识故园。
有堂开从野，遗集共谁论。

① 录自〔清〕叶长龄等编《杨舍堡城志稿》卷十二，清光绪九年（1883）活字木刻本。
② 录自清光绪《东兴缪氏宗谱》卷四十一。
③ 录自清光绪《东兴缪氏宗谱》卷四十一。

暨阳怀古[①]

〔清〕殷誉庆

此地勾吴战垒开，尚余重镇楚江隈。
城边斥堠连天远，海上鱼龙卷浪来。
黄歇冢荒迷蔓草，延陵碑古蚀苍苔。
西风入夜鸣哀角，并和砧声彻晓催。

拜缶庐诗[②]

赵石

壮岁无能道始穷，悔抛心力事雕虫。
摹秦仿汉何成事，鼻息还承苦铁翁。

怀石农（二首）[③]

于右任

（一）

石作剥残神亦到，字求平整法乃严。
缶翁门前提刀者，四顾何人似赵髯？

（二）

尚父湖波荡夕阳，扁舟载酒意难忘。
回思十七年来事，惆怅江南又陨霜！

《杨舍郭氏宗谱》序

王莘

尝观古者，王政修明，敦睦九族，然后化理天下，不肃而成。有如陵里之孝谨以石著，河东之礼让以柳名。盖教隆于上，而俗美于下也。自世教衰微，而亲睦不足，故先

① 录自〔清〕阮元编《淮阴英灵集》甲集卷三。《续修四库全书》集部。上海古籍出版社，1997年4月。

② 录自《江苏文史资料》第三十九辑，《张家港人物选录》，1991年。

③ 录自《江苏文史资料》第三十九辑，《张家港人物选录》，1991年。

王特崇立谱之典，所以联宗族、教亲睦也。

吾邑暨阳郭氏，先世家于中州，宋绍定间，始祖高昌公以进士佐江阴军，因家焉。厥后瓜瓞绵绵，累世显著，江上贤豪之盛，孰有过于郭氏哉！

余于东溪旌君，嗣修家乘一帙，仿佛欧苏之体。余阅之而喟曰："世德之家，愈久愈炽。郭氏自高昌以下，或仁民爱物，或修身治家，或志行高尚，或文学古雅，而声迹卓荦，皆足以媲美古人。今日之所以寝明寝昌者，其来有自也！后之人继祖业而兴起，在廊庙则以其德修于官，处草野则以其德修于家，如此则善为郭氏子孙矣！"若夫今日之旌君虽未有爵，而名动缙绅，可以光前烈垂后昆矣！

余乃援笔而序之，以与郭氏宗谱相传余无既云。赐进士出身四川按察司副使同邑王莘撰。

《沧江八景诗录》序[①]

〔明〕陈连

沧江自西南来，源发岷峨，下瞿塘，出三峡，括汉包湘，滔滔万余里至扬子，扼于金焦二山，而朝宗于海也。

江之阴曰令节坊，宋许殿讲诸孙之宅在焉。有字叔正号梅谷者，襟怀清旷，事事之暇，辄与贤昆雅徒览江山形胜，而潮汐帆舻，牧笛渔歌，唳鹤盟鸥，接于耳目，故心扃廓然，曾不知阓风元圃为何物也。于是摘其胜者为八题，骚坛吟帅咸赋咏之，汇成一什，标其目曰"沧江八景"，速弁其端。

夫大块融结状为山川，高者入层空，深者厚岸土，烟云水石之鼓荡，飞潜动植之生遂，商帆贾舶之往来，虽景物尤胜，率皆在人目前，苟非其人常邂逅而不遇。然则沧江景物而不遇名人游眺品题，终于没闻，亦微茫烟水，莽苍之野尔。且东山不遭太傅，兰亭不遭内史，焉能见谈于词人之口，而鸣后世哉？此八景之诗不可不作也。则他日叔正与沧江并鸣于世者，又乌知不以此为权舆乎？

若乃诗之浑融幽邃，直与八景竞丽争雄，是诗家之能事，兹不赘。正统辛酉，礼部侍郎南海陈连序。

---

① 录自〔清〕叶长龄等编《杨舍堡城志稿》卷十四，清光绪九年（1883）活字木刻本。

与缪当时书[①]

〔明〕高攀龙

世事至此，吾党亦与有过。是诚有之，然使所行合宜，亦不过迟速之间。天生此辈人，决要作此等事，绝不虚生。此辈人故气运有定，吾辈自反无穷也。以翁丈忠肝义胆，当户之兰必刈，夫复何疑？丈夫志千古，何屑计一时！若翁丈即一时亦荣归矣！即拟躬候，以病未能。且恶雨腐麦，民分必死；盗贼塞野，所在戒心，但思闭户耳。

先祖父制文想已付五知，当此之际，用宝未敢必也。小仆附仙鹞，今在何处？乞示知之。思见甚切，先此上问，种种俟面未悉。

与缪当时书[②]

〔明〕钱谦益

士光之下狱也，拷问则北司为政，爰书则徐、杨、冯、霍为政。光五毒备具，不屈折一字，真烈士哉！然而狱辞具矣，初以移宫为案，已而悔之。再问，则以“救熊”为案，而尘客不免矣。狱辞既具，锒铛四出，而光立毙矣。不及尘，不能以“救熊”杀诸人；不追赃，不能以受熊贿定罪案。不毙光，则恐他日廷鞫置对之事尚有翻覆也。诸人之死必矣，可伤哉！可痛哉！然与主上何与哉？

初讯时，诸人不欲及兄，而获免也。以北司东厂，有两年娬暗为地也。涿州曰：不及缪，则草元之说为无根矣。削片纸，授北司，曰：不及缪，诸君皆当得重祸。北司唯唯，仅列名于某人等。不及，救熊案中两年娬之力也。若入熊案中，则亦与诸公俱入春明矣。危哉危哉！两年娬者，其一不数日而逐去，其一则兄之所识也。逐去大有保全，其线则自我发之。既逐矣，而不致憾于我义士也。

兄家居，当万分谨慎，兄舌快喉痒，必不可忍耐。然世道如此，不惟处末世，又遭杀运，独不能少耐口舌，保全性命乎？弟不足惜，独不自为老头皮计乎？兄将出国门，弟相戒勿言，为内珰取逐，兄颇以为然，而不自禁也，逢人絮话，汲汲自白，其语亦颇闻于内。今之不逮者，幸耳！可不慎哉？

尘兄可怜可痛。诸君当日攘臂救熊，不知是何主意，卒以此起大狱，贾杀身之祸。然无

① 录自缪荃孙等编《常州先哲遗书·从野堂存稿附录》。

② 录自缪荃孙等编《常州先哲遗书·从野堂存稿附录》。

忌，欲杀熊而不免，兄力救熊而免。天道又不可知也。吾当昌言于朝，剖明此一段公案耳。

弟在此不得抽身，如坐针毡，苦不可言。度秋间方可行，然亦必有人送行，不待我费力也。北人初上混混，今将燕齐世界全化浙脉者，博陆一人耳。

此字托益吾寄。

按：士光，汪姓，文言名，歙人。为中书舍人。以气节著。游名公卿间，曾客内监王安，安在光庙时，举行善政，多力赞之。迨阉党发难，首以士光下镇抚，以救得免。再下狱，刑锻弗屈，予杖一百。其甥悲痛失声，光叱之曰："孺子何懦也？死岂足怖哉，而效儿女子泣耶！"最后严鞫者四，酷刑备受，不少屈。许显纯诬杨、左诸公之赃。光蹶起曰："天乎冤哉！以此蔑清廉之臣，有死不承！"显纯手作光供状，光垂死张目，呼曰："尔莫妄书！吾当与面质！"显纯即日毙之。诸臣之赃遂悬坐，无可质。

文贞元孙敬持谨识。

与缪当时姑文书[①]

〔明〕李应昇

台车一出都门，光景日复惨急，然亦谓去此一官，他无所忧。乃不肖至辱及于亲，虽幸生还，了无生趣。至姑夫之波入彼案，尤令人扼腕。

一路寻问消息，杳不可得。直至京口，得见邸抄，已四月望矣。然亦未有招疏，不知何样罗砌。过郡城，邓崟阳来，彼甚为悬念。据云，闻十五人中，毛禹门最轻，乃六千，然亦系传闻之言，其余相去不远。恐未必的也。以理度之，总数岂应过十万，则分之定无如许，如廓兄四壁萧然。此局宁有完理耶？天悟圣明，再得如贾彪之西行，则定有解法。否则，无了时也。今姑静俟之。闻抚公已到，倘可托蓼洲诸兄一觅的耗，并商量处法耳。

祸患之来，惟有顺命，忧之无益。想长者自有达观。不肖亦惊魂未定，深坐井底，思之茫然，渊孟久已到家，亦可促过一商也。

初得抵舍，纷纷梦梦。先此奉候，诸容续布。希恕草率之罪！

霍、钟两疏附览。

---

① 录自〔明〕李应昇《落落斋遗集》卷七。四库禁毁书丛刊，集部。北京出版社，1997 年。

缪昌期传[①]

〔清〕张廷玉

缪昌期，字当时，江阴人。为诸生，有盛名。举万历四十一年进士，改庶吉士，年五十有二矣。

有同年生忌之，扬言为于玉立所荐。自是有东林之目。张差梃击事，刘廷元倡言疯癫，刘光复和之。疏诋发奸者谓不当，诧之为奇货，居之为元功。昌期愤语朝士曰："奸徒狙击青宫，此何等事！乃以'疯癫'二字庇天下乱臣贼子，以'奇货元功'四字没天下忠臣义士哉！"廷元辈闻其语，深疾之。

给事中刘文炳劾大学士吴道南，遂阴诋昌期，时方授简讨。文炳再疏，显攻昌期，即移疾去。既而京察廷元辈复思中之。学士刘一燝力持，乃免。

天启元年，还朝。一燝以次辅当国。其冬，首辅叶向高至。小人间一燝于向高，谓欲沮其来。向高不悦。会给事中孙杰承魏忠贤指，劾一燝及周嘉谟。忠贤遽传旨，允放。昌期急诣向高，力言二人顾命重臣，不可轻逐，内传不可奉。向高怫然曰："上所传，何敢不奉？"昌期曰："公三朝老臣，始至之日以去就力争，必可得也。若一传而放两大臣，异日天子手滑，不复可止矣。"向高默然。昌期因备言一燝质直无他肠，向高意稍解。会顾大章亦为向高言之，一燝乃得善去。两人故向高门下士也。

昌期寻迁左赞善，进谕德。杨涟劾忠贤疏上，昌期适过向高。向高曰："杨君此疏太率，易其人于上。前时有匽正鸟飞入宫，上乘梯，手攫之，其人挽衣不得上。有小珰赐绯者，叱曰，此非汝分，虽赐不得衣也。其强直如此。是疏行，安得此小心谨慎之人在上左右？"昌期愕然曰："谁为此言，以误公？可斩也！"向高色变。昌期徐起去，语闻于涟，涟怒。向高亦内惭。

密具揭，请帝允忠贤辞。忠贤大愠。会有言涟疏乃昌期代草者，忠贤遂深怒不可解。

及向高去，韩爌秉政。忠贤逐赵南星、高攀龙、魏大中及涟。光斗、爌皆具揭恳留。忠贤及其党，谓昌期实左右之。而昌期于诸人去国，率送之郊外，执手太息。由是忠贤益恨。

昌期知势不可留，具疏乞假，遂落职闲住。五年春，以汪文言狱词连及，削职，提

① 录自〔清〕张廷玉编《明史》卷二四五。

问。忠贤恨不置。明年二月，复于他疏责昌期已削籍，犹冠盖延宾。令缇骑逮问。逾月，复入之李实疏中，下诏狱。昌期慷慨对簿，词气不挠。竟坐赃三千，五毒备至。四月晦，毙于狱。

庄烈帝即位，赠詹事兼侍读学士。录其一子诏并予谥。而是时，姚希孟以词臣持物论，雅不善左光斗、周宗建，力尼之。遂并昌期及周起元、李应昇、黄尊素、周朝瑞、袁化中、顾大章皆不获谥。福王时，始谥文贞。

书黄昭事[①]

〔清〕管天祚

逆瑾方横，士大夫出身犯难者甚多。江阴得三人焉，曰史良佐、贡安甫、黄昭，盖与蒋钦连章以攻逆阉者也。钦首事草疏，时鬼为之嗥，卒不怵。钦既被害，与钦同坐者十三人，昭与安甫、良佐与焉。何幸也！

瑾既手滑殄斥善类，胪平日之不附己者五十余人，公然榜之朝堂，指为奸党，永锢不用。而吾江三人如眉目之朗朗，列其间焉。又何幸也！

熹宗时，魏珰肆毒，江邑之东乡李忠毅、缪文贞以击阉受祸。天下之士指二公为高冈之凤。而彼三人者传而不显，不获同类而并称，是可慨也！

前朝阉祸之烈烈于汉唐，苟非明义理、置利害，九死不悔，孰敢奋其命而后先相炳生死？一揆褫奸人之魄，使不至于天倾地陷者，五君之力多也。邑有君子，则草木改观。士之生于江阴者，不有余荣也欤？

安甫之后，为今沙山贡氏。史之后，无闻焉。黄故宅在杨舍城，即今惠先生庶康之居。其屋二三易主，以至于惠，榱桷非旧矣。相传其堂犹黄先生之厅事。余适馆于惠已五年，每徘徊其厅，辄思此公与史、贡二君修编名蒋疏之时也。甲寅十二月二十八日，雨阻于陈氏。丙夜，偶与陈子稚修论及，惧前贤之漫漶，慨后起之寡传，因牵连以书其事焉。黄字仲实，官吏部。陈子云。

① 录自〔清〕叶长龄等编《杨舍堡城志稿》卷十，清光绪九年（1883）活字木刻本。

重修杨舍乡学记[①]

〔清〕管天祚

江阴之治有四乡。乡有镇，镇之有城者惟杨舍。乡各有神祠，有社稷，有名蓝旧刹。而巍然建乡学，设圣人之位者，惟杨舍。

盖自明嘉靖三十六年丁巳，监察御史仰山尚公惩海夷之警，建城以控江海之冲，因立义塾以宣布文德者也。自是厥后，其读书肄业于塾之中，以名进士立高位者，数人于此矣。百二十年之间，圮而复者以再四计，盖不忍使圣人之泽湮漶于濒江戍堡也。守戎张公瑞征专间于兹，每朔望洒扫，躬执香烛以进。见壁落芜败，椽梠唐脱，悯此都之士不能畏圣人之言也，心恝乎有惧焉，思有以风动大夫，士因节所余，庀工役为之倡，工既竣，将旁立四圣之坐为之辅。择士之有文行者，为塾师董教，来学四方。以文艺来会者其聚于此，以课学而兴贤能焉。谒天祚，纪以文：

呜呼！公以儒将风流嘉惠兹乡，继尚公后使杨舍之文学有钟鼓管弦之声，比接乎郡邑之庠序，未必不自此始也。《记》曰："蛾子时术之。"其此之谓乎。

康熙十四年岁在乙卯记。

募修杨舍永寿寺文[②]

〔清〕管天祚

江阴之东北偏有杨舍堡，堡有城，城中有永寿寺。碑版所记云：创自孙吴赤乌年间者也。梁天监中，江以南有四百八十寺，而永寿寺与焉，历千四百余年而罡风劫烧不入妙土，洵乎？佛法之灵，长矣。

寺极宏廓，基址周缭，堂廓盘折，僧徒聚以百数。前朝嘉靖三十六年丁巳，监察御史尚公维持征海夷之警，建城以控江海之冲，环寺作墉分而为两，今之寺乃其后禅院也。百余年来，莫之有废。迩二十年中，戍守之卒聚族而居，遂为牧马之地，僧寮客署，倾荡无余。惟此殿楹巍然灵光，然庑壁隤落，楹侣凋脱，莲台宝像剥蚀，雨风缁流，星散行道，伤心者久矣。不乘时葺治，后将不支。于是守府张君洁斋俸捐，二三善士踵而增之，然庀材鸠工度费不支，限地课输所入靡继。普天之下共荫法云，则尘沙国

① 录自〔清〕叶长龄等编《杨舍堡城志稿》卷一，清光绪九年（1883）活字木刻本。

② 录自〔清〕叶长龄等编《杨舍堡城志稿》卷十三，清光绪九年（1883）活字木刻本。

土皆同，一佛岂有此疆尔界之别乎？此所以不能无厚望于四方之贤士大夫者也。

性智上人有志行者，誓走十方，募新兹院于其行，书此贻之。

修杨舍堡城记略[①]

〔清〕蔡澍

杨舍在县治东六十里，邑之偏隅，而控辖吴会，孤悬海岸。东亘界泾河，与海虞连壤，西由泗港以抵邑城，南通马嘶分达各镇，北则大江横接海涛，奸宄出没之薮。揆以福山、江阴屯戍之势，是城实为中权。

旧无城，嘉靖三十七年，巡按尚维持疏请建其城。周六百余丈，高二丈三尺。门四：东曰控海，西曰通江，南曰暨阳，北曰翊京。水关一，引流东注，内外河隍毕具。崇祯时增修敌台窝铺九十六座。旧有参将府、守御所。今都司一员，把总一员，驻扎堂构，各备卫以营房三百间，盖东南保障云。

其修葺之法，系杨舍、马嘶、顾山、华墅、章卿、周庄六镇分段均任，随塌随修，不计年分。后因民力维艰，是以不能坚久，日就颓坍。至乾隆三年七月，潦圮益甚，内外通行。经诣城下，周围查勘，核算物料，工匠计二千五百余两，请帑缮修，两经详宪，未邀议准，犹悬以待云。

补刻《霞客游记》序[②]

〔清〕叶廷甲

周官大司徒之职，以天下土地之图，周知九州地域广轮之数，辨其山林、川泽、丘陵、坟衍、原隰之名物。汉司马子长创为河渠书，前汉书始志地理，后汉书始志郡国。自是有史即有志，沿及唐宋，而郡县有志，寰宇有记。凡建置、沿革、疆域、田赋、户口、关塞、险要、名胜、古迹皆在所详，至于山川之原委脉络，未必能知其曲折，辨其经纬，历历如指诸掌也。四库书目地理类列《徐霞客游记》十二卷，提要云：明徐宏祖少好游，足迹几遍天下，尝西行数千里求河源。是编皆其纪游之文，旧本残缺失次，杨名时重为编订，以地理区分，定为此本。是书上邀乙览，盖能详人所略，为从来史志所

① 录自〔清〕叶长龄等编《杨舍堡城志稿》卷一，清光绪九年（1883）活字木刻本。

② 录自〔清〕叶长龄等编《杨舍堡城志稿》卷十四，清光绪九年（1883）活字木刻本。

未备。

嘉庆十一年冬，[illegible]谷徐氏以所梓游记板归余。余生平无他嗜好，见书之有益于学术治道者，每不惜重价得之，积至数万余卷，丹铅甲乙，目不暇给。前既校刻杨氏全书，今复得游记板，翻阅之朽蠹颇多，乃借杨文定公手录本暨陈君体静校本与徐本悉心雠勘，其文之不同者以万计，其字之舛误者以千计。文不同而义可通者，仍其旧字之舛误；而文义不可通者，不得不亟为改正。抑徐刻分十册，与四库本卷帙不同，此则无从更正者。且杨陈二本于滇游日记卷首俱有提纲，杨本每记有总评，陈本每记有旁批，此又无从增补者。惟霞客有遗诗数十首，石斋黄公叹为词意高妙，忍令其秘而弗彰乎？又一切名人巨公题诸作，俱足以考见霞客之素履，又安可不传信于来兹乎？

今年春，延梓人于家，讹者削改，朽者重镌，又增辑补编一卷附于后，庶几霞客之精神面目，更可传播于宇内也。虽然，霞客记游之书岂仅此哉？前人谓霞客西逾玉门，登昆仑山，穷星宿海。今本暨杨陈二钞本，其游览日记不过至滇南鸡足山而止。余闻郡城庄氏家藏钞本有六十卷，三月往访之。庄之后人云：先世信有之，今已散失。果尔今之所刊不过六之一尔。然一展卷，而浙而闽而江右，自豫而秦而荆襄，又自燕而雁门而云中，又自楚而粤西而黔而滇，其所经历之山川，悉辨其原委脉络，一一详记之。至士风、民俗、物产，亦随地附见，是岂独为山人逸士济胜之资！凡以民物为己任，有政教之责者，周览是书，于裁成辅相左右宜民之道，不无少补焉。

邑前辈文定杨公久任滇黔，利民之事次第举，行人第知其学术之深醇，庸讵知其手录此书，二过于山林、川泽、丘陵、坟衍、原隰之名物，早已周知也哉！夹漈郑氏曰：州县之设有时而更，山川之形千古不易，霞客此书固千古不易之书也！士人束发受书在堂户之上，而四海九州之大无所不知，然后可以出而履天下之任，若仅以此书当卧游胜具，岂廷甲补辑是书之志也耶？嘉庆戊辰四月。

暨阳湖考附[①]

〔清〕叶长龄

杨舍为晋迄唐初暨阳旧治，明弘治中黄公傅修志载之。黄志之本于宋旧志可知也。县之名以暨阳湖名。县在湖之北或少偏，亦可知也。

① 录自〔清〕叶长龄等编《杨舍堡城志稿》卷三，清光绪九年（1883）活字木刻本。

乃近志引宋志云：湖在县东十五里，窃谓“十五”当作“五十”。其误倒之，或由宋志，抑由引者均不可知。第以十五里之径距核之，东则为三官镇，东南则为云亭镇，皆在诸山间，似无地可容是湖。若易为县东五十里，则正在今杨舍之南。北㴩、南㴩、顾山镇及常熟界袤延二十余里间，港汊纷歧，水流平广而清深，湖之在此似无可疑。水北曰“阳”，县在湖之北，故曰“暨阳”也。如云十五里，则当时置县或分为二或析为三，安知是湖之不属他县乎？苟属他县，又何以命名乎？且水国为㴩，谊取水盛，“暨”“㴩”母声系双声，“暨”“㴩”转音韵为古韵，然则求之声音、文字，训诂之间旁证互证，又可知今之南、北㴩，或为是湖之遗迹矣。独暨阳湖之“阳”字不可解，或以县名而讹衍未可知也。邑志又云，县东四十五里有胥湖，湖亦无迹。按其道里，今周庄北有里聚曰“沙湖”，沙胥为隔标傍双声，鱼麻古韵亦通，是又可为“暨”“㴩”字音转变之一证。

夫立乎千数百年之下，而欲追溯千数百年之上之遗迹，苟有一知半解勿可默也。爰为讨论之，以俟来者。

《杨舍堡城志稿》序[①]

〔清〕叶长龄

志何取乎尔？志其地之所有，以存掌故者也。盖有地即有志。镇之于邑，犹邑之于郡，郡之于省，封疆虽异，隶属则同。昔宋常棠撰《澉水志》，明董谷撰《澉浦续志》，此镇有志之始也。夫人情风土，所在不同。故大邑名都莫不纂修是亟，则一郡一邑有然者，一镇何独不然乎？

或谓志事近史，笔削为难，非稍兼有才、学、识者，无能为役。顾才而猎取浮华，不知别裁也；学而强记故实，不知贯串也；识而拘执偏僻，不知体要也。然则有与无仍不甚差池尔。至于经费，集之尚易，用之为难，实用之当之为难。假公以为调剂，非当也；徇情以容滥竽，非当也；求取资望而致成缘饰，尤非当也。尝见辑修地志矣，筹资设局，总裁者有人，收掌者有人，以及总纂、分纂、校勘者，又若而人；告成阅三四年之久，支销累万千金之多，所益篇帙视旧仅增三四册；豕亥之讹仍多未检，而于纣红缘绿益经秦郡之舛 牾者，尤不复考证订明。噫，志顾易言修乎哉！不知功以实核，斯

① 录自〔清〕叶长龄等编《杨舍堡城志稿》卷一，清光绪九年（1883）活字木刻本。

用不虚縻；勿尸位而素餐，惟实事以求是。庶几功之敏而用之简矣。

杨舍地隶江阴，素无志乘。家有先世遗稿，而仅止于嘉道间。曩岁邑有修志之役，凡例得刊登者，采访送县，而主者艰于去取而惮于更改，颇多摈斥。今秋命儿裒辑丛杂诸稿，合之旧稿，部别州居，缮成是志。余复增订删正而整理之。限断于今冬，凡十四篇，篇各为卷，不遗不滥。时不及一百日，费止于数十缗。非敢希附常公名作也，犹幸为镇作志，尚非杜撰，且可以备一隅掌故云尔。时光绪八年岁在壬午癸丑月壬申日，叶氏静观楼主人长孙长龄序于修耳根功德丈室。

碑刻铭文选录

新筑杨舍城记[①]

〔明〕薛甲

岛夷不靖，岁扰江南。圣天子赫然震怒，爰启睿谟，命将出师，折其渠魁。既受俘于明堂，天子曰："吁，咨尔烝黎，亦既瘁止。如水云溃，曷崇其防？"于时臣监察御史尚公维持膺命而来，按治兹土。既饬宪度，聿宣皇仁。相地所宜，筑五城于江海之上，万雉干云。群丑褫魄，迄公莅任，不敢犯其境。而吾邑杨舍新城，则所筑之一也。其地联界三方，控辖吴会。

前此当事者以其阔远声教，啸聚逋逃，每为奸宄之所窟宅，负贩之所往来，思欲题请建立县治，而群议纷然，未有成绩。嘉靖三十四年乙卯，川沙、柘林之寇盘踞逾年，习知险阻，遂分其众为三：一从吴淞趋嘉湖；一经孟渎趋扬镇；其一从兹地入围江阴，攻无锡，大肆焚戮，民靡宁居者三年，而祸犹未弭。论者益思前议之当行，而终未有任其事者。至是，公所经略，适与议符，群情咸服。然犹私相谓曰："兹兵火之余，府库竭

① 录自〔清〕叶长龄等编《杨舍堡城志稿》卷一，清光绪九年（1883）活字木刻本。

矣，财将安出？流移多矣，力将安庸？且有城而无兵以守，犹无城也。公意虽美，将有终之难乎？”既而公移文所属，会计赎金之余，均给诸城，而吾邑得一万四千余两，财用充矣。常镇应募之兵二千余人，公于雇值之外，人日给米二升、银二分，使供畚锸之用，徒庸具矣。参将、把总之官，奉旨添设而未有定所。公曰：“以兹城居之，所以遵明旨也。”规画既周，综理有条，乃授事于吾邑尹杜侯华，俾遵行之。先筑参府，以昭具瞻；次筑军营，以处执役之士；其次为游兵把总司，又其次为巡检司，以处范港之迁入者。兵民不扰，万杵齐声。戊五阅月，而工用告成。公署之外，凡为门四，为营房三百间。城以丈计，凡六百有奇。昔之旷莽，郁为伟观。民愿数年，慰于一旦。望之者疑若天造地设，恍不知其所自来也。邑之父老感今念往，乐公之仁，图报无所。而公以期满将代，于是相率请于杜侯，愿托金石以永公德于无穷，而侯以其文委之于甲。甲惟志切者无浅图，谋远者无近虑。公秉监军之任，当羽檄纷驰之日，岂不知委任责成，听其所为，分别功罪，以逭一时之责，而顾身履艰大为此劳且费之图者，何哉？其志诚切，而其虑诚远也。且夫东南之倭，悬隔巨海，非若西北之戎，接壤于我也，乘风而来，剽掠而去，非有攻城略地之志也。待之者譬若穿窬然，但高吾垣墉，谨备之而已。承平日久，生齿益蕃，濒海膏腴，悉为村镇。高甍大栋，弥望无涯。加以勾引之人日窥月伺，而吾无城郭以保障之，无兵卒以捍卫之，此为海岛慢藏，安得而不启戎心也。司国计者，鉴其所以失，而图其所以得，则当如国初汤公和故事，据险筑城，以壮其猷。岂宜列戍征兵，待若严敌，未见寇而先困吾民也哉。皇上之德，同符高皇。而所委任之臣，亦于汤公无忝。用能发独见于群议之中，树宏规于恒情之外，保障所有，捍御有人，而民得免于流离失业之患。则斯筑也，将东南之人世世子孙，尸祝于公，岂一隅父老可得而私也。然吾闻之，彤管之章，君子取节，则父老之情，亦自有不容已者。兹贤侯之所为属，而甲虽不文，亦有所不容辞者乎。

是役也，兵宪熊公勉学与有劳焉，而成公之志者，侯也。董役而佐资者，列之碑阴。既记其事，系之以诗曰：

惟明受命，万方毕臣。孰勾岛夷，逐利逋民。千里海壖，其涂没胫。孰是征兵，而以力逞。以我所短，攻彼所长。疥癣不理，浸成巨疮。宪臣南来，独排群议。据险扼冲，屯堡棋置。乃筑川沙，乃营柘林。爰及兹土，连络高深。先声所加，群丑胁息。谋迨万年，匡我王国。我有蟊贼，宪臣驱之。我有疮痍，宪臣嘘之。屹屹垣墉，惟宪之猷。芃芃黍苗，惟宪之休。蕞尔江乡，宪车戾止。睹洛兴思，怀仁不已。皇有天险，海无惊涛。我诗我歌，以比嵩高。

江阴新建杨舍城记[①]

〔明〕张衮

东夷猾夏，三吴之地，环州县而城者以百计。杨舍一隅，在县治东。东际大海，至狼山，水势渐分而为江。杨舍枕江之上，界连姑熟，诸港滔滔，会江为险；左襟谷渎，仅五里许，其为屏捍。君子卒喜而大书之，与郡邑之城相雄长焉。其故何也？固杨舍，所以固江阴也。由江阴而上，毗陵之有孟渎河，河复城之，贼来窘路，犄角之势成，其所防者远矣。

我太祖高皇帝尝命信国公汤和往备倭寇，诏谕惓惓，惟以议立城堡、相地宜，为事神谋睿算，和谨用之，迄有成功。嘉靖丁巳，监察御史罗山尚公维持来按南服，痛我民生憔悴日甚，割爪极肤，救恤不暇。乃于诛罚黜贪之余，巡行陵陆，周觉曲衍之中得杨舍之为要害，决意城守。适邑人薛宪副甲哀上其议，公以为是得邑人之情矣，治之益力。乃布条约，乃召佣徒，乃营原野。引绳立表，夷险塞洼，各以意运之。受事者莫不如指。

城凡三里，周遭五百丈有奇，高二丈有三尺，趾阔丈七尺。下累坚础，上傅以砖。崇墉甓甓，列雉翚翚，屹然巨镇。藏民万户，贤于战兵百倍矣。城之费，丈计帑金二十二两，出台中之赎售，一不以烦于有司。借民之力，不过十之二三，兵居其半。而公复戒之以勿亟，慎之以勿伤，此作城之善事也。城之内，有参府，有把总司，有巡检司，有军营，有廪庾，四向为门：东曰控海，西曰通江，南曰暨阳，北曰翊京，皆公所自署。门为水关者一，引流东注，此城之节目也。工始于戊午六月，告成于是年九月。薛宪副复为文记之。

杜令君退而告衮曰："华也守土于兹，得吾贤监察作寻之勤而讫事，吾子可无一言为吾为百姓德之？"予谢不能。既乃言曰：夫有山川，斯有险阻。有险阻，斯有政事。是故王公设险以守国，其来尚矣。汤信国之受命圣祖，尚监察之祗承皇上德意，笃厚元元，岂非贞于谋国乎？始杨舍之未有城也，盐贩出没风涛之险，兵杖自随。有迫之，焰起而为盗，村户夜惊。今即无虞，其利一也。民既有城以居，农得修其畎亩，商得通其货贿，工

① 录自〔清〕叶长龄等编《杨舍堡城志稿》卷一，清光绪九年（1883）活字木刻本。

得利其器用。父子嘻嘻，乐生兴事，保有室家，无复曩时兽奔鸟骇，无所逃匿，皇皇之命寄于贼刃，其利二也。地远于邑，民鲜知法，官署既饬，令君得以数至其地，听断为公。暇则与参戎上下其议，鞭挞戎虏之谋，哀矜淑问之事，皆于是乎出焉，其利三也。莫非城之余泽也，有此三利，法不当大书已乎？是举也，巡抚都御史赵公忻首风助役金千两，兵将之事，调发措置，悉综之。兵宪熊公勉学首尾勋襄之劳，暨郡守邵公惟中数考其成，因并记焉。嘉靖三十七年岁次戊午孟冬十月吉旦江阴县知县杜华立石。

重修青龙桥记[①]

〔清〕惠元辂

莫为之前，虽美弗彰。莫为之后，虽盛弗传。若吾杨城之郭氏，则前后有人可云继美者矣。余家世双泾里，与郭氏居相距数武，尔先君子又受业于尔锡郭老太夫子之门，因得与其后起思诚先生世谊往来。时道东门青龙桥之所自，盖明初登进士第，得名郭先生之后裔义士东溪公所建也。横跨谷渎大河，通接江常地界，往来杂沓，昼夜喧阗，诚为一镇冲繁要道。但自创造以来，今经三百余载，历年已久，渐就剥落。及乾隆元年春，竟尔倾圮，片石孤悬，履其上者，时懔冰渊之惧，长流横亘，渡此水者不胜厉揭之嗟。郭氏世德丕承，家声远绍，急公慕义，代不乏人。慨然曰：先人既创之于前，后人何可弗继之于后。特为倡举，统领合族子姓书名醵金，随力捐助，或为经理，或为赞襄，鸠工聚众，自始事以迄告成，概不干涉镇中亲友。噫，此非善于承先勇于从义者哉。是年冬，余中表苍霖郭兄邮置缄书，求所为重建青龙桥记，余因拍案大快，秉笔书之，以志夫杨城郭氏之后先继美云。

青龙南桥碑记[②]

〔清〕李兆洛

江阴东乡有杨舍镇，镇之东故有青龙桥，孔道也。当走集争辏时，桥不能容挤，而堕者相接。

丁生国治谋于众，构木桥于迤南以分之，众称便。阅十年木坏且圮。国治独捐资，

① 录自〔清〕叶长龄等编《杨舍堡城志稿》卷二，清光绪九年（1883）活字木刻本。

② 录自〔清〕叶长龄等编《杨舍堡城志稿》卷二，清光绪九年（1883）活字木刻本。

易之以石，益扩大之。购石于山，藉运于潮，营基匀作，皆躬亲之。风雨劳瘁，出入五年而后成，可谓勇于见义者矣。桥之成以道光五年十二月。桥成未几而国治卒。阅四年，其子玉堂、季堂两生，始述其事请为记以勒石。

余以桥之成，所济甚众，而成之甚难，刊石旌善，使来者慕，劝相与维持于弗坏，甚当，故记以畀之。

国治字觐宸，号晋斋，常州府学武生。性阔达，负侠气，乡里严惮之。为人解纷难，任劳怨，事有利于人者必尽其力。饥而劝分，疫而施药，孤贫而赒赠，汲汲于善，类如是桥，附著之亦可以风也。

江阴县杨舍镇同善堂碑记[①]

〔清〕李兆洛

杨舍，江阴之附庸也。滨江，与常熟县邻。明嘉靖时，倭患遍江海。江滨尺寸置戍，杨舍亦要区。筑堡城，置参戎，领兵宿之。阅二百余年，天地清泰，生众日蕃，郁然有弦歌之风焉。

道光二年，举惜字会于堡城东门外大生庵置局。道光六年，创建同善堂，至十七年落成。邑中故有公善堂，因仿其规模，于堂中奉吕祖像。所为善事，曰惜字、曰义学、曰施椋、曰恤寒、曰掩骼、曰蓄汲，凡六条，告诸有司，申报大府立案。日积月累，赀有所余，将举善事之宜行者，悉举行焉。幸其有基而弗壞也，请为记以念于后。

余曰：善者，性之德也，人己之所同也。故君子成不独成，善不独善，善与人同，兹为大舜。故曰：好善优于天下大同之世。不独亲其亲，不独子其子，谓此也。三代以下以为小康。而周礼六行教于乡，必曰：孝友、睦姻、任恤。睦姻、任恤者，皇朝宽大湛恩。时下家给人足，浃髓沦肌。而天患民病，偶有小痧，正赖此相周相救之谊以弥之，不特弥天地之憾，推皇帝之仁，所以使人知人己同源，道皆一贯，以自复其性而归于醇古之化也。诸君乃将悉举其善事而力行之，其志愿岂不大哉！

是堂也，叶廷甲、廷策两君创议之，周君浩实成之，张君文灏实辅之。其竭力劝捐，俾成善举者，则邵君承烈、郭君鉴、丁君玉堂。其董理堂务自矢勿怠者，则叶君朝庆、冯君翼、顾君师竹、郭君鸿飞、叶君天庆也。

---

① 录自〔清〕叶长龄等编《杨舍堡城志稿》卷一，清光绪九年（1883）活字木刻本。

掌故与传说

杨舍地区流传着许多掌故和传说，题材广泛，内容丰富，蕴含着该地区的民俗风情。其中有风物故事，有历史人物故事，有神话故事，还有史事传说、生活故事等。这些掌故与传说大多被载入《张家港民间故事集》《张家港传说》《张家港掌故》《暨阳历史文化丛书》等出版物。

吴王封“白鹿” 杨舍旧有白鹿山，今有白鹿村。“白鹿”之名究竟是怎么得来的呢？其中还有一个生动的故事。战国时期，诸侯混战、天下大乱，其中吴越两个诸侯国雄霸长江以南地区。吴王阖闾在姑苏称王之后，越国即屯兵太湖东岸，扬言要马踏姑苏，统一江南。阖闾的儿子、吴王夫差闻讯后，率领兵马驻扎在沿海河阳镇，并与越军交兵多次，未能取胜，心中十分焦急。

一天夜晚，夫差心里烦闷，想出营散心，便独自骑着马，过河阳山，向西边而去，不知不觉到了一座高山的山坡下。这时，夫差忽觉眼前一亮，他猛然一惊，挽住马缰仔细看去，原来这是砂山山坡，正是越军的营地吴市。夫差想趁夜深人静之际窥探敌军虚实。于是，他催马上山，藏在一块大石后面，仔细观察起来。正看得出神，忽然听到有人大喝一声：“何人大胆，敢偷窥我军营！”夫差一惊，双手紧紧抓住缰绳，白马冲出两丈远，他回头望去，只见越军一名大将正催马举刀砍来。夫差眼看前面有几个大土墩，急中生智，策马顺着几个土墩转起圈来，总算同越将拉开了数百步，夫差骑着白马钻进一片树林中。越将也冲进树林，黑洞洞看不清楚，举刀便砍。刀落处，忽听“腾”一声，眼前闪过一团白影。越将认定是夫差所骑白马，便双脚一紧，飞快地追上去。追了十余里路，天色渐明，越将这才看清楚追赶的“白马”原来是一只白鹿，哪有夫差的影子。这时，越将忽然听到前面人声鼎沸，只见远远来了一大队吴国人马，赶紧抄小路逃回了自己的大本营。

夫差看到树林里的白鹿窜出去引走了越国大将，大大松了一口气，急忙策马走出树林，正好迎面遇上吴国军队前来寻找他。夫差在打败越国登基称王之后，为了感激白鹿的救命之恩，就到当年被越将追赶过的小土墩群里选出一座最高的，赐名“白鹿山”。还把当地的杨舍村赐名“白鹿村”，并命令天下百姓凡见到白鹿，不准追捕斩杀。杨舍封名“白鹿”之后，这里的百姓可以免征赋税，自由发展畜牧业，村民也从“野人”升为“国人”。

先有巴家楼，后有杨舍城 从前，杨舍地方有一个古城名“暨阳”。但是几经战乱，城内外房子被烧光，城墙倒塌，绝大部分居民都搬到别处去了，仅剩零零落落的几户人家，以打鱼为生。杨舍北边紧靠大海，有条海港叫杨家港，港口有个边关叫铁铃关，有位守关大将姓巴，人们称他“巴提督”。

巴提督武艺高强，还有一点经济头脑，他觉得杨舍这地方是个“蟹行地”，东通姑苏、西通毗陵，交通便利，又无水旱灾害，将来一定是个市场繁荣、百业兴旺的好地方。因此，巴提督就在这里建造了一幢楼房，人称“巴家楼”。巴家楼是这破残的古城中第一幢楼房，十分显眼。

由于巴家楼的建造，周围的渔民、农户、商贾，也纷纷到这里来建造房屋、建造商店、办作坊、开茶馆，不到三五年，残破的旧城竟发展成小集镇，市面也热闹起来。后来，人们就称这个集镇为杨舍镇。

过了若干年，巴提督奉命调到外地，他将巴家楼托付给集市上老朋友郭某看管，打算年纪老了，辞职后再回到杨舍来度晚年。哪知道，不久天下大乱，巴提督也不知道是死是活，一直没有再回杨舍，久而久之，巴家楼便成了郭家的产业。

到了明嘉靖年间（1522—1566），杨舍已成为商贸繁荣的大集镇。当时沿海盗贼猖獗，常常到杨舍打劫骚扰。于是，朝廷批准沿海可以建堡城，以抵御海盗，保卫江南各州府。堡城地址就选于杨舍，称“杨舍堡城”。所以说，如果没有巴提督先造的巴家楼，就不会形成杨舍集镇，没有热闹的杨舍集镇，就不会选在杨舍建堡城，也就有了“先有巴家楼，后有杨舍城”的传说。

充军回乡“铁铃关” 今杨舍北郊的斜桥，古时也称“铁铃关”。这里流传着一个传奇故事。

南宋时期，在杨舍的北边，有一个小集镇叫斜桥。集镇旁有一条南通太湖、北通长江的谷渎港。谷渎港长江口是水陆交通枢纽，南北商贾往来频繁，市场十分繁荣。因此，朝廷在那里建了一个关卡，名为斜桥港口。斜桥港口既控制客商往来，增加税收，又建造了水闸，调节太湖水位，以利农桑。同时还驻兵把守，防御倭寇入侵。

传说有个斜桥人姓许名安，在江西经商有方，发了小财。后来，许安遭当地强人劫持，并被胁迫入伙，与强人一起打家劫舍，杀人越货，惊动了官府。当地县衙派遣差役四处追捕他们。首犯侥幸脱逃，而喽啰与胁从者许安均被抓获归案。许安在县衙审讯大堂上虽然百般辩解，欲为自己洗清冤屈，但无济于事。最终经过严刑逼供，许安屈打成招，被判处充军边关。

判决时，县官问许安哪里人氏？许安十分机灵，猜透了县官的心思。于是便说："回禀大人，犯人许安是苏州府人氏。我自知罪孽深重，愿意充军到最远最远的铁铃关去。"

县官缺乏地理知识，根本不知道铁铃关就是许安的老家。只觉得犯人认罪态度较好，便听从他的意见，当即宣判"许安充军铁铃关"。遂命解差即日启程，将许安押送铁铃关。

许安被解差押着，路上晓行夜宿，饥渴劳顿，走了一个多月，终于到了家乡。解差问明铁铃关已到，便向地方官交了差，自己就匆匆回江西销差去了。

事后，斜桥人知道了许安犯罪充军的底细，就编了一个顺口溜："犯罪充军到边关，官府护送回乡来。别问故事真与假，聪明犯人糊涂官。"

河南庙的传说 明嘉靖年间（1522—1566），河南郑州一批商客到杨舍地区经商，货船停在杨舍镇斜桥港口。其中有一名布商叫周仲仁，购满了一船产自今金港镇南沙地区的雷沟大布，停在斜桥码头，等待天气放晴后，起航回河南。

一天傍晚，周仲仁在横河北岸散步时，看见有一座小庵堂，就进去看看，原来是供奉观世音菩萨的家庵，名永宁庵。他就恭恭敬敬地敬上三炷香，跪在神灵前祈祷，祈求大慈大悲、救苦救难的观世音菩萨保佑他经商财运亨通，逢凶化吉，一路平安。回到船上后，周仲仁觉着有些头痛，便早早地睡了，准备明天启航。第二天，天气晴朗，正是开船好时光，要回河南郑州的商船都准备起锚了。这时，周仲仁觉得头痛得厉害，就对同来的客商们讲：你们先开吧，我头痛得很，等好点了再走。说完，就到船舱里去休息。这时，与周仲仁同来的十几条郑州商船扬帆启航，离开斜桥港口，浩浩荡荡地驶进长江，只剩下周仲仁的一条货船停靠在码头上。下午，周仲仁一觉醒来，头也不痛了。这时，突然听到岸上人声鼎沸，心里好生奇怪，想去问个究竟。只见自己商船的船老大从岸上回来，说早晨出港的货船，进入长江之后，对岸狼沟浦里窜出来几艘海盗船，把

2005 年重建的河南庙（河南禅院） 严丽华 摄

出江的商船上的人都杀光了，船与货物全被掳去，现在死人已飘到斜桥港口。周仲仁听后，背上直冒冷汗，心想：肯定是永宁庵中的菩萨保佑我，让我躲过了这一“劫”。于是他赶紧上岸，直奔永宁庵里，跪在观音菩萨面前连连叩头，感谢菩萨救命之恩，并虔诚地许下了“重修庙宇，再塑金身”之愿。

不久，杨舍筑造御倭堡城，海上倭盗不敢再犯，斜桥港口从此太平。周仲仁的生意也越做越兴旺，不到三年时间，成为河南郑州城里的百万富商。第四年冬季，周仲仁带上银两专程到杨舍还愿。他请工匠将永宁庵拆除，在原址新建了一座规模宏大的庙宇，并重塑观音菩萨金身。此庙虽然位于东横河北岸，但因为它是由河南人建造的，所以人们称其为“河南庙”。

著述书目

杨舍镇公开出版的著述书目分自然科学类、社会科学类、文学艺术类和地情文史类四个门类。其中，自然科学类、社会科学类和文学艺术类以作者姓氏笔画为序排列，地情文史类以出版时间为序排列。

杨舍镇公开出版的自然科学类著述书目一览表

表 2

作者姓名	作品名称	出版社名称	出版时间
王燕谋	《中国建筑材料工业概论》	中国建材工业出版社	1996 年
	《硫铝酸盐水泥》	北京工业大学出版社	1999 年
	《中国玻璃纤维增强水泥》	中国建材工业出版社	2000 年
	《中国水泥发展史》	中国建材工业出版社	2005 年
朱全发	《儿科学学习指导》	天津科技出版社	1996 年
张挺芳	《电解质溶液》	上海科学技术文献出版社	1991 年
俞世蓉	《小麦株型结构分析与产量育种咨询系统》	东南大学出版社	1991 年
	《作物繁殖方式和育种方法》	农业出版社	1996 年
郭元裕	《排灌工程系统分析》	水利电力出版社	1988 年
	《农田水利学》	中国水利水电出版社	1989 年
	《郭元裕论文集》	武汉水利电力大学	1997 年
郭玉瑛	《农业用塑料》	化学工业出版社	1987 年
	《民用飞机腐蚀控制》	航空工业出版社	1992 年
	《塑料应用技术》	化学工业出版社	1999 年
童秉枢	《计算机辅助机械设计技术基础》	清华大学出版社	1988 年
	《微型计算机绘图理论与实践》	清华大学出版社	1995 年
	《机械 CAD 技术基础》	清华大学出版社	1996 年
	《产品数据管理（PDM）技术》	清华大学出版社	2000 年
	《非定常流与涡运动》	国防工业出版社	1993 年
	《涡运动理论》	中国科学技术大学出版社	1994 年
颜尔达	《高中数学能力的培养与评估》	华中师范大学出版社	1988 年
薛元坤	《漫话肺炎》	人民卫生出版社	1987 年
	《发冷和发热》	香港得利书局出版社	1992 年
薛永祺	《1986—1990 机载扫描仪的新进展》（合著）	万国学术出版社	1992 年
	《高效三维遥感集成技术系统》（合编）	科学出版社	2000 年

杨舍镇公开出版的社会科学类著述书目一览表

表 3

作者姓名	作品名称	出版社名称	出版时间
丁俊发	《流通经济学》	人民出版社	1995 年
	《国内贸易经济管理》	中共中央党校出版社	1996 年
	《商品流通热点探索》	中国物资出版社	1998 年
	《西部大开发：中国 21 世纪大战略》	科学出版社	2000 年
	《面临的机遇挑战与发展》	中国财政经济出版社	2000 年
	《现代流通与内外贸一体化》	中国经济出版社	2005 年

续表 3

作者姓名	作品名称	出版社名称	出版时间
包文灿	《旅游摄影指南》	金盾出版社	2001 年
	《数码摄影指南》	金盾出版社	2004 年
邢　鹿	《驾起宽广的心桥》	中国国际广播出版社	1990 年
	《崛起的轨迹》	中国国际广播出版社	1995 年
	《鲜花人生》	光明日报出版社	2002 年
	《励志与坚守》	吉林大学出版社	2005 年
孙　望	《孙望选集》	南京师范大学出版社	2002 年
李景华	《教学艺术散论》	中国文联出版社	1999 年
李楚材	《陶行知和儿童文学》	少年儿童出版社	1986 年
	《帝国主义侵华教育史资料——教会教育》	教育科学出版社	1987 年
	《为中国教育寻觅曙光》	四川教育出版社	1989 年
	《教育小品》	上海教育出版社	1993 年
陈世海	《经济稚论集》	吉林人民出版社	2004 年
	《青少年工作论集》	吉林人民出版社	2005 年
陈兆德	《思想政治工作通论》	南京大学出版社	1989 年
	《行政管理学概论》	南京大学出版社	1990 年
	《中国特色社会主义论》	江苏人民出版社	1993 年
	《邓小平理论与实践研究》	法律出版社	1995 年
	《马克思主义 ABC》	人民出版社	1999 年
秦　豪	《逻辑思维技巧与训练》	希望出版社	1990 年
	《形式逻辑解疑》	江苏教育出版社	1992 年
	《司法问题逻辑新探》	上海科学技术出版社	1993 年
	《交际中的巧问与妙答》	江苏人民出版社	1993 年
	《问题逻辑学概论》	陕西人民教育出版社	1994 年
	《使人聪明的智慧故事》	上海科学技术出版社	1998 年
	《补拙集》	西北大学出版社	2002 年
	《应用逻辑与逻辑应用》	中国文联出版公司	2004 年
顾关福	《美苏争霸战略问题》	国防大学出版社	1988 年
	《战后苏美关系的演变》	时事出版社	1990 年
	《国际政治经济新秩序问题》	时事出版社	1991 年
	《跨世纪的中国外交》	世界知识出版社	2000 年
	《战后国际关系》	时事出版社	2003 年
	《中国国际关系前沿理论》	时事出版社	2005 年
顾秉钧	《漫谈智力智慧》	中国工人出版社	2001 年
	《漫谈社会主义道德》	四川人民出版社	2002 年
钱定一	《美术艺人大辞典》	上海古籍出版社	2005 年
曹剑芬	《现代语音基础知识》	人民教育出版社	1990 年

表 4

杨舍镇公开出版的文学艺术类著述书目一览表

作者姓名	作品名称	出版社名称	出版时间
王　芳	《城市没有柔软的爱》	江苏凤凰文艺出版社	2014 年
中　海	《零点零二》	中国戏剧出版社	2012 年
	《终剧场》	中国文联出版社	2013 年
卢润良	《张家港抒怀》	中国国际广播出版社	1999 年
	《张家港新传》	南京出版社	1999 年
	《大江飞舟》(上)(中)(下)	江苏人民出版社	2003 年
	《江舟双楫》(上)(下)	安徽人民出版社	2005 年
成建中	《岁月如歌》	远方出版社	2003 年
吕大安	《五人义》	文心出版社	2004 年
吕大安 卢　群	《大地的脊梁》	中国文联出版社	1999 年
孙　望	《孙望选集》	南京师范大学出版社	1998 年
孙丽萍	《蝴蝶的雨衣》	湖南少年儿童出版社	2009 年
	《朵拉的春天》	天津新蕾出版社	2009 年
	《住在围巾里的歌》	中国少年儿童出版社	2014 年
孙雁群	《水井之上》	大众文艺出版社	2011 年
任文浩	《人烟》	古吴轩出版社	2013 年
	《剩下》	古吴轩出版社	2013 年
李仁忠 （笔名：李帆）	《夜未央及流光飞舞》	中国文联出版社	2014 年
	《孤独的姿态》	文汇出版社	2015 年
杜宏娟	《烩历史》	新世界出版社	2012 年
	《红了春秋绿了战国》	线装书局	2015 年
但国庆	《春秋颂》	中国文联出版社	2013 年
张凌云	《高树鸣蝉》	中国文联出版社	2013 年
陈勤生	《梅殇》	中国言实出版社	2013 年
吴文华	《浮沉三部曲》	中国文史出版社	2009 年
陈勤生	《梅殇》	中国言实出版社	2013 年
周　清	《忏悔的代价》	现代出版社	2013 年
	《亲近的代价》	现代出版社	2014 年
	《大学梦》	现代出版社	2015 年
周成新	《逐梦江南》	中国言实出版社	2011 年
	《十年一梦》	团结出版社	2013 年
胡叶平	《宛在水中央》	中国戏剧出版社	2011 年
钱欣葆	《铁拐李治脚》	中国国际广播出版社	1993 年
	《架在嘴上的桥》	少年儿童出版社	1994 年
	《武松打狗》	未来出版社	1999 年
	《魔碟：钱欣葆儿童文学作品精选》	伊犁人民出版社	1999 年

续表 4

作者姓名	作品名称	出版社名称	出版时间
钱欣葆	《狐狸盗宝记：科学童话集》	远方出版社	2000 年
	《搏击人生》	作家出版社	2002 年
	《神枪手打猎》	湖北少年儿童出版社	2002 年
	《活泼可爱的快乐猪》	二十一世纪出版社	2005 年
	《婴幼儿故事大王·绿色卷》	吉林人民出版社	2009 年
	《小山羊和小灰兔》	北方妇女儿童出版社	2012 年
	《奇妙的拐棍》	湖北少年儿童出版社	2012 年
	《金丝猴改衣服》	湖北美术出版社	2012 年
	《老虎治尾巴》	湖北美术出版社	2012 年
	《猴子的教训》	湖北美术出版社	2012 年
	《爱吹牛的灰兔》	湖北美术出版社	2012 年
	《聪明的羊弟弟》	湖北美术出版社	2012 年
	《缺乏恒心的狗熊》	湖北美术出版社	2012 年
	《小象的长鼻子》	湖北美术出版社	2012 年
	《猴子灭火》	湖北美术出版社	2012 年
	《小鳄鱼学游泳》	湖北美术出版社	2012 年
	《两只小袋鼠》	湖北美术出版社	2012 年
	《渔夫织网》	湖北美术出版社	2012 年
	《老虎发怒》	湖北美术出版社	2012 年
	《犀牛认错》	湖北美术出版社	2012 年
	《大家抢摆渡》	湖北美术出版社	2012 年
	《红狐狸请跳舞》	湖北美术出版社	2012 年
	《穿山甲打洞》	湖北美术出版社	2012 年
	《聪明的灰兔》	湖北美术出版社	2012 年
	《挖人参》	湖北美术出版社	2012 年
	《美丽的家园》	湖北美术出版社	2012 年
	《池塘中的“怪物”》	湖北美术出版社	2012 年
	《365 夜寓言故事》	江苏科学技术出版社	2013 年
	《武林高手》	天津人民出版社	2013 年
	《钱欣葆文集》	江苏凤凰出版社	2015 年
	《小熊学捕鱼》	湖北美术出版社	2015 年
	《知识童话集》	中国大百科全书出版社	2015 年
	《寓言故事集》	清华大学出版社	2015 年
钱定一	《钱定一画集》	上海外语教育出版社	1994 年
	《钱定一画选》	上海人民美术出版社	2005 年

续表 4

作者姓名	作品名称	出版社名称	出版时间
徐　玲	《三个男生一台戏》	希望出版社	2009 年
	《当个组长也神气》	希望出版社	2009 年
	《大家抢摆渡》	湖北美术出版社	2012 年
	《神秘拾金岛》	希望出版社	2012 年
	《惊险食人谷》	希望出版社	2012 年
	《宇宙流浪汉》	希望出版社	2012 年
	《我会好好爱你》	中国少年儿童出版社	2012 年
	《我的红狐狸妹妹》	希望出版社	2012 年
	《我的狼妈妈》	希望出版社	2012 年
	《天下无妖之唐僧的私密日记》	希望出版社	2012 年
	《将来我要做本地人》	新世纪出版社	2012 年
	《我和老爸的战争》	中国少年儿童新闻出版总社	2013 年
	《桑桃的村庄》	希望出版社	2013 年
	《我要努力去长大》	浙江少年儿童出版社	2014 年
	《等你在千里之外》	浙江少年儿童出版社	2014 年
	《我想和你在一起》	中国少年儿童出版社	2014 年
	《亲爱的白羊座》	少年儿童出版社	2014 年
	《最接近天堂的地方》	少年儿童出版社	2014 年
	《幸福的女主角》	浙江少年儿童出版社	2014 年
	《我的名字会长大》	浙江少年儿童出版社	2014 年
	《31 天忽视被爱》	浙江少年儿童出版社	2014 年
	《千里马等待伯乐》	浙江少年儿童出版社	2014 年
	《教室里安了摄像头》	浙江少年儿童出版社	2015 年
	《全世界请原谅我》	中国少年儿童出版社	2015 年
	《一天一个鬼主意》	河北少年儿童出版社	2015 年
	《拾金岛危机》	春风文艺出版社	2015 年
	《相亲相爱在一起》	浙江大学出版社	2015 年
	《老师的心事你别猜》	浙江少年儿童出版社	2015 年
	《小学生轻阅读名家精选徐玲集》	南京大学出版社	2015 年
顾丽红	《梧桐随风》	现代出版社	2014 年
徐小华	《内心的灯盏》	山东画报出版社	2009 年
徐世平	《老虎治尾巴》	湖北美术出版社	2012 年
郭宗泰	《猴子的教训》	湖北美术出版社	2012 年
章艺欣	《爱吹牛的灰兔》	湖北美术出版社	2012 年
曹国庆	《青春的书签》	凤凰传媒集团	2009 年
	《11 点 17 分的阳光》	中国戏剧出版社	2011 年

续表 4

作者姓名	作品名称	出版社名称	出版时间
童道明	《戏剧笔记》	中国戏剧出版社	1993 年
	《惜别樱桃园》	中央编译出版社	1996 年
	《我的中学时代》	福建教育出版社	1999 年
	《黑色幽默》	专利文献出版社	1999 年
	《俄罗斯回声》	中国电影出版社	2001 年
谢建标	《那晚的雨》	中国文联出版社	2012 年
谢凤娇	《雏鹰展翅》	中国戏剧出版社	2012 年
谢金良	《娃娃鱼捕鸟》	敦煌文艺出版社	2013 年
蒋　虹	《紫色菩提心》	中国文联出版社	2014 年
蒋祖德	《沧桑》	南京大学出版社	2009 年
蔡克荣	《渔夫织网》	湖北美术出版社	2012 年
缪　克	《乡风满怀》	文汇出版社	2012 年
	《激荡今生》	文汇出版社	2012 年
缪永清	《老虎发怒》	湖北美术出版社	2012 年
缪润生	《犀牛认错》	湖北美术出版社	2012 年

杨舍镇公开出版的地情文史类著述书目一览表

表 5

书籍名称	出版社名称	出版时间
《暨阳文化历史丛书》第一辑	上海文化出版社	2010 年
《暨阳名人丛书》	上海三联书社	2011 年
《暨阳历史文化丛书》第二辑	广陵书社	2013 年
《包基村志》	广陵书社	2013 年
《暨阳家风》	广陵书社	2015 年
《李巷村志》	凤凰出版社	2015 年
《杨舍镇志》	广陵书社	2016 年

丛书

2010 年 7 月，杨舍镇为充分发掘并利用独特的历史文化资源，成立了暨阳文化研究会，组织专家学者，不断加强对历史文化的发掘、传承、发展、弘扬和创新，书写文化与

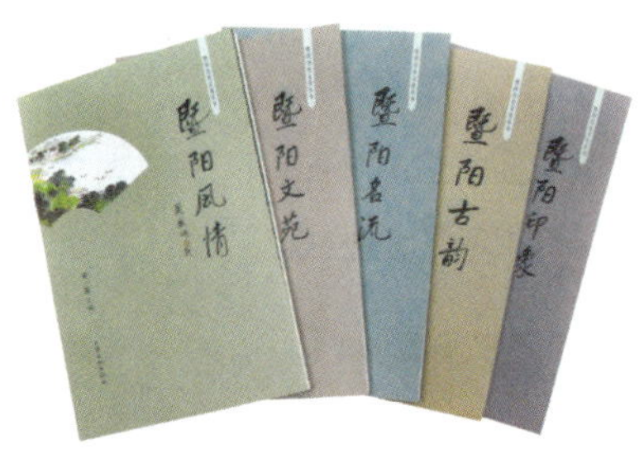

《暨阳历史文化丛书》(第一辑)
肖湘 摄

《暨阳名人丛书》 肖湘 摄

社会经济互动并进的崭新篇章。“暨阳文化”系列丛书的出版，为深入研究暨阳历史文化提供了难得的文献，为广大市民群众用心触摸古暨阳、用情感知大杨舍提供了极好的教材，也为子孙后代留下了宝贵的精神财富，更为保护和传承地方历史文化做出贡献。

《暨阳历史文化丛书》《暨阳历史文化丛书》集史料性、趣味性、珍藏性于一体，再现暨阳历史文脉，展示传统文艺精粹和地方风土人情，翔实反映杨舍绚丽多姿的古今风貌和薪火相传的人文精神。2010 年 11 月,《暨阳历史文化丛书》(第一辑)由上海文化出版社出版发行。该丛书设《暨阳名流》《暨阳古韵》《暨阳风情》《暨阳文苑》《暨阳印象》5 分册，约 75 万字。《暨阳名流》收集杨舍籍的望族名贤 79 人，以及在杨舍境内有显著影响的外地籍知名人士的事迹和传记 7 篇;《暨阳古韵》反映杨舍的历史沿革和遗存，记述杨舍在几千年历史长河中突出的社会事件;《暨阳风情》摘要介绍杨舍境内的风情民俗;《暨阳文苑》选录与杨舍相关的历史名人、诗人咏颂的诗词曲文，彰显杨舍浓郁的书香墨韵和深厚的文化底蕴;《暨阳印象》通过新老照片的对比，展现杨舍的历史变迁。

2013 年,《暨阳历史文化丛书》(第二辑)由广陵书社出版发行。该丛书设《工商寻踪》《农水纵横》《文教春秋》《医林群星》《民间信仰》5 分册，约 85 万字。主要记述杨舍地区工商、农水、文教、医卫、宗教等各个行业和领域兴盛衰落、趣闻轶事以及各行业的代表人物、重要事件等史实，进一步延伸拓展了暨阳文化的研究范畴。

《暨阳名人丛书》 2011 年 10 月,《暨阳名人丛书》由上海三联出版社出版发行。该丛书系传记类史料集，记述了 6 名杨舍籍名人的生平事迹。全书分为《沧江侠士许蓉》《东林英烈缪昌期》《诗人学者孙望》《丹心铁骨梅行》《印林大家赵古泥》《古琴宗师吴景略》6 册。6 名主人公生活在不同的历史阶段，其高尚的人格和风范，引领着时代潮流，丰富了暨阳文化宝库的内涵。该套丛书集史料性、可读性、珍藏性、宣传性于一体，以翔实精彩的内容、流畅精炼的文字、弥足珍贵的图片展示了杨舍的人文精神。

获奖作品

1985年开始，杨舍镇文学创作爱好者逐渐形成老中青文艺创作团队。他们创作了大量小说、散文、报告文学、童话、寓言、诗歌等优秀作品，并屡屡获奖。

杨舍镇文学作品获奖一览表

表6

作品名称	作者	体裁	获奖时间	奖项名称	授予单位
《买匾》	章艺欣	小说	1985年	短篇小说征文优秀作品奖	解放日报社
《在夹缝中崛起》	缪永清	报告文学	1987年	《新华日报》“当月好稿奖”	新华日报社
《凝眸》	缪永清	散文	1993年	全国青年散文大赛鼓励奖	中国散文学会
《买匾》	章艺欣	小说	1985年	短篇小说征文优秀作品奖	解放日报社
《赔你一支孔雀》	缪永清	散文	1993年	全国青年散文大赛创作奖	中国散文学会
《老人与海的结局》	丁 冬	诗歌	1993年	全国“艾青杯”诗歌创作大赛入选奖	中国社会科学院文学研究所
《老船》	丁 冬	诗歌	1993年	全国“艾青杯”诗歌创作大赛入选奖	中国社会科学院文学研究所
《这条路》	王如梅	诗歌	1995年	“当代文艺新作汇展”优秀奖	《中国当代作家》杂志社
《仰望杨绛》	杨惠玲	散文	1997年	第九届华东地区市报副刊好作品二等奖	华东地区六省（市）党报社
《一封信引出故事》	郭晓红	报告文学	1996年	中国县市报及省县市报好新闻一等奖	中国县市报研究会
《金鹿撒蹄》	章艺欣	报告文学	1997年	《解放日报》征文奖	解放日报社
《双山恋》	卢润良	散 文	1998年	“金陵明月奖”征文奖	人民日报社
《大转折》	任文浩	诗歌	1999年	庆祝建国50周年征文比赛一等奖	文化新世纪《诗刊》杂志社
《穿越醉人的琴声》	任文浩	诗歌	2000年	“迎接新世纪”诗歌大赛优秀奖	中国文联《诗刊》杂志社
《与卫星结缘的庄稼汉》	陈进章	报告文学	2000年	中国县市报好新闻一等奖	中国县市报研究会
《走向新的高度》	卢润良	报告文学	2000年	“世纪之光”一等奖	人民日报社

续表 6

作品名称	作者	体裁	获奖时间	奖项名称	授予单位
《架在嘴上的桥》	钱欣葆	寓言集	2000 年	首届“金骆驼”优秀创作成果奖	中国寓言文学研究会
《削价裙子》	程维钧	小小说	2000 年	“海韵杯”全国微型小说大赛三等奖	《解放日报》《上海小说》
《大西洋中钓青蟹》	钱欣葆	散文	2003 年	江苏省报纸副刊类好作品奖	江苏省报纸副刊编辑协会
《兄弟拉纤》	钱欣葆	寓言	2003 年	第三届“金江寓言文学奖”	中国寓言文学研究会
《“农民律师”袁相桥》	钱欣葆	报告文学	2004 年	中国县市报好新闻一等奖	中国县市报研究会
《神枪手打猎》	钱欣葆	寓言集	2004 年	第三届“金骆驼”优秀创作成果奖	中国寓言文学研究会
《美丽的家园》	钱欣葆	寓言	2005 年	“安徒生杯”全国儿童文学创作大赛二等奖	“安徒生杯”全国儿童文学创作大赛评委会
《浇灌，怀着长成大树的期望》	缪永清	散文	2005 年	江苏广播电视大学征文一等奖	江苏广播电视大学
《野地》	缪永清	小说散文集	2005 年	首届“屈原杯”文学创作大赛一等奖	长江文艺出版社、文学教育杂志社
《花瓣的盛开》	缪永清	小说	2005 年	首届“屈原杯”文学创作大赛一等奖	长江文艺出版社、文学教育杂志社
《在中世纪的城堡里跳舞》	钱　萍	散文	2005 年	江苏省报纸副刊好作品三等奖	江苏省报纸副刊编辑协会、江苏省新闻工作者协会
《净土之上》	俞慧军	散文	2005 年	中国报纸副刊作品年赛二等奖	中国报纸副刊研究会
《老照片，新照片》	缪永清	散文	2005 年	中央电大征文三等奖	中央电视大学
《流动的花朵》	徐　玲	小说	2009 年	全国第 11 届（2007—2009）精神文明建设“五个一工程”文艺类图书奖	中共中央宣传部
《酷炫课堂》	徐　玲	小说	2011 年	“十种年度好书”	山西出版传媒集团
《忽视被爱》	徐　玲	小说	2011 年	第 24 届陈伯吹儿童文学奖	大赛组委会
《观音山禅语》	安昌礼	诗歌	2011 年	第四届“观音山杯”全国诗歌大赛优秀奖	大赛组委会
《八千里路云和月》	丁竹鸣	小说	2011 年	《小说选刊》年度笔会一等奖	《小说选刊》编辑部
《永远的庄园梦》	安昌礼	散文	2011 年	“首届全国旅游散文大赛”一等奖	大赛组委会
《恬庄古街》	周成新	散文	2011 年	“首届全国旅游散文大赛”二等奖	大赛组委会
《我会好好爱你》	徐　玲	小说	2012 年	冰心儿童图书奖	大赛组委会
《褐鹈鹕的忠告》	钱欣葆	寓言	2014 年	全国第十一届金江寓言文学大赛优秀奖	大赛组委会
《桂林龙胜，慢时光里的别样情怀》	颜士洲	散文	2014 年	第二届“观音山杯”美丽中国全国游记征文大赛优秀奖	大赛组委会

大事纪略

西汉高祖十二年吴王刘濞开挖盐铁塘

汉初，长江下游地区是汉高祖刘邦之侄吴王刘濞的封地，称吴国。当时的吴国辖东阳、鄣郡、会稽三郡五十三县。吴地于东海之滨，“东有海盐之绕，章山之铜，三江五湖之利”，非常富庶。吴地拥有很长的海岸线，到处是天然盐场，晒盐条件得天独厚。煮盐业是吴国主要的经济来源。而且东海的盐是散盐，晶莹剔透，质量上乘，可以直接食用。同时，刘濞组织老百姓炼铁铸造钱币。据《史记·刘濞传》载:“濞则招致天下亡命者益铸钱，煮海水为盐，以故无赋，国用富饶。”铸铁和煮盐业吸引四处流民纷至沓往。刘濞为了充分利用娄县一带的水陆交通运送盐铁，即于汉高祖十二年（前 195）组织民众在长江南岸开凿了一条与江堤平行的盐铁塘，又名“内河”。

盐铁塘距今已有 2200 余年的历史。该塘西起今杨舍镇与谷渎港相接，向东经鹿苑、西旸，入今常熟市的福山、赵市、梅里、支塘，进入今太仓市的直塘、城厢镇，往南流经上海嘉定区的葛隆、外冈、方泰，在黄渡镇汇入吴淞江，全长 95 千米。

西晋太康二年暨阳县设县治于杨舍

西汉高祖五年（前 202），改秦代延陵乡为昆陵县，又以延陵地区建暨阳乡。当时，延陵地区以南是一片水泽区，称“暨湖”，亦称“胥湖”。山之北为阴，水之北为阳，因此暨湖之北的延陵地区建乡时被命名为暨阳乡。暨阳乡域为今杨舍、泗港、后塍、南沙及江阴市的东部地区。

东汉永建四年（129），建南沙乡，并置司盐都尉。乡域为今乘航、鹿苑、塘桥、妙桥、常熟福山及其以北地区。

西晋太康二年（281），以暨阳乡、南沙乡及无锡以北（今江阴市顾山、北漍、河塘、张泾等）地区建立暨阳县，县域范围东起今常熟市福山、张家港市妙桥地区，西至江阴市利港、申港地区，南至江阴市河塘、顾山一线，北临长江，总面积约2000平方千米。县署设在今杨舍镇，县名沿用原暨阳乡名。这是杨舍地区历史上首次设立的县级行政建制，境内也是首次设置县署。

东晋咸康七年（341），暨阳县东部以原南沙乡区域建南沙县；南朝宋元嘉八年（431），暨阳县西部区域又设置利城县。从此，暨阳县域面积大大减少。梁太平元年（556），撤销暨阳县，以原暨阳县区域建梁丰县，县署仍设于今杨舍镇。

唐高祖武德三年（620），以梁丰县区域复建暨阳县，县署仍设于今杨舍镇。武德九年（626），暨阳县并入江阴县。从此，暨阳不再成为行政建制。

宋天禧四年崔知军开凿东横河

东横河西起江阴城，东至杨舍镇与盐铁塘相接于谷渎港。宋天禧四年（1020），江阴知军崔立鉴于澄（江阴）东水利排灌不畅，严重影响农业生产，经朝廷批准，组织民力开凿东横河。

根据《宋史》记载，参加开挖东横河的民工多达1万余人。各乡在兴修水利中一般按照田亩数量多少摊派民工，大约每20亩田出1名劳动力。同时，采用“以工代赈”的变通措施，使“不能自食者得以受粟；能自食者得以籴粟；凡以工代赈者、借贷者皆得其所”，从而调动了上万民夫的劳动积极性。经过半年时间，横亘于澄东地区的重要干河东横河终于竣工。

该河道全长30千米，其中在平地上开凿的河道长24.5千米。自西到东贯通赵婆港、石牌港、白沙港、石头港、陈港、雷沟港、蔡港、范港、泗港、令节港（后改称谷渎港）10条河港，新增灌溉农田4000余顷。整个工程累计征用劳动力40余万工，发放钱粮价值22300缗（1缗为1000文钱），折合白银2万余两。由于该河道横贯东西，又处于江阴东部，因此被命名为东横河。东横河河面宽阔，河床亦深，水道通畅，排灌两便，还适宜船只通航，对于发展澄东地区的农业生产和交通运输具有十分重要的作用。

明正统年间许庄建造沧江别墅

沧江别墅是许氏后园的别称，其旧址位于今杨舍镇斜桥村的丁家住基一带。沧江别墅建于明正统年间（1436—1449），“广袤十数亩，杂艺百卉，植梅三百余株，中有沧江书舍、鸣鹤轩、香雪窝诸胜”。“园有八景，曰段山浮翠、令节乔林、月浦渔歌、烟村牧笛、谷渎潮声、海门帆影、斜桥鹤唳、沙渚鸥眠”，被誉之为“沧江八景”。据《杨舍堡城志稿》记载：许氏后园为“明正统时许庄别业”，业主许庄出身于斜桥望族许氏，是斜桥许氏始迁祖许政德的第十世孙，生于明洪武十一年（1378），卒于明正统十二年（1447）。许庄是当时地方上的一位士绅，他体恤贫民，仁爱助人，礼贤下士，品节端正，志趣高雅，颇具名望，与其往来者多为文人墨客。沧江别墅建成后，许庄经常和一些地方士绅、文人吟诗作赋，切磋赏游其中。

惜好景不长，明嘉靖三十四年（1555）六月十三日，倭寇劫掠杨舍，许氏家园九十三间房屋以及家用器具几乎全部被毁，十不存一，许氏后园（沧江别墅）也毁于大火。昔日名扬江南的许氏后园及其“沧江八景”，自此踪迹无存。

明代倭寇三劫庆安镇

庆安镇原名石闼市，西晋东吴大族陆瑁（东吴大将陆逊弟）孙陆濯迁居该处后始建。至东晋时，该地已发展成为颇具规模的城市，市肆兴盛、有居民四五千。北宋元丰年间（1078—1085），石闼市降为石闼镇。镇北有建于北宋宣和元年（1119）的净化禅院（亦称东岳殿）。

南宋建炎三年（1129），金国大将金兀术率兵十万入侵江南。抗金名将韩世忠奉命率武尉水军扼守江防，驻兵石闼镇。建炎四年（1130）正月，韩世忠夫妇率领一万三千人马，在黄天荡围歼金兵十万大军，取得抗金大胜。五月，韩世忠率部回石闼镇，借东岳殿庙房设宴庆功，恰逢韩母六十寿诞，双喜同庆，颇具盛况。当地百姓为纪念韩世忠抗金业绩，即将石闼镇易名“庆韩镇”。元代至明代弘治年间（1488—1505），庆韩镇商市兴盛，因“韩”与“安”读音相近，“庆韩镇”被传称为“庆安镇”，并一直沿袭至今。

庆安镇在明朝遭受过倭寇三次大劫掠。明弘治十年（1497），倭寇数百人分乘10艘船，窜至庆安镇，劫掠之后，将黄泗浦至龙打桥一段的商铺闹市烧成一片焦土。嘉靖三十三年（1554），倭寇经通州（今南通市）至福山港，流窜至庆安镇大肆劫掠，并放火烧毁了龙打桥至彭家泾的街市中心地段。是年年底，倭寇第三次焚劫庆安镇。倭寇分乘30艘船，分为两路。其中，一路倭寇（船）沿黄泗浦向南折西经漕舍塘抵漕舍登陆，然后直奔徐氏庄园抢劫；另一路倭寇在庆安东侧登陆后，直接窜往镇西净居禅院抢劫，并将净居禅院庙房烧成废墟。

庆安镇遭倭寇三次焚劫后，这一有着1700余年历史、1270米繁华街市的古镇，仅存220米萧条零落的街道。

明嘉靖三十七年杨舍建堡城

杨舍堡城西距江阴县城六十里，东与常熟县接界，地势险要。《杨舍堡城志稿》载："杨舍枕江之上，界连姑熟。诸江滔滔，会江为险。左襟谷渎仅五里许，其为屏捍。"明嘉靖三十四年（1555），"寇从兹地入，围江阴，攻无锡，大肆焚戮，民靡宁居者三年，而祸犹未弭"。嘉靖三十六年（1557），"监察御史尚维持来按南服……周览曲衍之中，得杨舍之为要害，决意城守"。尚维持上书朝廷获准，筑杨舍堡城。又令苏、松、常等四府筹款，责成江阴知县杜华负责建造。"斜桥人许蓉，应聘规画，具体督造……""常镇应募之兵二千余人"，投入建城。翌年六月动工兴建。先用筹款白银一万四千两，施工未峻。许蓉又发动本地富户捐款，并自捐全家资产，充足建设之用。富户顾雨捐款最多，出钱几乎占堡城造价的一半。经官民日夜施工，未满百日，就筑成周长六百余丈、高二丈三尺、宽一丈七尺、上砖下石的堡城一座，并设四门，东曰控海，南曰暨阳，西曰通江，北曰翊京。内城有护城河，谷渎水由东水关入，绕南至西北隅。外城河环城四周，河上架有四桥，东有青龙桥，南有永济桥，西有聚宝桥，北有通济桥。东西水关各一，引流入城。城内建有参将、总司府衙和兵营三百余间，可驻宿兵士两千余人。城内西北隅还设有察院和军粮仓。西大街的都司署内设小教场，宽广约二十亩。北门外设大校场，宽广约四十亩。南旁有演武厅。

清乾隆三年（1738），杨舍、马嘶、顾山、华墅、周庄、章卿六镇乡民分段修建城垣。乾隆三十七年（1772）、嘉庆五年（1800）、道光二十三年（1843）又相继进行修葺。咸丰十年（1860），太平军进攻堡城，城垣被破坏。此后，经日晒雨淋，堡城渐渐坍塌。

从“与物为春文社”到“梁丰书院”

清道光十六年（1836），杨舍镇人郭鸿飞邀地方名流商议，倡议建立文社，作为读书人学习之所。郭氏在地方上德高望重，所提倡议又有益于乡邦，因此得到大家的积极响应。

文社定名为“与物为春”。建办之初，缺乏固定的学习场所和经济支撑，也没有规章条目可以遵循。为此，郭鸿飞等人经反复商议后决定，学习场所暂由住房宽敞、经济条件较好的大户人家轮流做东提供；动员社会捐助，紧缩费用开支。后又和杨舍地方官商议，借用大生庵魁星阁作为文社活动场所。

清道光二十一年（1841），“与物为春文社”划归慈善机构同善堂名下。同善堂具有一定的经济实力，维持“与物为春文社”无后顾之忧，各项事务步入正轨。武进名士李兆洛还专门写了《江阴县杨舍镇同善堂碑记》，盛赞同善堂使杨舍地方“郁然有弦歌之风焉”！

清咸丰七年（1857），同善堂呈请江阴县衙把“与物为春文社”扩建为书院。遗憾的是，仅事隔三年，太平军攻占杨舍，同善堂在战火中化为一片废墟，“与物为春文社”几近消亡。

清同治三年（1864），太平军撤离杨舍。次年，同善堂和“与物为春文社”暂借文昌庙办公，日常课读得以恢复。是年，根据地方人士的一致建议，“与物为春文社”正式更名为“古暨阳文社”。光绪元年（1875），在社会各界的赞助支持下，于同善堂旧址重建堂宇。光绪二十一年（1895），经江阴县衙批准，“古暨阳文社”扩建并立案为“梁丰书院”。

杨舍历史上最大的兵燹——“庚申之变”

杨舍地处“江尾海头”，是苏、常两郡重要门户。清咸丰十年（1860，农历庚申年）至同治三年（1864）间，在杨舍清军多次与太平军拉锯式激战。其中规模较大的战斗5次，战火绵延5年之久，杨舍百姓饱受兵燹之苦。这就是杨舍历史上的“庚申之变”。

第一场激战发生在清咸丰十年（1860）8月。是年5月，太平天国忠王李秀成统率精锐部队，大举进攻苏、常地区。当时的清军江南大营，军心涣散。常州知府、江阴知县率先弃城逃逸。农历七月三日（8月19日），太平军在连续攻克华士、陆桥后，部署进军重镇杨舍。农历七月五日（8月21日），杨舍城被太平军占领。

第二场激战发生在清同治元年（1862）。太平军占领杨舍城后，预料清军不会善罢甘休，于是立即构筑工事。12月，常熟西北乡的民团数万人包围了杨舍城，被驻守在城内的太平军击退后，有部分团丁逃入附近民宅。太平军一怒之下，放火焚烧民宅，导致杨舍东门外民宅被烧个精光。建造在东门外叶氏支祠内的著名藏书楼——静观楼也被付之一炬，数万册珍贵古籍和书版尽成灰烬。

第三场激战发生在清同治二年（1863）。这是双方争夺最为激烈、伤亡最为惨重的战斗。是年春天，江苏巡抚李鸿章为收复被太平军占领的重镇杨舍，命令提督刘铭传、黄翼升分别率领水陆诸军，从福山西进杨舍。最终，驻守杨舍城的2000余名太平军全部战死，杨舍城被清军占领。这一仗，古城杨舍建造于宋、元、明时期的寺庙建筑、衙署大院、园林古迹等均在清军的猛烈炮火中成为残垣断壁。

第四场战斗发生在清同治三年（1864）年初。3月24日，太平军重新占领了杨舍城。李鸿章闻讯，急令洋枪队夺回杨舍。太平军在华士设伏，一举歼灭李鸿章的洋枪队800余人。

第五场战斗发生在清同治三年（1864）4月。李鸿章亲自调集数十路清军进攻杨舍。

太平军伤亡惨重，不得不撤离杨舍。从此，杨舍被清军占领。

发生在杨舍地区、历时五年之久的这场拉锯战，太平军和清军双方各有数千人阵亡，杨舍人民更是饱受旷世之劫难，成为杨舍历史上破坏最大的兵燹。因第一场战斗发生在庚申年，故将历时五年之久的这场拉锯战称之为“庚申之变”。

1928年杨舍农民暴动

杨舍是江阴东乡的一大集镇。1927年11月后塍（现属张家港市金港镇）第一次农民暴动后，国民党政府加强了对杨舍的控制，在杨舍镇上设立公安分局、缉私盐局。1928年2月，正值春荒，农民生活十分困苦，地主豪绅又断绝了对农民的借贷，“要粮吃”“要钱用”成了当时农民生活的紧迫问题。当地农民运动骨干分子多次要求党组织领导他们起来暴动，进行反抗斗争。是月，中共江阴县委召开会议，决定趁春荒之际，尽可能组织杨舍贫苦农民暴动，打击反动派的嚣张气焰。2月20日，中共江阴县委以杨舍农民群众的名义贴出布告，命令豪绅富户赈济贫苦群众度过春荒。然而，豪绅富户根本无视群众的要求。到限期的最后一天，即2月26日晚上，杨舍农民暴动发生了。暴动农民分别攻进安分局和缉私盐局，收缴了警察、盐警的枪。随后，暴动群众汇合起来，分头包围了镇上20余家豪绅富商的店铺、宅第，挨户搜查，将租簿、田契、单据等连同房屋一起点火焚毁，典当的银圆浮财全部没收。

凌晨3时，暴动队伍在街上集会，江阴红军第一师师长茅学勤演说苏维埃组织法，作暴动小结，然后高呼口号散会。在撤离杨舍前，满街张贴标语布告。标语内容有“不交租！不还债！不纳税！”“没收地主土地，实行耕者有其田！”“工农兵夺取政权！”等。布告有五种内容：揭露反动派政治上的混乱、军事上的失败、经济上的崩溃的布告；给无产阶级巡士及士兵们的布告；军事委员会的布告；枪毙土豪劣绅的布告；给反革命的国民党的布告。布告分别以“红军东北路司令部”和“共产党特委宣传部”的名义发布。

1992 年城西村被誉为“苏州第一村”

城西村（即今城西社区）位于杨舍城区西部。1992 年时的城西村，村域面积 0.73 平方千米。全村有 450 户、1508 人，有男女劳动力 848 人。

改革开放后，城西村积极围绕经济建设这一中心，不断调整产业结构，发展集体经济，逐步实现了从纯农业向畜牧、加工和第三产业的转化，初步形成了以畜牧业为基础，村办工业为主体，种植业、商业、服务业综合发展的多元化经济结构。1988 年，国民生产总值名列苏州市村级经济第一，被评为苏州市农村经济工作先进单位。1990 年，工农业总产值突破 1 亿元，成为苏州市第一批亿元村之一。1992 年，全村有 4 家村办企业和 5 家中外合资及港商投资资企业，并建有城西菜场、蔬菜种子场、养鸡场和全国最大的村级奶牛场。以奶牛场为载体，先后与中国香港地区、比利时等合资建办乳制品厂，引进德国等国家先进技术，建成全省最大的乳品生产厂。生产的梁丰牌系列产品主要有乐口福麦乳精、巧克力、糖果、保健饮料和冷饮 5 大类 40 多个品种，深受国内外消费者青睐，尤其是巧克力类产品揽获多项重量级荣誉称号。是年，城西村实现工农业总产值 2.26 亿元，工业销售收入超 2.19 亿元，外贸扎口收购额突破 1 亿元大关，在苏州市村级经济中处于领先地位，被誉为“苏州第一村”。

1995年全国精神文明建设经验交流会在杨舍镇召开

1995年10月18日至21日，中共中央宣传部和国务院办公厅联合召开的全国精神文明建设经验交流会在杨舍镇举行。会议主题是："以邓小平同志建设有中国特色社会主义理论和党的基本路线为指导，贯彻中共十四届五中全会精神，总结推广张家港市重视精神文明建设、促进两个文明协调发展的经验，交流全国各地加强精神文明建设的好做法、好经验，研究在新形势下如何进一步加强精神文明建设的问题。"

18日上午，全国精神文明建设经验交流会正式开幕。中央宣传部副部长刘云山在开幕式讲话中指出，在全国宣传、推广张家港的经验，有利于广大干部群众更好地学习理解邓小平建设有中国特色社会主义理论，增强贯彻执行党的"一个中心、两个基本点"的基本路线的自觉性；有利于引导和激励各级领导干部加深对"坚持两手抓、两手都要硬"方针的理解，在实际工作中真正加强社会主义精神文明建设。

18日下午，中共张家港市委书记秦振华在会上作了题为《坚持两手抓两手都要硬的方针，促进两个文明建设协调发展》的交流发言，介绍了张家港市坚持两手抓、加强精神文明建设的主要做法和经验。

会议开幕当日，《人民日报》发表评论员文章，题为《伟大理论的成功实践——学习张家港市坚持两手抓的经验》；中央主要新闻媒体也开始集中报道张家港市的成就与经验。

21日，中共中央政治局委员、书记处书记、中宣部部长丁关根在总结会上作重要讲话，揭示了张家港经验的实质内容：一是抓住机遇，坚持发展是硬道理，精神文明建设坚持高起点、高标准。二是成绩是干出来的，是下真功夫的干。张家港精神的16

个字，有气概，始终有那么一股子气、一股子劲。三是张家港把社会主义、集体主义的优越性与个人的积极性、创造性有机结合起来，既发挥了集体经济的雄厚实力，又发挥了个人的积极性，走出了一条以公有制为主体、面向市场经济高速高效发展、社会全面进步、人民共同富裕的路子。四是严字当头，把思想道德教育与严格管理结合起来。五是坚持两手抓、两手硬，把物质文明和精神文明始终结合在一起，始终是一把手抓两手。六是领导班子过得硬，干部队伍以身作则，造就了一支事业心强、素质高、作风好的干部队伍。

国务院副秘书长刘奇葆作了会议总结，着重谈了会议的重要收获。他指出：会议推出的张家港这个典型，是一个具有强烈时代精神的典型，是一个令人心悦诚服的典型。推广张家港经验，将对各地重视精神文明建设，促进两个文明协调发展起到很大的推动作用。

2008 年经开区与杨舍镇实行“区镇合一”管理体制

2008 年 9 月 4 日，根据中共张家港市委《关于调整张家港经济开发区与杨舍镇管理体制的通知》（张委发〔2008〕36 号）精神，张家港经济开发区与杨舍镇实行管理体制调整，保留张家港经济开发区和杨舍镇建制，实行合署办公，由张家港经济开发区党工委、管委会对区、镇实施统一领导和管理。开发区重点负责区、镇的组织人事、规划审批、经济发展和财税宏观管理等工作，杨舍镇重点负责区、镇社会公共事务管理、农村工作等。2011 年 9 月 25 日，经国务院办公厅批准，张家港经济开发区升级为国家级经济技术开发区，并定名为张家港经济技术开发区。

2013 年杨舍镇获“全国社会主义新农村建设示范镇”称号

杨舍镇始终坚持以新农村建设统揽农村工作全局，以工业化致富农民，以城市化带动农村，以产业化提升农业，按照中央提出的“生产发展、生活宽裕、乡风文明、村容整洁、管理民主”要求，创新思路，积极探索，狠抓机制创新、转型升级、富民惠民、文明创建等重点，新农村建设取得明显成效。在具体实施中，全镇以农民向城镇集中居住和村庄整治作为主要内容和抓手，提高建设标准，410 个自然村庄全部达到省级“康居乡村”星级标准；坚持发展为第一要务，大力发展强村经济；大力发展现代农业，深化农村“三大合作”改革，土地股份合作社、社区股份合作社实现全覆盖。

2013 年 1 月，中央农办全国新农村建设中心公布首批“全国社会主义新农村建设示范镇”名单，杨舍镇榜上有名，成为苏州地区唯一获此殊荣的乡镇。

杨舍镇获“全国社会主义新农村建设示范镇”称号

“创新力开发区”建设

张家港经济技术开发区（杨舍镇）紧紧围绕“现代产业集聚区、科技创新示范区、开发开放先导区、幸福宜居新城区”的目标定位，发挥地处张家港市主城区的区位优势，依托坚实的产业基础，实施创新驱动战略，大力引进各类人才，集聚创新资源要素，加快载体平台建设，全面构建政府推动、市场驱动、企业主动的创新体制机制，全力打造“创新力开发区”。区镇先后获批全国首批国家级再制造产业示范基地、国家新型工业化产业（智能装备）示范基地、全国首个国家级节能环保装备高新技术产业化基地等国家级基地14个。

张家港经济技术开发区（杨舍镇）把创新发展作为转型升级的第一推动力，围绕产业特色，持续加大科技创新的投入力度，加速科技与产业融合发展，探索出了一条以创新型开发区建设推动经济社会发展的新路子。区内拥有世界500强投资企业29家、上市企业11家，拥有以富瑞特装、英国ATP等为代表的再制造领域企业25家，以韩华机械、那智不二越等为代表的智能装备（机器人）领域企业80余家，以华灿光电、同冠微电子、爱康等为代表的电力电子领域企业50余家，初步形成了核心技术引领、产业特色鲜明、规模企业支撑的新兴产业发展新格局。

张家港经济技术开发区（杨舍镇）以人才生项目，以项目带人才，加速人才项目产业化进程，形成人才引领发展、发展集聚人才的良好局面，为全区经济转型升级提供了强有力的智力支持和人才保障。截至2016年，自主培育国家“千人计划”7人，柔性引进“千人计划”31人。拥有江苏省“双创团队”3个、“双创人才”33人，苏州市“姑苏创新创业领军人才”48人，张家港市领军型创新创业人才140人。实施“千人计划”产业化项目38个，拥有各级各类人才总量12万人。已成功嫁接合作创办企业25家，企业新增产能产值超30亿元。拥有张家港市领军型创新创业人才（团队）180名（个），创新创业载体面积 92 万平方米。

2016 年，张家港经济技术开发区（杨舍镇）R&D 经费支出占 GDP 比重 3.3%，年增长率 5.5% 以上；科技投入保持年增长率 7% 以上，科技贡献率达 65%；高新技术企业的产值占工业总产值比重达 50%；万人有效发明专利拥有量 32 件。累计拥有高新技术企业 83 家；获批各级各类科技项目近 500 项，其中国家级科技项目 112 项，2015—2016 年争取上级科技人才经费近 4 亿元；累计拥有专利总量 13130 件，其中发明专利 871 件。区内骨干企业已先后与清华大学、北京大学、南京大学等国内外 100 多家科研院所、高等院校建立长期合作关系，达成产学研合作项目 300 多项，大中型工业企业中拥有研发机构占比 100%。建有江苏省企业院士工作站 7 家、江苏省企业研究生工作站 52 家、省级以上博士后工作站 16 家。

主要参考文献

〔清〕叶长龄等编纂:《杨舍堡城志稿》，清光绪九年（1883）活字木刻本。

张家港市地方志编纂委员会编:《沙洲县志》，江苏人民出版社，1992 年 6 月。

张家港市水利志编纂委员会编:《张家港市水利志》，河海大学出版社，1995 年。

杨舍镇志编纂委员会编:《杨舍镇志》，广陵书社，2017 年 3 月。

暨阳历史文化丛书编纂委员会编:《暨阳历史文化丛书》（第一辑），上海文化出版社，2010 年 11 月。

暨阳历史文化丛书编纂委员会编:《暨阳历史文化丛书》（第二辑），广陵书社，2013 年 3 月。

暨阳历史文化丛书编纂委员会编:《暨阳名人丛书》，上海三联书店，2011 年 10 月。

中共张家港市委党史地方志办公室编:《张家港市志（1986—2005）》，方志出版社，2013 年 10 月。

中共张家港市委党史地方志办公室编:《张家港年鉴》，方志出版社。

张家港市统计局、国家统计局张家港调查队编:《张家港统计年鉴》。

编纂始末

2015年5月，中国地方志指导小组办公室下发了《关于启动中国名镇志丛书编纂工程的通知》，全面推动“中国名镇志文化工程”。11月，杨舍镇申报入选“中国名镇志文化工程”。

杨舍镇极其重视《中国名镇志丛书·杨舍镇志》的编纂。镇党委副书记张莉莎与区镇宣传文明科数次召开专题会议，组建了编纂委员会。同时，由区镇宣传文明科和江苏科技大学苏州理工学院长三角社会发展研究所相关专业人员成立编辑班子，由江苏科技大学苏州理工学院副教授王兴亮任主编，区镇宣传文明科科长吴香芸、史志办负责人戴玉兴和苏州理工学院博士陈晓丹任副主编，共同完成志书的编纂工作。

2016年上半年，我们着手《中国名镇志丛书·杨舍镇志》纲目框架的编订以及初步的参考文献准备工作。

2016年7月26日，苏州市地方志办公室在张家港市组织召开“苏州片区中国名镇志编纂研讨会”。苏州市地方志办公室主任陈兴南、副主任陈其弟、业务指导处处长傅强、编纂处处长丁瑾，以及张家港市党史地方志办公室主任陈飞健、副主任汪丽菁到会指导。昆山市周庄镇，常熟市虞山镇、沙家浜镇，张家港市杨舍镇5个镇的名镇志编纂人员进行了交流。会后，我们对名镇志的编纂主体、体例、篇目设置等进行了调整。此后，在编写过程中，对志书的纲目又进行了数次调整。12月2日，苏州市地方志办公室领导陈其弟、丁瑾、傅强，以及张家港市党史地方志办公室领导陈飞健、汪丽菁和相关专家再次到杨舍镇指导名镇志纂修工作，提出了宝贵的修改指导意见。在领导和专家们的关心指导下，2017年10月，我们写成了《中国名镇志丛书·杨舍镇志》初稿。

2017年11月2日上午，苏州市地方志办公室领导陈其弟、傅强，张家港市党史地方志办公室领导陈飞健、汪丽菁，地方志科科长陆正芳、副科长朱永平等到杨舍镇，对

《中国名镇志丛书·杨舍镇志》进行初审，并且提出了修改建议。我们根据领导和专家初审指导意见，对志稿进行修改，于11月中旬形成终审稿。

11月21日，江苏省地方志办公室副主任蔡金良、市县指导处处长陈华，苏州市地方志办公室主任陈兴南、副主任陈其弟、业务指导处处长傅强，苏州市吴中区档案局地方志科科长陈萍，张家港市党史地方志办公室主任陈飞健、副主任汪丽菁等领导和专家专程到杨舍镇，对《中国名镇志丛书·杨舍镇志》进行终审。我们根据终审时各位专家提出的宝贵意见作了最后的修改。

《中国名镇志丛书·杨舍镇志》编纂过程中，得到省、苏州市及张家港市地方志办公室领导及专家的热情指导和帮助；得到张家港经济技术开发区（杨舍镇）领导的亲切关怀和区镇有关部门的大力支持。市文联、市政协、市城管局、市博物馆、市图书馆、市档案馆以及相关单位也给予了大力支持和帮助。市委党史地方志办公室编纂的《张家港市志（1986—2005）》《张家港年鉴》，市统计局、国家统计局张家港调查队编纂的《张家港统计年鉴》，杨舍镇志编纂委员会编纂的2017版《杨舍镇志》等文献，为我们提供了大量珍贵资料。在图片编辑中，宣传文明科肖湘，张家港优秀志愿者、张家港高级中学石小蛟老师大力支持，为我们提供了大量精美图片。值此《中国名镇志丛书·杨舍镇志》即将出版之际，我们谨向为编纂《中国名镇志丛书·杨舍镇志》给予关心、支持和帮助的各有关单位和部门、社会各界人士表示衷心的感谢！

《中国名镇志丛书·杨舍镇志》不同于一般志书，其体例、纲目和写法新颖，由于编者缺乏经验，再加才、学、识有限，志书必定存在疏漏与谬误，敬请读者不吝指正！

编　者

2018年2月

暨阳湖的早晨（2018 年） 王宏 摄